도반 2

깨달음으로 가는 101가지 이야기

정도령 지음

한솜미디어

“천서”

“천문”

正道靈

이제, 하늘에서 내리는 2편을 쓰면서 나는 느끼고 있다.

하늘은 내 편이라고. 하하 즐겁다. 이렇게 즐겁다면 누구나 동경할 것이다. 그러나 왜 나에게만 늘 이런 즐거움을 갖게 했는지 원망스럽기도 하다.

이제는 나에게 무엇을 하늘에서 바라고 있는지 안다. 나의 분신은 하늘이다. 누가 알아주지 않아도 나는 온통 기쁨이다.

그렇다. 하늘은 온통 기쁨으로 감싸있다. 그러나 그것을 모르는 인간이기에 사람들은 갈망하고 있다.

이제 우리는 서로 공유하는 세상을 만들어가야 한다. 하늘은 공유를 좋아한다. 네 것 내 것이 없는 세상을 좋아하는 것이다. 나를 통해서 얼마나 다행한 일인가. 인간의 무한성을 배우게 하는 좋은 시간이 아닌가?

그래, 서로 인간은 자기편을 만들 때 좋은 것이 아닌가. 하늘이 내 편, 하하 슬프다. 인간이 내편이라면 좋을 텐데….

나는 이미 하늘과 우주와 인간과 같이 하는 세상을 만들고 싶었다. 이제 글을 읽고 밝게 사는 세상을 만드는 식구가 되니 하늘은 이미 나와 여러분에게 반한 것이다. 그래서 나는 행복하다.

하하, 하늘이 반하고 좋아하니 한국이 즐거워하겠지.

난 말하고 있다.

하늘의 소리를 이렇게 영은 이렇고 하늘은 이렇고 우주는 이렇다고…. 그것은 내면의 힘이다. 즐겁게 쓴다면 여러분들은 우주의 빛 바랜 사랑을 느낄 것이다.

참 오묘한 우리의 세계를 동경하는 세계를 말이다.

우주를 점령하고 이제사 2편이다. 난 땡깡을 부려서라도 좋은 나라를 만들기 위해 5편까지 쓸 것이다.

모든 인류가 正道靈 이 되라고….

□ 이 책을 쓰는 취지

이제 나는 이 책을 쓰기 합당한 하늘의 내면을 알았기에 글을 쓰는 것이며, 인간이 내면을 알고 시작하는 모습을 경험한 뒤로 위로는 우주요. 아래 있는 그곳도 우주요. 인간이 우주 속에 갇혀 산다는 것을 알고 먼저 가신 조상들과 나라를 위해 목숨을 바친 영령들에게 조그만 사랑을 보낸다.

우리민족은 단단하고 야무지다. 하지만 다른 민족에게는 너무 많은 것을 양보한다. 보기 싫어 이제는 한국에도 하늘의 소리를 간간이 들려주는 한 인간이 있다는 것을 알리고 싶어 글을 쓴다. 차라리 글이 아니라 하늘의 약속을 보여주고 싶다.

이미 나는 알았다. 여러분들이 무엇을 원하는지 2편을 기다린다고 오늘도 영계에서는 나를 알고 도움을 주기에 이 글을 독자제위께 하늘에서 내리기에 잘난 체를 하고 싶었다.

이 책은 웃고자 한다. 웃음이 깨달음이다. 웃음을 나눠주고자 한다. 웃지 않아도 상관이 없는 마음으로 쓰기에 편안하다. 다만 내 가슴은 울렁인다. 그 이유는 나는 한국을 최고의 정신문화 강국으로 올리고 싶은 것들이 내 마음 저 깊은 곳에 숨어 있기에 나는 거짓을 할 수 없어 오늘도 그냥 노트북 앞에 서 있는 것보다 앉아 있는 것이 하늘의 소리를 전하기에 편안함을 느끼며 2편의 제목으로 대신하고 싶은 심정이다.

누가 나를 알까 참 웃기는 일을 하는 사람, 우주의 소리를 전해주는 사람, 난 나를 알리고 싶다. 하늘의 소리를 옮긴다고. 그 이유는 너무도 뻔하다. 고생 끝에 찾아온 환희를 여러분들도 고생과 가난을 자신의 스승으로 대우해 준다면 세상 살아가기가 너무 쉽다고….

이 책의 서론은 '인간과 우주와의 관계', '우주의 왕복선', '화합', '하늘도 축하 한다' 그 다음은 '바라만 봐도', '구린내가 나는 세상'을 또한 둥근 세상을 만들고 싶어 하는 신명들의 간절한 소망을 담고, 그래서 나를 찾게 해주는 천신들의 교향곡을 알려주기 위해 쓰는 것이다.

이제 민족이 가야할 길은 화합이다. 그래서 한 편의 드라마로 대신하려고 한다. 잘 쓴 글은 아니지만 내면의 흐름이 강력하게 표출될 것이다. 부디 이 글을 읽고 웃는 사람이 많았으면 한다.

그것은 오직 여러분들의 따스한 마음이 흐를 때 읽을 수 있는 글이 될 것이다. 부디 조국을 사랑하는 마음이 생긴다면 나는 만족한다. 대한민국 파이팅, 환웅할아버지 파이팅, 치우천왕 할아버지 파이팅, 조상님들 화이팅!!! 하기 위해 쓴다. 난 깨달아서 좋다.

깨달음은 웃기는 것이다. 최고의 코미디다.

正道靈

깨달음으로 가는 101가지 이야기

도반 2 / 차례

도반 2 / 차례

도반 2 / 차례

차례 / 도반 2

제7장 구린내가 난다 / 221

깨달음으로 가는 101가지 이야기

도반 2/ 차례

깨달음으로 가는 101가지 이야기

도반 2 / 차례

차례 / 도반 2

제1장

미안, 미안해

우리의 각오

누가 따를 것인가? 자연의 진리를….

인간은 자연의 순리대로 살아왔다. 인간이 할 수 있는 것은 아무 것도 없다. 다만 역사가 말해 주고 있다. 우리는 우리 땅을 잃어버리고도 아무런 감정이 없다. 일본에게 공동수역으로 한 독도는 이렇게 변명을 하고 있다.

나는 어디에 있는 것인가? 한국 땅인가, 아니면 일본 땅인가 하고 슬퍼한다. 우리의 사상은 어디로 가고, 우리나라는 아직도 상대방의 나라를 너무 믿는다. 우리의 역사를 모르고 살아가야만 하는 우리의 현실을 보고 하늘은 한탄한다. 다시 개국하라고….

분명 국조 단군이 개국을 했건만 우리나라는 개국의 의미를 너무 소홀히 하기에 어릴 때부터 우리 땅 우리 조국이 어떤 나라인지 잘 모르고 살아간다.

종교조차 단군을 무시하는 나라, 우리는 어디서 왔단 말인가? 분명 조상의 슬기와 재주로 인간을 자라게 하고 있다. 자기와 마음이 맞지 않는다고 무시하고 자신을 내세우기만 하는 나라, 어린아이는 무엇을 보고 살아가야 하는가? 아이는 어른의 어버이다. 말도 안 된다고 하지마라. 아이가 하늘이지 않는가? 아이들 때문에 산다고 하지 않는가.

이것이 어른이 바라보는 하늘인 것이다. 하늘이 잘 되어야 인간은 그것을 보고 배우는 것이다. 항상 중심을 가져야 하는 것이다. 중심을 가져야 큰일을 할 수 있는데도 지금 우리나라의 현실은 어떤가. 자신의 말만 맞다고 우겨 되지 않는가. 나는 이렇게 생각한다. 우리의 미래는 지금 현재가 아니라 어린아이의 소리라고, 물론 잘 따라 오지 않는 어린아이도 있다.

그것은 자기만의 세상이 어른보다 또 보이는 세상이 다르기 때문에 어른들은 이해하지 못한다. 어린아이에게 우리나라의 역사를 알려준 적이 있는가. 고작 할머니 할아버지만 알려주지 않던가?

어머니 아버지가 모르는 역사를 어린아이가 쉽게 알 수 없기에 우리나라는 역사가 너무 묻혀 있는 것이다. 그러므로 역사는 우리가 미래를 살아가기에 좋은 삶을 주고 있으니 묻어버리는 형국을 만들지 말자. 그러면서 어떻게 잘 살기를 원하는가? 자신의 조상이 누구인지부터 알아라. 가장 큰 배움은 내면에서 나오는 것이다.

우리가 현재 느끼고 있는 현실은 조상을 잘 모셔야 한다는 따끔한 가르침이 필요할 때이다. 우리는 단단한 각오를 잊어버리고 산다. 이제부터라도 조상을 잘 모시는 각오로 살자. 그것이 나를 가장 발전시키는 것이다.

조상이 하늘이다.
조상이 하늘이다.
나를 보고 있다.
잘 되기를…….

오늘도 하늘에선

하늘에서 전화가 왔다.

이러한 내용이다. 나에게 들려오는 소리는 분명 단군의 목소리로 들려온다.

"수고했다. 내 아들아, 이제 하늘의 소리가 땅에 알려지니 고맙구나."

아니, 이럴 수가 내가 한 것도 없는데…. 내가 자랑할 수 있는 때가 왔다고 한다. 정말 하늘은 오묘하다. 난 눈물부터 하늘에 보여주기 시작한다. 그 눈물은 하늘에서 바라본 우리나라의 현실을 보고 마음아파 하늘에서 흘려주는 눈물이다. 사람들의 웃음을 보고 기뻐하는 하늘은 우리나라에 많은 기쁨을 줄 모양이다.

부처도 예수도 한국을 위해 하늘에서 반가워하고 있다. 드디어 우리나라는 더 이상 종교의 힘보다 국조 단군의 힘이 필요하다는 것을 알고 박수를 치는 것이다. 나는 속으로 이렇게 말을 했다. 부처님, 예수님, 공자님, 맹자님 하고….

와, 신난다. 이렇게 한국을 위해 정신적으로 높게 깨달은 분들이 함께 하다니 드디어 한국은 동방의 아름답고 세계 속의 한국이 아니라 한국 속에 세계라는 것을 일깨워 준 것이다.

우리나라에도 좋은 분들이 많지만 종교로 인해 자신이 더 올라갈 수 있는데도 자신의 도의 경지를 묶어놓은 실정이다. 정말 깨어나야 한다. 지금은 정신문화 싸움이다. 정신문화가 발전되어야 우리나라가 밝은 세상을 만드는 나라로 변할 것이다.

물론, 종교가 주는 교훈은 많았다. 하지만 한편으로는 종교로 인해 많은 사람이 타락을 했다. 이제 종교는 자신 생각만 하지 말고 내면의 깊은 곳에 문을 두드려야 할 것이다. 그래야 세계가 하나로 같이 갈 수 있는 것이며, 오늘도 하늘에선 인간에게 수많은 메시지를 준다. 이제 우리는 하늘의 법을 어기지 말고 살아가야 하며, 다시 말해 인간이 먼저 알아야 할 것은 하늘의 법을 알아야 너무도 편해진다는 것을 깨닫게 된다.

이제 우리가 해야 할 일을 알았을 것이다. 하늘은 인간에게 수많은 능력을 주었지만 말을 듣지 않고 살아가다가 힘이 들면 또 하늘을 찾는다. 하늘은 많은 용서와 시련을 같이 준다.

그만큼 하늘은 인간을 사랑한다.

그런 사랑을 받아야한다.

우린 국조 단군의 사랑이 하늘 사랑이라는 것을 깨달아야 한다.

뭐 하냐 너는

너털웃음을 짓고 산다는 것 얼마나 좋은가?

우리사회는 요즘 말과 웃음을 잃어버리고 있다. 그 이유는 무엇인가? 그것은 살아가면서 핑계를 만들기 때문이다. 부모의 사랑, 자식간의 사랑이 사라진지 오래다. 참 안타깝다.

인간은 무엇을 요구하며 인간은 무엇을 바라고 있는가? 겉치장을 위해 살고 있는 것은 아닌가? 속이 잘 되어야 한다. 속이 중요하다. 만두가 맛있으려면 속에 있는 재료가 좋아야 되지 않던가?

그러나 맛있게 만들려면 그만큼 준비와 정성을 들여야 한다. 하지만 지금 우리가 사는 세상은 준비와 정성이 부족한 것을 모르고 있다. 이제 여러분은 어떻게 생각을 하는가?

준비와 정성은 하늘에서 만드는 것이다. 어떤 것이든 하늘은 인간을 위하여 많은 것을 만들어 놨다. 후회 없는 생활을 하라고…. 그러나 그것을 모르고 잘못 쓰고 있다. 이제는 하늘에서 화날 정도로 답답해하고 있다. 우리는 하늘의 마음을 알아서 산다면 더없이 좋은 세상을 만들 수 있다.

어느 날, 나에게 물었다. "너는 무엇을 만들어줄까?"하고 나는 이렇게 대답을 했다. "그냥 많은 사람을 만나고 싶다"라고 그러자 하늘에서는 "그래, 깨닫는 것은 사람을 많이 만나는 것이니 그렇게 해 주마"하고 그래서 나는 기다리기만 했다.

그렇다. 기다리니 내가 변하게 됐고 기다리니 저절로 하늘은 내 마음을 바꿔 놓았다. 이제 많은 사람들이 나를 찾는다. 지금 하늘에서는 "너는 뭐 하냐"하다가? 이제는 많은 사람을 만나는 것을 보고 이렇게 말한다.

"하늘의 소리를 듣는 사람에게는 고통과 고민을 만들지 않게 해 준다고…."

왜 내가 이렇게 즐거운가.

그것은 하늘의 기운을 전달해 줄 수 있어서 그렇다.

평생 공부해도 못하는 것이 하늘의 공부다. 그러나 하늘은 나를 너무 예뻐했다. 무엇을 보고 예뻐했나.

나는 많은 잘못을 하고 살았다. 이젠 정신 차리고 살아야지 하면서 많은 시간을 소비했다.

그것을 보고 그런 것 같다.

아, 그렇다.

하늘은 용서해 주기 위해 있는 것이다.

지금도 가끔 하늘에서는 "뭐 하냐 너는?"하며 "그런 소리하고 싶어 어떻게 하나…."

하하, "뭐 하냐?"가 좋았는데….

하늘의 방송

여기는 하늘방송입니다.

세계 민족 여러분 안녕하세요. 한국말을 알아듣지 못하기에 난 하늘말로 하면 다 통한다. 그 말은 가림토 말이다.

"띠꼬 타공옹소윰 봉쏘유찬시방서 문고차일무천도 히상추하수문."

이것이 하늘 말이다. 동물들은 알아듣는다. 모든 자연도 그래서 하늘 말이 필요하다.

과연 하늘의 방송이 땅에 닿을 수 있는 것인가?

요즘 나는 하늘 방송국에 프로듀서(PD)로 일하고 있다. 땅에 있는 방송국은 나를 사기꾼이라고 한 적도 있다. 그 사람들은 하늘의 방송을 모르거나 한번도 들어 본 적이 없기에 이해를 한다.

하늘 방송국에 PD는 제자들이다.

지금도 PD가 모자란다. 가끔 PD가 속을 썩인다. 난 PD가 싫다. 그런데 좋은 것도 있다. 나를 하늘에서 믿고 있는 PD다.

나는 가끔 매를 든다. 그때가 가장 마음이 아프다. 내 밑에 있는 PD는 가난하다. 나도 마찬가지이다. 그러나 마음은 부자이다. 우리는 하늘에서 일어나는 일들을 취재하기 때문이다. PD의 나이는 천차만별이다. 다시 말해 하늘은 정년퇴직은 없다. 천직으로 인간적인 몸이 하늘에 닿을 때까지 말이다.

하늘엔 동물 방송국도 있다. 또한 어린이 방송국도 있다. 난 어린이 방송국을 좋아한다. 어린이 방송국은 24시간 한다. 그만큼 하늘에 있는 방송국이 바쁘다. 방송국이 600개다. 또한 코미디 방송국도 있고 자연 방송국이 있는데, 그 중에서 어린이 방송국과 자연 방송국이 제일 바쁘다.

난 여러 방송국을 다니며 일을 한다. 물론 영적으로 하기에 쉽지만 한번 취직하려면 나를 버려야힌다. 그래서 이력서는 나를 버렸나 안 버렸나로 한다. 땅은 어느 대학을 나왔나로 보지만 하늘은 정말 이상하다. 버린 것을 강조하고 땅은 담는 것을 좋아하니 이것이 하늘과 땅 차이이다.

휴! 이제 이력서의 의문이 서서히 풀렸다.

2편은 웃는 글이라고는 하지만 정말 황당하다. 저절로 웃음이…. 웃자, 웃자, 웃자.

학교를 따지는 땅은 싫다. 나만 버리면 취직이 되고 걱정이 사라진다. 농사를 지어서 돈을 보내주지 않아도 되는데 부모가 불쌍하다. 부모가 이런 것을 안다면 얼마나 좋은가? 대학교로 인해 사회가 타락을 하고 서로 다툰다. 하늘은 그런 것이 없다. 얼마나 좋은가 버린 만큼 주는 곳이 하늘이다. 버릴수록 좋은 곳 그곳에 취직을 해보자. 하늘은 노동쟁의도 없다. 또한 월급도 밀리지 않는다. 먹을 만큼 준다. 그래서 난 좋다. 싸움이 없고, 이혼도 없고 욕심을 주지 않는다. 이런 곳이 또 어디 있나, 그야말로 천국이다.

하늘 방송국은 주로 이런 방송을 한다. 해방송, 달방송, 별방송, 바다방송, 산방송….

그러기에 방송을 들은 동물들은 이번 해일 때 먼저 그 소리를 듣고 피했다. 머리가 맑고 밝을수록 하늘방송 청취자다.

시청료는 평생 무료다. 잘 듣는다면 지혜를 준다. 호호, 웃긴다. 청취자를 구한다는데 앞으로는 땅의 방송국은 구린내가 나서 보지 않고 듣지 않는다고 한다.

그런 세상이다.

괜찮은 인간

바보 같은 인생, 요즘은 바보 같은 사람이 흔하지 않다. 잘나서 산다고 하니 부담이다. 못 났다고 한다면 편한데, "우리 아들은 키가 크고 좋은 대학 나왔고…." 이것이 현실이다. 인간이 되어야 하거늘….

서민층은 사고를 치지 않는다. 서민은 교도소를 가도 누가 한번이라도 면회가 없다. 그러나 정치인들은 그렇지 않은 게 우리의 현실이 내 눈을 한 대 때린 것 같다.

맞고 나니 할 말을 해야겠다. 사실 하늘에도 감방이 있다. 그곳은 인간이 잘 모르기에 사실 하늘은 땅에서 일어나는 모든 일들을 알고 있다. 그래도 하늘은 용서한다. 하지만 여러 번 하면 식상한다. 우선 하늘의 감방은 공부를 시킨다. 물론 영적 공부를 시킨다.

그러나 사람이 모르기에 짜증을 부린다. 하늘의 감방은 성격을 완전히 교체하는 곳이다. 다시 말해, 기운을 완전히 바꿔놓는다.

그런데 땅의 감방은 갔다 와도 그대로이다. 뇌를 바꾸는 공장이 없기 때문이다. 그래서 나는 하늘에 부탁을 했다. 땅에도 이제부터는 뇌를 바꾸는 공장을 만들어 달라고 해서 검찰 총장에게 지배인을 하라고 하고 싶다. 그래서 죄짓는 정치인들을 괜찮은 인간으로 만들어야 한다.

괜찮은 인간을 만들려면, 120명의 스승이 있어야한다. 그러나 지금 우리사회는 서로 잘났다고 하니 스승이 설 자리가 없다. 우리나라는 과연 어떤 사람을 스승으로 인정을 하는지 모르겠다. 요즘 우리네 얼굴은 이렇다.

아침에 일어나는 얼굴은 망가진 얼굴이요, 이를 닦는 시간은 계획하는 시간이요, 세수하는 시간은 희망의 시간이다. 아침을 먹는 시간은 미안한 시간이요, 출근하는 시간은 겁나는 시간이요. 회사에 있는 시간은 고민의 시간이다.

텔레비전을 보는 시간은 답답한 시간이요, 저녁 먹는 시간은 고요가 흐르는 시간이다. 그리고 잠자리에 들어가는 시간은 기도하는 시간이다.

우리네 인생과 같이 시간은 가고 있다. 우리가 꽃을 의미하는 시간이 있을까? 이제 꽃으로 보는 세상은 이러하다. 서로 서로 사랑하는 꽃은 무슨 꽃일까? 마음의 꽃이다. 마음이 담겨 있지 않은 꽃은 소용이 없다. 늘 사랑하는 사람이 옆에 있어 준다면 좋으련만 언젠간 이별을 한다. 영원히 꽃이 핀다면 얼마나 좋을까?

언젠간 시들 것이다. 하지만 마음의 꽃이라면 영원히 시들지 않을 것이다. 우리는 무슨 꽃을 좋아하는 걸까?

우리는 마음의 꽃을 좋아 할 것이다. 그렇다. 누구든지 마음의 꽃을 원할 것이다. 하지만 내 자신이 마음의 꽃이 안 된다면 아무런 소용이 없는 일이다. 마음의 꽃을 구하기 위해 사람이 살아가는 것이다. 시들은 꽃은 말이 없다. 그러나 활짝 핀 꽃은 크게 웃고 있다고 볼 수 있다. 그렇다 활짝 핀 꽃은 자신감을 가지고 있다는 말이다. 우리들의 세상은 꽃으로 본다면 마음의 꽃인 것이다.

그 마음의 꽃을 어떻게 다스리느냐에 따라 우리나라는 변화가 있을 것이다. 사랑하는 사람에겐 꽃을 선물한다. 또한, 사람이 세상을 떠났어도 꽃을 선물한다. 꽃은 사람과 같이 살아가는 것이다. 꽃이 없는 세상은 인간이 살 수 없다는 말이다.

꽃은 하늘에서 말이 없는 단어라고 한다. 말이 없는 단어란? 무슨 일이든 도와주는 매개체라는 뜻이다.

경우에 따라서는 많은 말을 하는 것보다 꼭 필요한 말을 함으로써 목적을 달성하는 수가 많을 때가 있다. 우리는 말을 많이 하는 것보다 우선으로 실천할 수 있는 말만 해야 할 것이다.

"안녕하세요"하며 손님을 반갑게 맞아들인다.

이런 꽃을 무슨 꽃이라 할까? 정성이 담긴 꽃이라 한다. 그렇다 우리는 정성이 담긴 꽃을 갖고 싶어 한다. 원래 꽃은 많은 문제를 풀어주는 매니저이다.

화난 사람에게 꽃을 갖다 준다면 그것은 어울리지 않을 것이다. 요즘의 우리나라는 꽃이 잘 안 팔린다. 화나진 않았지만 근심걱정 때문이다. 나에게는 꿈이 있었다. 넓은 정원에 많은 꽃을 심고 손님 한 분 올 때마다 한 송이씩 꺾어 정성껏 찾아주신 것에 대해 감사를 드리며 주고 싶었다.

집은 대지가 100평 건평이 40평정도, 아직도 꿈일 뿐이다.

여기서 꽃은 그냥 꽃이 아니라 마음의 꽃이다.

마음의 꽃을 가지고 있는 남자가 괜찮은 남자다.

마음의 꽃을 가진 남자가 많아야 통일이 올 것이다.

모든 국민들의 마음에 꽃을 활짝 펴야 통일이 올 것이다.

통일은 단군으로 구심점을 잡아야한다.

휴, 귀찮아

"엄마, 나 남자친구 생겼어."

한 여자가 말을 한다.

"어디 다니는 사람이니?"

"응, 좋은 직장. 이름 있는 곳이야."

이렇게 좋은 직장을 가져야 애인이 생긴다. 무엇을 의미하는가? 지금 우리가 사는 사회는 직장을 다니기가 어려운 상태이다. 대학을 나와도 빈둥빈둥 놀아야 되는 우리의 현실은 누가 책임을 진단 말인가? 하늘은 경쟁이 없다. 누구나 다 같다. 높고 낮음이 없다. 난 그러한 나라를 기대한다. 누구나 일을 하고 싶다면 편히 일하는 나라로 만들고 싶다. 여러분도 나하고 마찬가지일 것이다. 우선 우리나라가 제대로 가려면 마음을 다스릴 줄 알아야 한다고 생각한다.

어떤 사람을 배우자로 만나 살 것인가?

요즘 우리나라는 이혼을 하는 사람이 많다고 그러는데 물론 성격 차이가 있어 그렇지만 사실은 돈으로 인한 갈등으로 이혼을 한다고 한다.

여러분들은 이러한 사실을 알고도 어떠한 방법을 찾지 못하고 있다 겉만 보고 결혼을 한다면 언젠가는 후회를 한다. 내면을 알지 못하기에 결혼을 잘못하는 경우가 허다하다. 재혼을 하는 사람도 많은 세상, 서로를 믿지 못하는 세상이다.

앞으로 세계는 결혼을 원하지 않을 것이다. 어떤 사람을 상대로 원할 것인가? 앞으로는 정신이 맑은 사람이 많이 결혼의 대상자가 될 것이다. 정신이 바른 사람을 배우자로 선택하는 세상, 생각만 해도 가슴이 떨린다. 이제 우리 사회가 변하지 않는다면 점점 힘들어질 것이다. 마음을 바로 먹고 사는 세상을 누구나 원한다.

어느 날 나는 '여자와 남자의 관계는 어떤 것일까?'하고 생각을 해봤다. 사실 여자는 남자보다 강하다는 사실을 얻었다. 그래서 그런가 오히려 요즘은 여자들의 강력사건이 남자들보다 많다고 한다. 힘차게 하루를 잘 보내야 하는데도 할 일이 없어 시내를 하루 종일 배회하는 사람, 이런 사람들이 많아진다고 하니 걱정이다.

요즘도 마찬가지로 아파트가 없으면 사람으로 보지 않는 사람들의 모순이 나는 싫다. 전세를 살면 어떤가?

나도 지금까지 집을 가져본 적이 없지만 지금 집을 몇 채 가지고 있는 사람도 많다고 한다. 사회는 어디로 가는 것인지 참 한심하다. 물론 힘들여 일을 해서 만든 집이라면 조금 안심은 되지만 그렇지 않은 사람들이 대부분이라고 한다. 당신은 그런 사람이 아닌가?

이제, 정말로 정신을 차리자. 서로 잘 사는 나라, 보기가 안 좋은가? 우리 모두 마음을 합쳐 이제, 우리나라가 세계 대열에 앞장 서는 나라로 만들자.

하늘도 기뻐할 것이다.

그럼, 내일은…. 휴, 괜찮아.

여행자

우주를 여행한다면 마음이 어떨까?

생각부터 바뀔 것이며, 우선 기분이 좋을 것이며 자신의 변화를 느낄 것이다. 나는 하루에도 몇 번씩 우주여행을 한다. 물론 과학적으로는 입증을 못하지만, 정말 난 웃기게도 많이 여행을 했다.

우주에 갈 수 있는 티켓이 정해져 있지 않으나 아무나 갈 수는 없다. 다만 하늘을 알고 긍정하는 사람에게는 우주로 갈 수 있는 티켓을 하늘에서 발매한다.

우주를 갔다 오면 우선 마음이 넓어지고 욕심이 없어진다. 우주에서 보는 한국은 사실 점 하나도 안 되기에 그런가 보다. 난 여러분에게 우주의 소식을 전해 주고 싶은 마음에 이렇게 글을 쓴다.

사람이 여행을 하면 자신의 기운을 바꾸기에 여행을 하는 것이다. 그래서 가끔 여행을 하면 많은 도움을 받을 것이다.

우주는 이렇다. 어른들은 잘 가지 못하지만 어린아이는 가끔 가고 있다. 그러나 갔다 온 지도 모르게 가기에 모르는 것이다. 그러므로 우주를 갔다 올 때마다 부모의 말을 안 듣는 것이다. 이유는 간단하다. 우주는 잔소리가 없다. 어머니 뱃속이 우주가 아닌가? 어머니의 뱃속이 우주라는 것은 우주는 물로 구성이 되어 있으므로 같은 맥락이며 어머니 뱃속에 있을 때 생각이 만들어진다.

그래서 생각은 보이지는 않아도 느끼는 것이다.

여행을 하자. 우리 모두 국민이 우주를 갔다 오면 편한 세상을 만들 수 있으며 항상 웃을 수 있는 마음이 생긴다. 우주는 모든 것을 감싸주고 용서하는 곳이라 한다.

사람은 태어나면서 용서를 배우고 다음은 자신을 찾는 법을 배운다고 한다. 이제 여러분들은 자신을 찾고 싶은 마음이 안 생기는가. 나는 천기를 내리고 자신을 찾고 싶어 하는 사람들에게 길을 안내하고 있다. 자신을 찾는다는 것이 쉬운 일은 아니나 어려운 것도 아니다. 자신을 내려놓으면 되는 것이다.

하늘은 항상 노력한 만큼 대가를 지불한다. 그래서 하늘이 나는 좋다. 여러분도 이렇게 정확한 하늘을 알고 싶지 않은가?

이제 여러분에게 하늘을 보여주고 하늘의 기운을 내려 주고 싶어 이렇게 글을 쓰는 것이며, 이 책에도 하늘의 기운이 들어있어 기가 나오는 책이다.

정말 내가 이렇게 글을 쓴다는 것은 하늘의 기운이라는 것을 알리는 것이다. 그리고 여러분에게 기운을 주고 있다.

기(氣)는 내리고 나눔이라고 하늘에서는 말한다. 나는 이러한 사실을 알리고 싶을 따름이다. 사람은 다 똑같다. 누구나 하늘의 기운을 창고로 삼아 기운을 빼다 써야 한다고 생각을 한다.

이제 우주여행을 하고 오면 한 가지 큰 것을 여러분은 받을 것이다. 왜 태어났는지도 스스로 알 것이며, 자신이 하고자 하는 일이 얼마나 중요한가를 깨닫게 된다. 직업에는 귀천이 없다는 것이 스스로 판단을 하게 되어 불만이 없어지고 지금 하는 일에 재미를 느끼며 천직으로 살아갈 것이다.

좋은 직업, 편한 직업을 원한다면 그 나머지 사람들은 무엇을 하겠는가? 하늘은 골고루 사명을 주었다. 그것을 알려면 내면의 기운을 읽어야 하는 것이며 영성공부를 한다면 쉽게 각자 사명을 읽어 내릴 수 있다.

인간이 태어나면서 죽을 때까지 하늘의 기운을 받지 않고서는 살 수 없을 만큼 하늘은 인간이 살아가는데 친구처럼 동반자처럼 해야 한다. 여행을 하는 것은 인간에게 있어서 필수품이며, 적어도 한 달에 한번은 여행을 하거나 산행을 떠나는 것이 좋다.

여행이 건강을 유지하는 데는 최고이다. 오늘 저녁이라도 기차를 타고 강원도라두 떠나라. 차비가 없다면 빌려줄 수도 있다. 다만 약속을 지킨다면 하늘은 약속을 좋아한다.

그러나 사람들은 약속을 별로라 하는데 인간이 살아가는데 가장 중요하다. 이쯤 되면 여러분의 이해가 필요하다. 여러분들은 이미 우주의 기운으로 태어났기에, 우주의 순리대로 살아가야한다. 그러나 그게 어디 쉬운가. 사회의 물을 먹고 나면 어머니 뱃속의 물은 잊어버린다. 그것이 우주의 물인지도 모르면서 우리나라에도 많은 여행가와 탐험가가 있다.

그 사람들을 보면 열려있다. 마음이 그래서 여행은 자신의 마음을 여는데 가장 필요한 것이며, 기도를 떠나는 사람도 한군데 보다 여러 곳을 찾아 떠나는 것이 훨씬 자신의 기도에 도움이 될 것이다.

바다여! 우리 남편의 소원을…

바다가 오늘 심각하다. 나에게 대화를 하고 싶다고 한다. 이런 일이 있었다고. 잠시 짬을 내어 들어보기로 했다.

몇 년 전 일인데 자기는 한국에서 아주 먼 곳이라고 했다. 그 내용은 이렇다.

어느 날 자신도 모르게 풍랑을 일으켜 큰 배를 삼켜버렸다 한다. 그런데 아직 생사를 모르는 사람이 있어 매년 이맘때면, 부인이 제사를 지내곤 하는데, 안쓰러워 바다에 빠져있는 어느 사람의 혼이 들려와 자신에게 이런 말을 했다고 한다.

"자신이 죽은 뒤 혼이 되어 자신의 부인이 그리워 그 집을 맴돌다가 부인이 사는 곳에서 며칠 있다가 왔는데, 부인이 자신을 그리워하고 사는 것이 어려워 불쌍하기도 하고 측은해서 생각다 못해, 바다인 자신에게 말을 건네 와서 자초지종 듣고 나니 마음이 안되어 하늘에 이러한 사실을 알려 부인과 연결을 해서 자신을 천도 시켜주면 하늘에서 도움을 줄 수 있으니 그렇게 해 달라"라고 부탁을 한 것이다.

이러한 일이 또 있을까. 영적으로 공부한 나는 가끔 4.19탑이나 우리나라에 천도가 되지 않아 헤매는 영가들을 하루에도 수천 명씩 천도를 하고 있다. 아직도 우리나라는 천도가 안돼 고생하는 영가들이 많다.

심지어 청와대와 여의도 국회의사당에도 있으니 나라가 이런 것이다. 우리나라에 천도가 안된 영가들이 있다면 우리나라 발전은 어려운 것이므로 천제를 해야 한다. 만약 정부에서 매년 강화 마니산에서 천도제를 한다면 우리나라는 발전이 있을 것이며, 2만 달러 시대가 올 것이다.

바다가 이야기 한 것을 가만히 듣고 보니 정말 눈물이 날 정도로 가슴이 찡해왔다. 이러한 애절한 사랑을 영이 없다면 볼 수 없을 것이다. 얼마나 다행한 일인가?

내가 이렇게 좋은 일을 할 수 있다는 것이 너무 기쁜 시간이었다. 하늘에서 연결시켜 그 부인을 만났다. 그 부인도 영감이 있었는지 그 내용을 잘 알아듣고 긍정을 했다.

정말 희한한 일이었다.

남편의 말을 들은 부인은 하염없이 눈물을 내 앞에서 흘린다.

바로 그때 바다가 들어왔다.

이 이야기를 들은 바다도 눈시울이 보였다.

하늘은 우리 모습을 보고 흐뭇하게 웃고 있었다.

천도를 해줄 모양이다. 나는 속으로 다행이다.

이것은 자연의 힘으로 부인의 남편 혼을 찾은 것이 아닌가?

여러분도 알다시피 일어날 수 있는 것인가?

나는 이런 보람으로 살아간다.

아직도 시체를 찾지 못했다.

바다여, 영원히 감싸주길….

내 명령을 들었는지….

제2장

귀신과 인간과의 관계

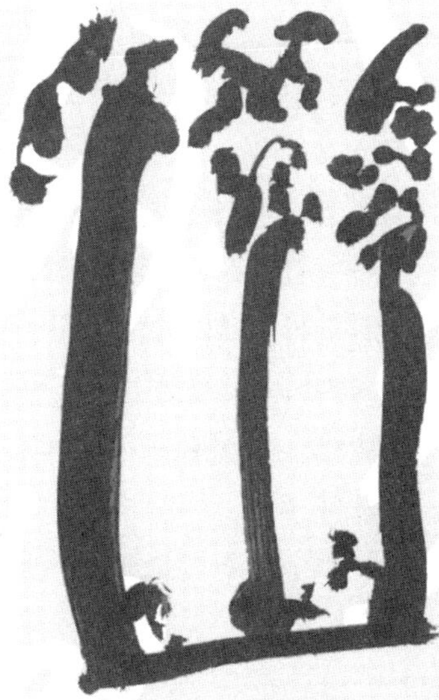

강한 우리의 사랑

나는 약하다. 하지만 우주의 기운을 만나면 강해진다. 사람끼리 사는 사랑보다 우주와 나와의 사랑은 비교할 수 없을 만큼 깊다. 누구나 우주를 사랑할 수 있다.

그러나 나만큼 사랑하면 질투할 것이다. 나는 방해하고 싶지 않다. 오히려 좋아하게 될 것이다. 모른다면 소개를 해주고 싶은 마음이다. 소개비는 안 받을 것이다.

이 소개는 귀빵빵이는 없으니까? 하하, 즐거울 뿐이다.

소개를 하는 사람은 아무런 이득이 없다. 소개한 뒤 자신의 책임으로 돌아가니까 다만 열심히 대화하는 것을 나는 즐긴다. 가끔 대화를 끊고 싶지만 나는 이미 예약을 했으니 우주는 시간을 잘 지키기에 걱정 없다. 나는 24시간 영적으로 만나니 그 사실을 해와 달과 별은 알고 있다. 가끔 눈과 비도 아는 척 한다.

이제 구름에게 우주와 얘기를 한다고 말을 해야지. 기억하라고 이름은 정도령이라고….

구름이 나를 좋아할지 궁금하다. 일방적으로 내가 좋아해야지 돈도 안 들어가니까 좋다. 하늘은 쳐다만 봐도 응답을 한다.

인간은 이런 기술을 배워야 한다. 사람은 자신의 최면에 걸려 사는데 이왕이면 우주의 최면에 살아야한다.

기 치료, 기공, 요가, 명상을 하려면 이것이 기본이다. 그렇지 않고서는 도저히 하늘의 기운으로 할 수 없는 특별한 종목이다. 그러나 요즘 사람들은 터무니없는 것을 하고 있다. 인간은 하늘을 두려워하며 살아간다.

그럴 필요는 없다. 하늘은 우리 편이다. 이것을 잊어먹지 말고 살아야한다. 오늘 자연과 대화를 하니 소화가 잘 된다. 속이 거북하면 하늘과 대화해라. 하늘이 소화제이다.

하늘은 인간의 소원도 들어준다. 욕심 없이 원한다면 아낌없이 주는 곳이다. 남에게 주고 싶은 마음은 하늘이다. 그래서 사람은 하늘을 닮아가야 한다. 나는 우주를 정식으로 20세 때 알고 지냈다. 여러분들은 아직도 늦지 않았다. 우주를 안다면 나를 아는 것이며, 상대방을 아는 것이며, 우주를 안다면 나는 몰라도 안다.

내가 천기만 내리면 저절로 우주와 계약이 된다. 그래서 자신이 우주를 버리지 않는다면 언제라도 꺼내 쓸 수 있다. 그러므로 나는 창고를 하나 분양을 하는 것과 같다. 다만 다단계는 아니다. 내가 오너다. 하하하, 의심할 것 없다. 망할 리는 없으니까. 우주가 있는 순간까지….

천기를 받고자 얼마나 고생을 했던가? 우주에서 전수받아 특허를 냈다. 그것도 2달밖에 안돼서 따뜻한 천기이다. 한국에서 천기를 내린다. 그러나 자신의 신명이 방해해 다른 곳을 다니다가 "결국, 정도령을 찾아서온다."

이 말은 하늘에서 하는 말이다.

부디 많이 웃어라.

웃는 모습을 보고 하늘을 통해 천기를 내려 줄게.

하하하, 반말했다.

하늘은 그렇게 한다. 그게 하늘이다.

우주는 공손하다.

천기를 내려 줄게요. 부디!

빈 가슴으로

새가슴이라는 말이 있다.

새처럼 사람도 머리나 뱃속을 비워야 좋은 세상을 만드는 것이다. 흔히, 인간은 다른 것으로 변했으면 하는 마음을 갖게 된다. 여러분은 만약 변한다면 어떤 동물로 변하고 싶은가. 용이 되고 싶은가? 아니면 닭 해니까 닭으로 변하고 싶은가?

아니면 호랑이로 변하고 싶은가? 나는 변하고 싶지 않다. 지금이 제일 좋다. 누구라도 나처럼 깨달았다면 그럴 것이다.

사람은 변하는 것을 좋아하는 동물이다. 새가 말했다. 영원히 걷고 싶다고. 그러니까 새 친구가 말을 건다.

"야, 웃기지마라. 우리는 전깃줄 전세를 냈는데, 그런 전세자금을 어디서 받느냐" 그랬더니 한사람이 이렇게 말한다.

"나는 새가 되고 싶다"고.

다른 사람이 말을 한다.

날개가 피곤해 전깃줄에 앉으면 언제 죽을지 모르니까 자기는 싫다고 이렇게 지금 모습이 제일 좋은 것이라고 바뀌는 것이 좋은 것은 아니라고 말을 한다.

그렇다. 사람이 갑자기 많이 바뀌어도 좋은 것은 아니라고 반성을 한다. 지금보다 조금 바뀌는 것이 편하다고….

어떤 이는 갑자기 부인을 바꾸는 경우도 있는데 나는 바꾸려 해도 부인이 없다.

어린아이가 피자를 잘 먹는 것은 무조건 동그란 것은 편하기에 먹는 것이며, 자장면은 하늘의 기운을 받고 성장하기에 아이들이 좋아하는 음식이다. 그래서 자장면은 영원히 없어지지 않을 것이다.

이렇듯 우주는 여러 가지 형태로 우리들에게 보여주고 있다. 우주는 아주 가까이 인간들과 같이 하고 있다. 다만 인간이 그것을 알 수 없는 게 문제이다.

우주는 자신의 내면에 분명히 있다. 나는 그것을 알았다. 그것만 알면 다 아는 것이다. 그것을 모르기에 인간은 우주를 찾아다닌다. 이미 늦은 것인 줄 모르고 산다.

우주를 찾아 보여 주자. 자신을….

그래야 사회는 온통 우주의 물결이 일어날 것이며, 우주의 물결이 일어나야 하늘도 마음을 잡을 것이다.

부디 여러분들도 하늘을 잡을 수 있는 자신을 보여주자.

하늘을 잡는 것은 용기가 필요 없다. 고개만 숙이면 된다.

성공의 기회

기회는 성공의 부모이다. 내일을 향해 간다는 것은 인간에게 기회를 준 것이며, 성공은 자신의 노력도 있어야 하겠지만 어떤 일을 하든지 자신의 기운이 하늘에 닿아 이루어지는 것이니 자신의 신명을 바로 알아 노력을 할 때 이루어지는 것이며, 주위에 많은 것들이 도움을 주었을 때 이루어지는 것이다.

엉망으로 살아가는 노숙자를 보라. 노숙자도 우리에게 많은 교훈을 오늘도 24시간 주고 있다. 깔보지 마라. 노숙자도 스승이다. 잘난 사람만 스승이 아님을 알듯이 거기서는 자유로움을 배운다. 우리나라는 배움의 조건과 잘 사는 조건을 항상 지식으로 평가를 한다. 물론 그것도 맞다. 그러나 그 외 모르는 것들이 무수히 많다.

그러나 적당히 넘어가고 있다. 누구든지 내가 아는 것보다 세상은 모르는 것을 인정할 때 성장을 한다. 우리는 성공을 위하여 살아가지만 지나고 보면 성공을 위하여 살아온 것이 아니라 미래를 위하여 떼를 쓰는 것이다.

'아뿔사! 나는 망했구나' 하고 한숨이 나온다. 요즘 우리나라에서 인기가 있는 말이다. 왜 우리나라에 자꾸 인기 없는 말들이 나오는지 그 단어를 버리고 싶다. 아니면 훈민정음에서 빼버리면 속이 시원하겠다. 난 이런 단어를 처음 들어 외울 수가 없다.

혹, 이런 단어를 여러분 중에 한번이라도 했다면 그 다음은 하늘일이 쉬워질 것이다. 그 이유는 경험과 체험을 통하여 다시는 쓰러지지 않으니 난 안다. 그 단어로 인해 성공을 할 수 있으니까? 여러분은 성공을 위해 어떤 마음의 자세로 살아 왔는가? 남에게 피해는 안 주었나? 아무리 성공을 했다고 하더라도 나만 잘 살려고 했다면 그것은 성공이 아니라 집착이었을 것이다.

집착은 인간을 서로 망하게 하는 것이다. 서로 상부상조 하는 마음을 갖기 전에는 그럴 것이다.

지금 우리나라의 실정을 보면 대기업이 소기업을 원수진 것도 없는데 이빨도 안 닦고 물어 죽이는 형국이다. 세수는 했는가? 아니면 가면을 쓰고 있는 건가, 우리가 알지 못해 대기업에게 벤처기업이 당하고 있는가. 우리나라의 특성은 올라가는 기업을 송두리째 망하게 하는 특기를 가지고 있다.

그래서 나는 중소기업을 하고 싶지 않다. 하늘 사업은 서로 기분이 좋아 일을 한다. 서로 공유하는 사업을 하고 나라와 민족을 위해서 하는 일이니 절대로 이득은 없고 보람으로 살아간다.

보라, 우리의 현실을 깨우쳐야 한다.

가난하고 소외된 사람을 구하라.

하늘은 그런 것을 원하고 있다. 동참하고 싶지 않은가?

우리 모두 배려해 주자. 이것이 하늘의 특명이다.

인간은 누구나 잘 살 수 있는 권리가 있다.

나가자 앞으로 민족을 위해….

하늘의 벌을 받다

난 죄가 50% 정도 남았다. 50%는 우주에 머리 숙이는 것으로 갚았다. 나머지는 그래서 하늘사업으로 50% 삭감을 시키려한다. 물론 우주의 기운으로….

난 아무 것도 모른다. 그러나 입만 열면 우주의 메시지로 죄를 탕감한다. 하늘에서 부를 때까지, 아마 그때는 죄를 다 탕감하고 휴식을 하늘에서 주는 것이다. 그때가 되면 내가 편히 쉴 수 있는 황토방을 내주실 것 같다. 고생의 끝은 황토방이다. 혹시 같이 동행하고 싶은 분은 없는지, 최성수의 "동행"이라는 곡이 갑자기 머리를 스친다.

"아직도 내게 슬픔이 우두커니~" 애절한 노래이다.

사람은 하늘에서 벌을 받은 만큼 살아간다. 태어난 것도 신세를 진 것이며, 죄를 지은 것이다. 죄 없는 사람은 아무도 없다. 그러나 죄를 물어보면 아무도 죄를 짓지 않았다고 한다.

이유는 임신을 하면 엄마와 아빠의 거리는 점점 멀어진다. 배가 나오니 그것은 죄가 아닌가? 잘못하다간 아빠가 바람을 핀다. 요즘엔 호주제가 바뀐다고 난리다. 어떤가? 이래도 죄가 없는가. 편하게 죄가 있다고 하면 하늘에선 착하다고 보너스로 자식을 하나 더 줄지. 그러면 요즘 유치원 공짜라던데 하나 더 낳자. 힘이 있을 때….

나에겐 그런 기회도 없었다. 얼마나 행복한가? 어린아이의 재롱이 난 재롱도 피지 못하고 살았다. 어릴 때부터 하늘의 선택으로 입이 무거웠다. 그때는 그것을 모르고 40세 때 알았으니 내 성격이 변해서 외향적인 성격과 우주의 기운으로 함께 한다. 하늘은 인간을 도구로 쓸려고 지금도 찾아 나서고 있다.

물론 나도 그렇게 선택을 받아 영성공부를 한 것이다. 덕분에 하늘에 올라가서 돌아가신 어머니 아버지를 뵙고 열심히 살기로 했다. 어머니가 하지 못한 일들은 이제라도 한다고 맹세했다. 어머니가 이 일을 했다면 나는 구경만 하고 이상한 일을 한다고 했을 것이다. 이 공부는 제 정신으로 하지 않았기에 그렇게 생각을 한다. 어떤 기운을 갖고 있다면, 그 일을 해야지 그렇지 않으면 되물림을 하는데, 그것을 인간이 모르기에 고생을 하는 것이다.

나는 이제 사람들의 기운을 보고 안내를 한다. 물론 이름과 나이는 필요 없이 기운으로 본다. 그러나 철학으로 운명을 아니면 얕은 신으로 팔자를 보고 싶어 한다면 그것은 많은 오해가 따를 것이다. 나는 안다. 지금 책으로 보는 사주는 통계일 뿐이라고…….

잘못하다가는 큰 벌을 받는다. 특히 무당들이 거짓으로 점을 본다면 언젠가는 혼이 난다. 하지만 자신이 보는 것과 신이 보는 것을 구분 못하는 무당도 있다. 신문이나 지역정보로 운세를 전화로 상담을 하는데 아무 소용이 없다.

돈만 버릴 뿐이다. 그런 돈이 있다면 서울역으로 가라. 안타깝다. 그래서 앞으로 선원에서는 무당의 잘못된 신들을 바로잡는 행사와 자격이 없는 사람들이 하는 전화로 보는 운세 사업을 폭로하며 제대로 할 때까지 정신을 차리게 할 것이다.

"하늘에 벌을 받아야 할 사람이 너무도 많은 세상이다."

착하게 살자. 웃으며 살자. 솔직히 살자.

요즘은 굿을 하는 세상이 아니다. 속이지도 말고 속지도 말자.

마음을 다스리는 공부를 하자.

내 세상은 어디에

이제 내 세상을 만났다. 이런 글을 5편이나 내려준다고 한다. 나는 궁둥이에서 불이 난다. 황토방 가기 위해 열심히 해야지. 독자제위는 나의 하늘이다. 정도령은 말한다.

여러분도 책을 읽기 위해 마음을 가다듬자. 5편은 작은 편수가 아니다. 여러분도 기대하고 나도 기대한다. 궁둥이를 붙이고 읽어보자. 하하하!

하늘에서 등기가 왔다. 600개의 방송국이 12만 개로 개국을 했다고 한다. 어리둥절하다. 3개 있는 땅의 방송국은 잘 늘지 않는데, 하늘의 방송국은 벌써 12만 개다. 개국 때 나를 보고 협력단체로 인정하고 한국과 세계 여러 나라의 신명들이 기뻐하는 영의 왕으로 칭송을 했다. 와, 한국의 정도령이 해냈다.

"세계의 영을 다루는 남자라고 영적 스승"이라고 놀랬다. 나도 옆에 있던 제자도 놀랬다. 영의 세계는 무궁무진하다고….

기분이 좋다. 이것이 우주의 원리로다. 단군할아버지 기뻐하시네. 부처도, 예수도, 나에게 많은 이들을 위해 봉사하라고 한다.

그렇다. 내가 걸어온 길은 정말 이 시간을 위해 온 것이다. 어떤가? 이 글이 황당하지는 않은가? 그렇지 않다. 글을 읽어보면 더 이상 황당한 이야기는 3편에서 펼쳐질 것이다.

이런 말이 있다. '보았나, 들었나, 쉬게 한다'라는 글을 보았을 것이다. 지금 그것을 몸소 하고 있다. 지금 내 세상은 우선 한국부터 기운을 주며 살고 싶다. 다만 한국의 영적수준으로 인해 실망을 할 때가 한두 번이 아니었다. 이제 한국에도 이렇게 깨달은 사람이 있다고 널리 알려 한국을 알리고 우리도 미국과 같은 대열로 아니, 미국보다 영성이 높은 나라로 가고 싶은 마음이다. 이제 여러분들이 한국을 살리는 주인공이 될 것이다.

얼마나 좋은가? 이제 한국의 기운이 살아난다. 하늘에서 고민을 하다가 이렇게 예언대로 누구나 정도령이 되어야 한다는 슬로건을 걸고 내림을 주신다. 누구나 주는 것이다. 나만 주는 것이 아니다. 풍선껌보다 더 불리어 거짓 없이 하늘에서 큰 것을 준다. 나는 안다.

한국이 잘 될 것이라고 단 하늘을 믿고 따라 간다면 분명 잘 된다. 물론 인간도 같이 노력을 해야 한다. 한국을 깔보면 하늘에서 가만히 안 둔다.

여러분들도 지금 서 있는 자리에서 세상을 찾아라. 서 있는 자리가 당신을 성공하게 하는 곳이다. 물론 힘이 들 것이다. 그것을 참아야 한국이 대성할 것이다.

21세기는 한국이 맡는다. 세계를 다스리는 인재가 많을 것이다. 우리 힘내자. 풍금소리처럼 따뜻하게 모이자. 이제 우리는 살았다. 노숙자가 없는 나라로 만들자.

축하해

“오~늘도 걷는다마는 정처 없는 이 발길~”이라는 노래가 있다. 이 노래는 소탈한 노래가 아닌가? 계급이 따로 없다. 이 노래를 좋아하는 사람들은 거짓을 못한다. 대신 마음이 약하다.

사람은 본래 악이 없었다. 두 가지 때문에 사람이 망가진다. 다시 말해 선으로 시작한 악이 만들어진 것이다. 그러나 하늘의 도구로 쓸려고 악을 하나 만들고 하나는 사회를 알고 나서 서서히 인간에게 악이 접근을 해오는 것이다.

그것을 잡을 수는 없다. 하지만 하늘의 힘으로 악을 물리칠 수 있다. 여기서 악은 악신을 말하는 것이다. 우리는 즐거운 일이 있으면 축하한다고 하지만 하늘은 다시 시험으로 들어가기에 하늘은 축하한다는 말이 용납을 안 한다. 하늘은 칭찬이 없다. 그래서 난 칭찬을 한번도 들은 적이 없다. 하늘은 누구나 크게 만들려고, 거기에만 신경을 쓰기에 칭찬할 시간이 없다. 칭찬을 한다는 것은 우주와 거래를 끊는 의미로 보면 된다.

다시 말해 깨달음은 우주에 공부를 마치고 우주에서 떨어져 소우주가 된 것을 말한다. 그것을 모르고 사람들은 체험을 하지 않고도 소우주, 소우주 한다. 직접경험을 한 나는 인간이 왜 소우주인지 안다. 무안한 노력과 우주의 시험을 통과하고 소우주를 만드는 것이다. 소우주가 되면 깨달아지며 저절로 무엇이든 알 수 있다.

이것이 깨달음이다. 하늘의 칭찬은 눈물을 줄 뿐이다. 이제 나는 눈물을 받았다. 여러분들도 영성공부를 통하여 많은 기운을 하늘에서 받기를 원한다. 여러분들이 성공을 해서 소우주가 되면 축하해

줄 것이다.

우주에서 나에게만 축하를 안 해주었지. 이제는 여러분에게 하늘에서 축하를 해준다. 사실 나만큼은 쫓아오지 못하기 때문이다. 그렇다고 여러분들을 무시하는 얘기는 아니니까 독자제위들은 오해 없기를 바란다.

여러분들은 어느 것이든 상대방에게 항상 축해해 주는 사람이 되어야한다. 같이 즐거워하고 외롭게 하지 말아야하며 항상 사람을 보면 말 한마디라도 용기를 주어야 할 것이다. 여기서 말 한마디가 천냥 빚을 갚는다는 말이 나온 것이다.

웃자, 웃자, 웃자

사실 말은 그렇게 하지만 나도 웃음을 잃어버린 지 오래됐다. 사람이 죽고 사는 것은 물론 여러 가지가 있지만 죽는다는 생각을 절대로 하지 않아야 한다. 자살 사이트도 있다고 하는데 그런 사이트는 없애 버려야 한다.

사실 나도 죽으려고 한 적이 한두 번이 아니지만, 죽을힘이 있다면 그 힘으로 살아야한다. 이제는 죽는다는 생각을 가진 사람에게 웃음을 주고 싶다. 코미디라도 하면서 그래서 죽음을 생각하는 사람들에겐 웃을 수 있는 프로그램을 보라고 권장하고 싶다.

사람이 죽는다는 것도 자신이 죽을 수는 없는 것이다.

잡신에 의해서 결정되는 경우가 많다. 다시 말해 정신질환으로 인해 자살을 선택하는 것이다. 그러므로 자신의 생각이 아니라 그러한 생각을 하게 하는 신들이 들어있어서 그러한 행동을 하는 것이다.

사람은 자신의 몸에 잡신이 있다는 것을 모르고 살아가기에 가끔 그러한 일들이 매스컴을 통해 알려지고 있다.

하늘은 사람을 일부러 죽이는 법은 없다. 그러나 어떠한 빙의 상태로 인해 나쁜 생각을 갖게 하는 것이다.

하루에 3번 정도 크게 웃는 습관을 갖자. 그리고 집안에 가훈을 웃자, 웃자, 웃자로 만들자. 그러면 이 나라가 웃음바다가 될 것이다.

한국 사람의 웃음으로 세계가 맑은 웃음으로 가득 찬다면 얼마나 좋은가 생각을 해보라.

우리민족이 다른 민족을 위하여 웃음으로 만나주자. 세상을 살아갈 때 웃음이 주는 효과는 원수를 사랑하게 된다. 그래서 모든 것이 아름답게 보여질 수 있도록 하자.

어느 집에 가 보면 웃음이 없다. 결국 그 집은 향기가 나지 않는 것을 느꼈다. 우리 집도 평상시에는 웃음이 없다가 명절이 겨우 되어야 조그만 웃음을 볼 수 있었다. 웃음이 사라진 이유는 여러 가지가 있지만 우리나라는 웃음만 조금 살아난다면 걱정 없이 살아갈 수 있을 것이다.

여러분들의 집은 어떠한가? 웃음이 꽃피는 집인가, 아니면 웃음을 잃어버리고 살아가는가? 어떻게 됐든 이 책을 읽는 순간부터는 가정에 누구라도 웃음을 주는 리더가 되자. 무조건 웃는다.

그래야 엔돌핀이 생성된다. 무조건 웃는 웃음 뒤에는 여러 가지 고민이 사라진다. 하늘에서는 웃음을 이렇게 말한다. 내면을 뒤집어 놓은 것이라고 내면을 가끔 뒤집어놔야 하는 일에 대하여 판단이 서는 것이다.

어린아이를 보라. 무조건 조건 없이 웃지 않는가. 갓난아이의 사진을 옆에 놓고 웃음을 배우자. 할머니나 할아버지는 지금 웃음을 많이 잃어 버렸다. 걱정이 많다. 혹시 자식이 버리지나 않을까 하고 생각 하는 이런 세상이다. 우리는 부모에게 철저하게 잘 해야 한다.

아침에 일어나서 크게 웃어라. 부모 앞에서 부모님도 웃을 것이다. 정신병자처럼 웃어라. 이왕이면 옆집으로 흘러들어가게 해도 좋다. 그래서 옆집도 웃을 수 있도록 하자.

학교에서도 가정에서도 직장에서도 하늘에 웃음이 닿도록 해보자. 2005년도는 웃자, 웃어보자.

평생 웃을 웃음을 웃어보자. 돈도 들어가지 않는다. 생각하지 말고 웃어보자. 중심이 흐트러져도 괜찮다. 직장에서 높은 사람일수록 웃음으로 대신하자. 아무리 직장이 안 좋아도 웃음이 있다면, 그 직장은 나오지 말라고 해도 일어나자마자 올 것이다.

하하하, 웃어보자. 웃어야 잘 산다.

웃자. 피곤할수록 웃어보자. 허허허 할아버지 웃음 흉내도 내면서 웃어보자. 웃음은 배워서 하는 것보다 항상 자연스럽게 웃음이 나올 수 있도록 노력하자. 웃음 뒤에는 행복이 온다고 한다. 웃자, 웃자고, 웃어야 한다.

인상을 쓰면서 웃어보자. 우리의 웃음을 팔아보자. 외국인도 좋아할 것이다. 우리의 웃음을 배워가게 하자. 웃음을 팔아보자. 욘사마 이상의 효과가 있을 것이다.

한국사람 모두 욘사마보다 인기가 있을 것이다. 웃음을 잃어버린 나라는 발전이 없다. 항상 웃자. 장사가 안 되어도 웃자. 자신이 잘 못해도 웃자. 웃음에는 승자가 없다. 누구나 같다.

우승을 위해서 하는 것이 아니다. 자신을 위해서 웃자. 영적으로 공부할 때 가장 필요한 웃음이다. 어디든지 필요하다. 웃자, 웃자, 웃자. 어떤 단어보다 외우기 쉽다. 아니 외울 필요도 없다. 한번만 하면 저절로 웃음이 나올 것이다. 처음 할 때만 어색할 것이다.

그 다음은 웃음이 저절로 나올 것이다.

하하하. 어떤가. 웃자라는 단어가 너무 좋아진다. 오늘 가정에 웃자라는 글을 써 놓자. 귀신도 놀라 웃고 간다.

하하하 웃자, 웃자, 웃자.

글을 못 쓰는 사람은 내가 대신 써줄 수 있다.

어떤가? 애절한 내 웃음이….

춤을 추며 살자

나는 춤을 못 춘다. 단 기(氣)춤은 기(氣)차게 춘다. 하늘에서 주는 대로 춘다. 기공이나 기수련을 하기 위해서는 여러분도 알다시피, 웃음명상과 같이 기(氣)춤을 추는 현상을 하늘에서 만들어준다. 물론 저절로 추는 춤이다. 나이트클럽이 아닌 자연과 함께 기(氣)가 흐르는대로 추는 것이다.

우리민족은 한이 많다고 한다. 한이란 한숨 같은 것이 아니라 자신을 편하게 보여준다는 뜻이다. 잘못 왜곡 되어서 이상한 느낌을 주곤 한다. 우리민족은 세계를 이끌어갈 민족이다.

우리민족은 강하다. 그리고 똑똑하다. 창조는 못하지만, 재창조는 세계 제일이다. 똑똑한 머리를 가지고 다른 곳에 쓰는 사람들이 많아 문제이다. 하늘의 영을 받아 살 사람들이 많다는 말이다. 인도가 컴퓨터에 프로그램을 만들듯이 우리 민족은 그 이상으로 만들 수 있는 머리를 갖고 있다.

난 이렇게 생각한다. 춤을 추듯이 일을 해보는 것이 어떠냐고. 딱딱하게 근무하는 것보다 훨씬 나을 것이다. 어린아이가 걸어가기 위해 수고하는 모습이 춤을 추는 것과 같다. 흥겹게 춤을 추는 것이다. 어디서든지 춤을 춰라. 건강을 돕는다.

쓰지 않는 근육을 쓰면 몸에 여러 가지 작용을 통해 개운할 것이다. 운동이 따로 필요 없다. 어린아이에게 춤을 배워보자. 아니면 텔레비전에 나오는 가수들을 따라 해보자. 아니면 노래방이라도 가서 스트레스를 풀자. 하루의 피로는 하루에 풀어야 한다. 난 가끔 기 춤을 춘다. 건강은 기 춤이 최고이다. 몸이 따라가는 대로 춤을 추자.

우리네 건강은 운동을 하며 지킨다고 하는데, 기춤은 비용도 들지 않아 좋다. 모른다면 가르쳐 줄 수도 있다. 아무 곳이나 몸을 흔들어라. 건강은 몸부림에서 온다. 몸부림은 동물들의 춤이다. 집에 있는 주인이 돌아오면 개가 몸부림을 친다. 그렇게 하면 되는 것이다.

물론 가끔 하는 것이 좋다. 밥을 많이 먹어도 좋다. 기춤을 추거나 몸부림을 한다면 소화는 걱정마라. 몸은 그렇게 저절로 치유되는 것이며 아프리카인들이 추는 춤들이 기로 인해 추는 것이다.

그것을 보면 우리도 건강은 자연스럽게 하는데서 온다는 것을 느끼게 된다. 운동이 따로 있는 것은 아니다. 그냥 흔들면 된다. 뱃살이 있는 여자 분들이나 어린아이가 성장을 할 때 좋다.

머리가 맑아지며 감기에 걸리지 않는다. 춤은 인간이 살아가는 데 필수적이다.

기(氣)춤을 추자.

누구나 할 수 있다. 중국의 파륜궁도 그런 원리로 만든 기수련이다. 어떤 기(氣)수련도 나쁜 것은 없다. 다만 심하게 안하는 것이 중요하다. 찜질방에서 땀을 빼는 것보다 좋다.

기(氣)춤을 추다 보면 마음이 열리며 깨달을 수 있다. 하하하….

난 몰라

난 아는 것이 별로 없다. 단, 우주를 연결하면 텔레파시를 통해 채널링 된다. 이것이 나의 장기이다. 어느 것을 모를 때 도움을 청하면 모르는 것을 알려 준다. 답은 하늘에 있다.

그래서 머리에 담지 않아서 좋다. 인간의 머리는 하나의 컴퓨터다. 나는 컴퓨터를 만든다. 수시로 우주를 통해서는 할 수 있는 것이며 가능하다. 지금 내 머리 속에는 우뇌에 컴퓨터가 수백만 개가 있다. 믿지 않아도 좋다. 경험을 해본 사람은 안다.

지금 쓰는 이 글도 한 대의 컴퓨터를 꺼내 베끼는 수준으로 난 7일이면 500페이지 분량의 책을 펴낼 수 있다. 과연 평범한 사람은 귀신이 아니면 어떻게 쓸 수 있냐고 반론을 제기 할 수도 있다.

이 책을 읽고 나면 그 의심은 저절로 자신이 알아 풀어질 것이다.

지금 이 글을 읽는 순간에도 여러분들은 머리가 맑아지거나 어지럽다. 맑아지는 것은 몸에 병이 없다는 증거이며 어지러운 것은 몸에 있는 탁한 기운이 나가고 있는 순간이다.

그렇게 이 책은 치유의 책이다. 이해가 가는 사람은 영적으로 높은 차원이 있는 사람이다.

불교에 달마에서 기(氣)가 나오듯 이 책은 국조단군의 기운이 나오는 책이다. 이 책은 건강이 좋지 않은 사람이 읽는다면 많은 효험을 볼 것이다. 믿고 책을 보다가 몸에 이상한 느낌이 들것이다.

기(氣)가 나온다는 것을 1편을 읽은 독자제위가 말해서 알았다. 나도 처음에는 당황했다. 단군의 기운이 이렇게 센지. 여러분도 단군할아버지께 절을 해보라.

느낄 것이다. 나는 지금도 단군할아버지의 기운을 받고 있다. 기운을 받은 뒤 이렇게 달라진 것이다. 제자들도 많이 경험을 한다. 이것이 마음공부의 시작이다.

제자들과 항상 우리는 영성공부를 하고 있다. 일명 마음 다스리는 공부이다. 천기를 내려 내린 후에 공부를 하는 것이다. 그냥 하는 것과 많은 차이가 난다.

지금 나는 강화와 김포, 서울 등지에서 마음을 다스리는 공부를 영적으로 강의를 하고 있다. 누구나 마음을 다스릴 줄 알아야 한다고 본다. 물론 국조단군을 모시고 한다. 우리는 종교가 아니라 조상을 모시고 하는 공부일 뿐이다. 단군은 조상일 뿐이지 종교가 아니다. 집집마다 조상을 잘 모셔야 한다.

내가 뭘 알아 할 수 있을까?

우주의 기운을 받아 영적으로 굳어진 마음과 몸을 치유하기도 한다. 참 신기한 일들이 하루에도 몇 번씩 일어난다. 그 재미로 이런 일을 하는 것 같다. 인간의 머리로는 상상할 수 없는 일이 벌어진다. 영의 힘이다. 우주의 기운이며, 살아 있는 하늘의 기운이다.

우리는 배우는 책도 없다. 하지만 그날그날 내려주는 하늘의 책으로 대신하고 있다. 공부를 하지 않고는 이해가 안 되니 의심부터 한다. 그러나 의심해도 좋다. 하지만 의심을 할 필요가 없다. 이유는 그럼 이런 글을 어떻게 8편까지 쓸 수 있는 지 이것이 답이다.

내 머리로는 한 줄도 겁이 난다. 지금도 머리에 우주에서 줄줄 글이 내려온다. 어떤 것을 생각지도 않았는데 오히려 글을 쓰려고 하면 멍해진다. 나는 몰라도 안다. 이렇게 아는 것이다. 누구나 할 수 있다.

어떤가? 정도령이 알려주는 메시지 재미있다.

흥미도 더한다.

지금, 우주에선

정도령 때문에 비상이다. 하하하.

책도 잘 팔리고, 너무 많은 사람이 찾아와 좋다. 하하하.

우주에서 나를 찾으러 비상이 걸렸다. 내 기분을 알아보러 나를 찾는다고 한다. 하하, 말도 안 되는 소리이다. 그러나 그것이 맞는데 뭐라고 할까? 하하하하!

드디어 정도령이 소우주가 됐데, 경사났네. 경사났어. 한국은 이제 깨달은 사람을 국민으로 두니 걱정이 없네. 정부도 좋아하네, 의사도, 그 외 좋다 얼씨구….

지화자, 좋네. 동네 강아지도 좋아하네. 누가 이 마음을 알까? 같이 놀고 싶네. 노는 것이 깨달음일세. 우리 놀아 보세. 신나게 그리고 열심히 일하세. 나라와 민족을 위해….

우리민족이 다 정도령(正道靈)이 되야 하네. 인류를 위해. 도통했네. 도통했어. 도통은 설거지를 잘해도 도통이요. 아이를 잘 키워도 도통일세. 도통이요, 우리나라 만세! 정말 만세, 한 번 더 만세, 대한민국 만세!!! 확 바꾸네.

누구나 좋아하네. 그런 사람 여기 있네. 그 이름 정도령 싫어하는 사람 나와라. 용돈이 필요한가? 난 뇌물은 싫어.

우리나라 국민 모두 이름이 정도령, 하하 좋지. 좋고 말구 다 한 식구네. 이름이 정도령이니 어디가 진짠가? 다 진국이네 그려…. 판이 벌어지네. 정도령 판이…. 우주의 소리로 판이 벌어지네.

그 판은 끝날 줄 모르네. 언제 이 나라가 정도령 판인가? 그 동안 가짜가 수고했네. 그 사람이 멍석을 깔았네. 그래도 가짜가 얼마나 고마운지 멍석을 미리 깔아 놓았으니 꼬평 좀 줄까…….

아니야, 혼내야지. 하늘의 감옥으로 보내야지. 변사또처럼 곤장을 신나게 맞아야지. 정신 차리게.

그래서 우주의 원리를 다시 배워 공부한 것을 나라에 헌신 해야지. 누구나 믿을 수 있게 이제는 믿는 도끼에 발등 안 찍히네. 정도령 세상은….

난 피곤해

요즘 피곤하지 않은 사람 없다네. 자신만 잘 살려고 하는데 그것이 쉬운가? 어려운데….

정말 인간의 한계는 어디까지인가? 인간의 한계는 측정을 할 수 없게 되어 있다. 처해있는 상태에 따라 틀리기 때문이다. 통계는 낼 수 있지만 인간의 머리와 몸은 수많은 조직으로 구성되어 있는데 우선 알다시피 물로 구성 되었으며, 그 물은 영적으로 본다면 신으로 구성되었다고 해도 과언이 아니다.

그것으로 인해 사람은 살아가는 것이며 들어있는 신에 따라 성격이나 수명을 알 수 있는 것이며, 몸이 아픈 것은 신명의 작용이 원활하지 못해 그런 일이 벌어지는 것이다.

이제 여러분들에게 하늘이 주는 메시지를 공개하려 한다. 하늘에서 보는 여자는 우선 작은 신명이 남자보다 많은데 이러한 신명을 여성스러운 신명이라고 말을 할 수 있는 것이며, 남자는 굵직한 신명들이 들어 있으며 장군 신명이 들어 있어야 한다.

신명들로 인해 사람이 살아가는 것이니 만큼 어떠한 신명이 들어있느냐에 따라서 변화를 해가면서 산다. 신명들은 사람 속에서 자라며 왔다 갔다 하면서 평생 동안을 자신의 집처럼 살아가는 것이다. 그러므로 어떠한 신명이 있는지를 알아야 평생직업을 알 수 있는 것이며, 그 사람의 개성을 알 수 있는 것이다.

만약 신명이 원하는 대로 산다면 인간은 어려운 것이 없고 그렇지 않다면, 항상 불만과 되는 일이 없다. 그래서 사람은 그 기운을 따라가는 것이므로, 그 기운을 알고 살아야 한다. 이제 대강 신에 대하여 글을 썼는데, 무당은 가장 얕은 기운을 가지고 굿을 하고 사람들의 사주를 보는데 자신보다 높은 것은 볼 수가 없다. 지금 우리가 사는 시대가 그것을 말해 주고 있다.

모두 영적으로 볼 때 신명이 높기 때문에 아무리 큰 굿을 해도 서로 기운이 맞지 않는다면 아무 소용이 없는 것이며 오히려 화를 입는다. 대강 알았을 것이다. 그래서 인간은 신명을 잘 다스려야 한다. 그것을 모르고서는 잘 산다는 말은 어울리지 않는 말이며 이루어질 수 없다. 그래서 사람이 여러 가지로 일이 안되는 것은 그것은 무조건 그러한 이유다. 무당은 자신의 신명을 다스리지 못하고 명령을 받기에 항상 불안하고 기도를 하지 않는다면 신이 다 나간다.

그러므로 무당들은 자신이 하는 일이 힘들다고 하는 것이다. 그래서 신의 밥을 먹으려면 항상 신을 잡아두어야 하는데 그 관리를 못한다면 무당 세계에서 떠나야한다.

또한 무당들은 신을 모시기에 항상 몸이 아프다. 아프지 않은 무당은 없다. 신을 모신다는 것은 자신의 힘만으로는 힘이 들기에 그래서 힘들다고 하는 것이다.

세상에서 가장 힘든 일은 신을 모시는 무당이라고 본다.

제3장
왕복선

아뿔사!

서로 경쟁은 피를 말리게 한다. 우리가 생각하는 경쟁은 상대방을 이기는 경쟁이지만 영적공부는 서로 이기고 지고가 없다.

어릴 때부터 경쟁 속에서 성장을 하는 우리네 세상, 물질로 포장하기 위해 오늘도 5살짜리 어린 아이는 직업 전선인 유치원으로 자신도 모르게 노란 차에 실려 뚱뚱한 선생님의 "안녕하세요"라는 특명을 듣고 잠이 들깬 상태에서 정신을 차리고 주위를 둘러본다. 분명 같은 또래, 서로 친구인데 자신은 친구를 이겨야 한다는 것을 모르고 생글생글 자신의 내면도 모르면서 표정을 짓는다.

집에서는 우리 아이가 오늘은 누구를 물리치고 올까 고민을 하기 시작한다. 지금은 누구나 전쟁을 한다. 삶을 핑계로 상대방을 이겨야한다. 심지어 길거리에 포장마차도 만원이다.

길을 다닐 수 없도록 자식은 점점 망가지고 있다. 공부를 하는 것이 나라를 살리는 일이지만 서로의 경쟁으로 한국에선 안 되나 보다. 외국으로 공부를 떠나는 아이들이 많은 요즘, 우리 것을 알고 다른 것을 배워야 한다고 생각한다. 우리나라 글도 이해하지 못하면서 남의 것에 젖어있는 국민들, 과연 우리의 국민성은 어떻게 만들어져 있는 것일까?

어린 아이에게 무엇이 필요한가. 어린 아이가 필요한 것은 장난을 치는 건데 어른들은 장난치는 것을 싫어한다. 가정교육이 잘못된 거라고 어린이는 장난을 치면서 자라나는 것이다. 그러나 머리 속으로만 담는 공부로 인해 지혜의 문은 닫히고 마는 것이다. 사회의 통념 속에 아이는 오히려 자신이 하고 싶은 일들은 제재 받고 있다.

어릴 때부터 영어공부를 하고 학교를 정해 공부를 시작한다. 물론 어느 정도 공부가 중요하다는 것은 이해가 가지만 유치원을 보내 놓고 어머니는 외출부를 하기 위해 집을 나선다.

과연 우리네 인생은 무엇을 하기 위해 하루하루 사는 것일까? 난 우리나라 현실이 너무 안타깝다. 과외를 하지 않거나 학원을 다니지 않으면 그 아이는 사회에서 쓸 수 없는 아이로 성장을 한다.

이제 우리들은 각성을 해야 한다. 교육정책, 과연 아이들을 위해 무엇을 주는 것일까? 어른들은 아이들의 마음을 몰라도 너무 모른다. 이것이 지금의 현실이다. 돈이 없으면 공부도 제대로 못하는 세상, 누가 이런 곳에서 살고 싶을까. 자신의 개성을 살려 어릴 때부터 실컷 뛰어놀게 해야 한다. 어린아이가 제대로 놀지 못해 앞으로는 그 아이가 분명 성인병에 걸릴 것이다.

병은 스트레스에서 온다며 스트레스를 주는 이유는 무엇인가? 아이들의 덕을 보는 것도 아닌데 그렇게 정성을 들이는가. 스스로 할 수 있게 놔둬라. 어린이의 머리는 밝기에 어른들이 신경을 쓰지 않아도 기본만 알려주면 스스로 할 수 있는 맑은 영을 가졌다.

어른들은 아이들에 기를 죽이는 것이다. 기를 살리자. 어린아이를 살리자. 아뿔사! 어린아이가 우주네.

너는 제정신이냐

우리나라는 거꾸로 사는 세상 같다. 제정신이 아니다. 누구나 지금은 제정신이 아니다. 우리는 어느 길로 가는 것일까?

제정신이 아니기에 사람을 피곤하게 하는 것이다. 그래서 사람은 많이 피곤을 느낀다. 이제 우리는 우리 정신을 찾아야한다. 우리나라 말은 세계적이다. 그러나 요즘 우리나라 말은 값이 나가지 않는다. 그 나라의 말과 글은 그 나라의 수준을 얘기한다. 우리나라 말과 글이 세계로 뻗어나간 줄도 모르고 살아간다. 오히려 교육자들은 영어와 한문을 선호한다.

앞서가는 사람들이 잘못 하고 있다. 따라가는 사람들은 모르고 따라간다. 그러므로 앞서가는 사람이 무엇을 잘 해야 하는가? 자기 자신이 제정신이 아니라는 것을 안다면 그것은 제정신이다. 그러나 제정신이라고 한다면 그것이 제정신이 아니다.

누구나 제정신으로 산다면 한국은 저절로 발전되며 세계를 이끌어 갈 수 있다. 나도 한 동안은 제정신이 아니었다. 그것을 모르고 지금까지 살아온 것이다. 죽지못해 살아온 것이지 살려고 하는 생각까지 잊고 살았다.

한국을 제정신으로 돌리고 싶다. 누구나 그렇게 생각을 하고 있다. 그러나 생각만 갖고 있다. 행동으로 옮기지 않는다면 생각만으로는 할 수 없는 것이다. 난 이렇게 생각한다. 수많은 종교인이 있는데도 상대방을 생각한다면서 자신의 입부터 풀칠을 한다.

자신이 노동을 해서 도와주는 것이 아니라 남의 돈으로 도와준다고 생색도 한다. 아무리 노력을 해도 가난을 벗어나지 못하는 나라,

범죄를 키우고 있다. 빽이 있고 줄이 있는 사람이 살 수 있고 아무 힘이 없는 사람은 억울한 나라, 그러한 나라다. 바꿔야 한다.

징신을 바꿔야 나라가 바로 선다. 바른 말을 하면 입을 막아버리고 자신이 생각해서 맞는 것만 머리에 담는 나라, 남을 생각하지 않는 나라 이런 나라를 각자 만들어야 한다. 모든 국민의 책임이다.

우주가 무엇을 원하는지 모른다면 아는 체 하지 마라. 아는 체가 나라를 망친다. 우리 같이 나라를 위하고 민족을 위하여 앞장 서자.

자신 보다 남을 위하여 봉사하며 숨 쉴 수 있는 나라를 만들자. 우선 아름답고 좋은 나라는 자연을 훼손 하지 않고 그대로 보존 하는 나라, 내면을 바로 볼 줄 아는 나라, 돈이 없어도 마음이 부자인 나라, 자연의 순리에 따라가는 나라, 욕심이 없는 마음, 이렇게 해야 나라가 부강할 것이다. 우리 모두 제정신을 찾자.

개도 모른다

바람이 부는 대로 우린 끝없는 유랑을 한다. 그러나 바람이 부는 곳을 막아 버리고 산다면 어떻게 되나?

자기의식을 갖고 사는 사람들이 얼마나 될까? 요즘 수련 단체가 여기 저기 또 요가를 가르치는 곳도 여기 저기, 어디를 가도 길을 물어 보지 않아도 보인다.

결국, 깨달음의 길로 들어서는 것이다. 깨달음이 싫다면 아예 시작도 하지 않아야 한다. 그 이유는 잘못 하다가는 빙의가 되어서 정신적으로 고생을 한다. 빙의는 약도 없다.

자신이 스스로 고치거나 영적으로 교화를 시키고 그 기운을 보내야한다. 우리의 뇌는 우뇌가 발달될 수 있게 해야 한다. 어릴 때는 우뇌가 가득 찼지만 나이가 들수록 좌뇌를 이용하기에 우뇌의 작용은 멈추고 성인이 되면서 우뇌가 그리워서 어떠한 기운을 받고 싶어 스스로 뇌가 작용을 하여 수련을 하기 시작한다.

언젠가는 인간은 우뇌를 써야 하는 시간이 도착한다. 그럴 때 여러 단체를 알게 되는데 우선 마음부터 다스리고 시작을 해야 한다. 그래서 불교에서는 마음공부부터 시작을 하는 것이다.

그렇게 마음공부가 중요한 것이며 그 속에는 모든 것이 들어있어 마음공부를 통해 많은 것을 터득할 수 있다. 마음이라는 것은 영적으로 풀이하자면 스스로 소우주가 됐지만 살아가면서 소우주의 본성을 잃어버려 그것을 되찾고자한다.

그것이 소우주인데 인간으로는 알 수 없는 것이다. 혼을 통해야만 알 수 있는 것이다. 그래서 사람들은 혼을 알기 위해 여기저기 다니면서 기도를 하고 어떤 공부를 하고 있는 것이다.

언젠가는 혼을 통해 알 수 있기에 인간은 그때 환희의 희열을 맞게 되는 것이다. 이런 내용은 개도 모른다. 그래서 결국은 소우주의 실체를 열어보는 것이 깨달음으로 가는 길이며 누구나 할 수 있지만 자신이 어떠한 고통도 감수할 때 그것을 볼 수 있는 것이다.

이제 여러분들은 2편을 보면서 조금 더 심오한 영적세계를 책으로나마 경험을 하지만 3편에선 도저히 글로서는 표현 못하지만 우주의 힘을 가해 써 갈 것이다.

이제, 여러분들은 우주여행을 할 수 있는 기회를 잡은 것이다. 자신이 모른다고 부정하지 말고 함부로 긍정도 하지 않아야 된다. 그래야 자신의 신명을 살리는 것이며 스스로 영적 세계의 길을 갈 수 있는 것이다.

분명히 말하지만 인간의 세계는 의심부터 하는 신명이 발전되어 있기에 인간은 그것을 따라 갈 뿐이다. 그러므로 인간의 잘못은 없는 것이다. 그래야 이해가 될 것이다.

여러분 누구나 다 도인이 되기를 기원한다. 개도 모르는 이야기, 그러나 사람은 알 수 있다.

비린내 나는 부둣가

아지매가 새벽을 기둥 삼아 시장을 나간다.

분명 열심히 사는 사람이다. 난 이렇게 생각한다. 그러나 여러분들의 생각은? 여러분의 생각을 나는 안다.

말을 안 해도 열심히 산다는 것은 자신을 버리고 사는 것이다. 이런 분들이야 말로 깨달은 분이다. 무엇을 해야 하는 지를 알고 있기에 그렇다. 무엇을 해야 하는 것을 알고 있는 것이 나는 아지매를 스승으로 삼고 싶다. 스승이 아닌 곳이 어디 있으랴. 우주만물이 스승이거늘….

아지매에게는 비린내가 스승이다. 인간은 가장 가까운 곳에서 자신을 가르치는 스승과 살고 있다. 단 깨우치지 못해서 모르는 것이다. 당신은 누군가? 서로 스승이다. 나는 스승이 아니다. 할말이 없어 쓴 것이다. 나는 안내자일 뿐이다.

누구나 안내자가 될 뿐이다. 서로 안내하자. 안내라는 것은 서로의 채찍질이다. 이제 나는 채찍을 사러 왕십리 중앙시장에 중고를 사러 나가야겠다. 여러분들도 중고를 좋아하자. 중고가 내 마음을 편안하게 하고 키운다. 새것보다 중고가 좋다. 길이 잘 들어서 그러나 우리민족은 지금 새것에 정신병이 걸려 있다. 정신병이 나라를 망친다. 중고는 우리나라의 정신문화를 만든다. 중고가….

그래서 나는 오늘 강남으로 걸어간다. 버린 것을 줍기 위해 덩치 큰 것을 주우면 어떻게 하나, 택배를 불러도 아깝지 않을 정도로 물건이 좋다. 적어도 5년 이상 쓸 수 있다.

저녁에 가면 슈퍼에서 떨이를 한다. 나는 그 시간을 하늘이 내린 선물 같은 마음으로 달려간다. 아침부터 이 사람, 저 사람이 만지작거리던 야채가 나를 보더니 넙죽 절을 한다. 저번에 산 야채가 귀띔을 해주었나보다. 단골을 알아본다.

야채도 사람을 알아보는데 지금 세상은 못 사는 사람, 배우지 않은 사람을 외면한다. 오늘 스승님을 두 번 뵈었다. 과연 누가 비린내와 야채를 스승이라고 부를 수 있을까?

오늘도 많은 스승이 나를 향해 채찍질을 한다. 고마울 뿐이다. 그러나 사람들은 채찍질을 싫어한다. 채찍질이 깨닫게 한다. 나는 많이 맞고 싶다. 누가 채찍질 좀 안하나 어릴 때는 왜 그렇게 싫었는지….

후회!

만족

흥분이 만족을 시킨다. 대한민국, 코리아. 필승코리아, 대한민국, 대한민국, 대한민국, 짜짜작짝짝, 치우천왕 단군 할아버지의 아버지가 흥분한다. 이 나라가 하나가 되라고.

난 자랑스럽다. 우리 국민이 단군의 자손이라고. 세계민족 모두 단군의 자손, 반갑다. 친구들아 단군의 자손, 우리는 하나, 우리는 한민족, 우리는 같은 하나, 만나면 즐거운 우리는 자손.

우리가 살아가는 것은 이것을 밝히기 위해 살아가는 것이다. 아직도 몰랐다면 이제 우리민족은 단군의 자손이라는 위대한 생각이 단군할아버지를 즐겁게 하고 만족을 드리는 것이다.

우리는 조상을 위해 무엇을 했는가? 조상도 모르고 조상도 버리고 자신이 죽어 얼마나 마음이 아프겠는가. 명절 때까지도 아는 체를 안 한다면 누가 우리들에게 각각 도움을 주겠는가?

월드컵 같은 우리의 모임이 또 있다면 얼마나 좋을까? 내가 살아가는 것도, 태어난 것도 단군할아버지의 힘이 아닌가? 나는 안다. 단군이 뭘 원하는지. 지금은 아이가 태어나면서 자신의 조상을 뒤로 한 채 태어난다.

"아가야, 네 조상은 단군이란다"라고 말하는 사람은 드물다.

우리 부모도 마찬가지였을 것이다.

어린이가 태어나면 조상이 누구라는 것쯤은 알려줘야 하는 것이 아닌가? 다시 태어난다면 누가 나보고 "네 조상은 단군이다"라고 할까 의심이 간다. 그렇게 해주는 사람이 있었다면 애기 때부터 알 텐데…. 세상 사람들이 단군할아버지가 조상이라는 말 그것을 못하고 있다. 이제부터라도 한다면 좋은 것이다.

우리는 우리의 민족보다 조상들에게 만족스러운 모습을 보여줘야 한다. 조상이 만들어놓은 역시와 함께 지혜를 배우면서 살아가야 한다. 우리의 역사를 배워야한다. 그것이야말로 우리가 바로 가는 세상이며 바로 보는 세상이다. 우리민족의 기를 살리자.

만족스러운 생활이 따로 있는 것이 아니다. 우선 가족끼리 화목하자. 부모님을 잘 모시자. 효(孝)하자.

궁하면 찾으라

궁하면 마음을 찾아 내면 여행을 해야 한다. 흘러가는 것이다. 그냥 살아라.

한강은 어떠한 것이든 다 받아먹는다. 인간은 그렇지 않다. 무엇이든 다 받아야 들어온 것의 기운을 알 수 있다. 그래야 서로 화합을 시킨다. 바다로 갈 수 있고 서로 융화가 이루어진다.

바다도 어떤 물이든 소화한다. 인간은 위험한 경험은 미리 싫어한다. 자신이 미리 내다보기에 자신의 숨은 기운을 알지 못한다. 그러므로 인간의 내면이 얼마나 잠재 되었는지를 알아야 인간은 붕괴되지 않는다.

여자가 궁하면 요즘은 어떻게 지내나 예전에는 제비한테 먹이를 주었다. 그러나 그 제비는 뱀에게 물렸다. 그것도 독사에게 만약 꽃뱀에게 물렸다면 조금이라도 건질 텐데…. 비디오라도 빌려보지.

그럼 남자는 이럴 것이다. 종암동이나 588을 갈 것이다. 그러나 그 곳이 없어졌다. 그 남자들은 어디로 가나? 특히 여자들은 어디로 가나 답답하다. 그것은 채팅으로 몰린다.

웃을 일이 아니다. 지금 우리나라의 현실이다. 어떻게 보면 우리네 마음이 허전해서 그런 것이다. 허전한 이유는 다른 게 아니다. 마음공부가 안돼서 그런 것이다. 마음공부를 통해서 가능한 것이다. 궁한 것은 인간이 갖고 있는 것 중에 자신을 발전시킬 수 있는 가장 큰 무기이다. 좋은 생각이 궁한 생각을 이길 수 있다.

누구나 궁하지 않은 사람은 없다. 한 가지라도 궁하면 기운에 따라 정리를 해야 한다. 인간은 마음을 다스려야 한다. 그런 방법이 최고이다. 마음은 마음먹은 대로 간다고 한다. 좋은 생각은 우리의 미래를 약속한다. 현재보다 살기가 편하다고….

그렇다면 누가 좋은 생각을 갖지 않겠는가. 좋은 생각이 자신을 바꾼다. 그럼 사람이 기(氣)가 궁하면, 어떻게 하나 기도를 해야 한다. 기도가 기(氣)를 충족한다. 기(氣)는 우리의 일생을 좌우한다.

지금, 여러분들은 무엇을 하는가? 만약 일자리가 없는 사람은 돈이 궁할 것이다. 책을 읽고 자신을 한번 돌아보라. 몸에 있는 숨은 신이 본인에게 도움을 주려고 기다린다.

바람도 피는 사람이 핀다는 말이 있다. 그렇다. 그 사람은 허전한 곳이 항상 있기 때문이다. 그것을 고치는 방법은 "소귀"를 삶아 먹는다면 효과가 있을 것이다.

그렇다면 공부를 못하는 학생에게는 어떠한 방법이 있을까 하고 하늘에 물어본다. 이렇게 답을 준다. "공부하는 신명이 없기에 공부를 잘 할 수 있는 '음식을 골고루' 먹는다면 공부를 잘 할 수 있을 것이다." 분명한 것은 하늘은 인간이 모르게 항상 지혜를 준다. 난 그것을 통해 알려주고 있는 것이다. 여러분이 제일 궁금한 것이 무엇인가. 아마 가족들의 건강일 것이다.

가족들의 건강은 어린아이의 기운을 먹고 산다는 것을 알아 어린이를 사랑하면 젊어지며, 좋은 기운을 받는다. 그러므로 어린아이에게 잘못한다면 오히려 큰 화를 입는다.

요즘 어린아이를 갖다 버리는 부모도 있다. 얼마나 궁하면 이런 일이 있을까? 그것은 정부의 책임도 크다.

주위에 어려운 사람이 있다면 한번쯤은 관심을 갖고 살펴보자. 더 이상 궁한 세상과 이별하자.

반듯이 살아라

도둑이야, 도둑! 가끔 이런 소리가 들릴 때가 있다. 여러분은 무엇을 느끼는가? 잡아야 하는가? 같이 도망을 가나, 아니면 모른 체 하나 요즘 사람은 자신의 일이 아니면 관심이 없다. 오히려 간섭을 하면 귀찮다고 느낀다. 이득이 없다면 그냥 못 본 체 그 자리를 떠나는 형국이다. 자신의 잘못은 아랑곳없이 살아가는 것도 도둑이다.

언젠가 누구나 어려움에 처할 때가 있다. 그때를 대비해서 상대방에게 잘해 주며 살아야 한다. 죄인은 정해져 있는 것은 아니다. 자기보다 높은 사람을 싫어하고 자신보다 얕은 사람은 무시하는 세상. 지금 반듯이 살고 있는지 반성을 해보라. 누구나 반성할 것이 있다.

반성은 우리네 인생을 편하게 해주고 자신을 일깨워준다. 나는 반성을 할 줄도 모르고 잘난 줄 알았다. 그러나 항상 나를 보고 있는 하늘이 있다는 것을 알고 하루하루 반성을 하기 시작했다.

자기 스스로 자신을 발견할 수 있어 좋았다. 여러분들도 하늘을 안다면 쉽게 자신을 버릴 수 있고 자신의 신명에 도움을 받는다. 특히 영성공부와 기와 수련에 관심이 있다면 더욱 그렇게 해야 할 것이며, 하늘을 알고 공부를 한다면 짧은 시간에 자신이 원하는 것들이 영적으로 풀려 나갈 것이다. 영적 지도자가 되고자 한다면 천기를 받아야 한다.

그렇지 않고서는 하늘의 공부와는 먼 공부를 하게 된다. 고생만 할 것이다. 지금도 모르고 기도만 한다면 머리만 아프고 욕심으로 시간만 허비할 뿐이다. 집에서 기다리는 가족을 생각해 보라. 속이 터질 것이다. 집에서는 빠른 시간에 도(道)에 이르는 것을 원한다.

하지만 쉽게 되는 것이 아니기에 도달하기가 어려운 것이다. 여러분에게 도(道)의 길을 알리고 싶다. 도(道)의 길이 아닌 것은 없다. 밥을 먹는 것조차 도(道)의 길이며, 화장실을 가는 것도 도(道)이다.

어느 것 하나 도(道) 공부는 버릴게 없다.

도(道)를 공부하면 무한한 세상을 만나게 되는데 그곳에 다다르면 도(道) 공부를 한 사람은 사회생활 하기에 어려움이 용솟음쳐 많은 고통이 따른다. 영적공부보다 사회에 적응을 하는 공부가 더 어렵다. 그 이유는 간단하다.

도(道)는 인간사회를 가르치는 것이 아니며 우주 공간의 무한세계를 공부하는 것이므로 갑자기 사회에 적응을 하기가 어렵지만 어차피 인간이란 사람과의 대화를 통해 도를 전하는 것이니 영적공부를 잘했다 하더라도 사회와 적응을 못한다면 그것은 도(道) 공부를 잘못한 것이며 또한 무엇을 안다고 남을 무시한다면 아무 소용이 없는 것이다.

그래서 도(道)가 어려운 것이다. 수많은 도인이 많은 우리나라는 이것 때문에 펼치지 못하고 도태 되는 것이다. 결국 도(道)의 세계를 펼치는 것은 펼치는 도인이 인간이 먼저 되어야 쉬운 것이며, 인간이 될 때까지 정진을 해야 하고 도(道)의 경지는 끝이 없는 것이며 생명이 다할 때까지도 졸업은 없는 것이다.

그러므로 도(道)를 함부로 남용을 해서는 안 된다. 어차피 인간을 위해서 공부한 것이니 만큼 자신을 쓰지 말고 나라와 민족을 위해 쓸 때 고귀 하고 값이 나가는 것이다. 우리 모두 도인이 되자. 그래야 반듯이 사는 좋은 세상을 만들 수 있다.

하늘의 공증

하늘에도 공증이 있다. 공증이 없다면 어렵다. 물론 영을 재판하는 재판장을 통한다면 쉽게 영적공부를 할 수 있는 학교에 들어갈 수 있으며, 천기를 받아 공부하는 사람이 연결을 한다면 누구나 할 수 있다.

다만 심성이 바른 사람이어야 하며 하늘의 공증은 항상 민족과 나라를 생각하며 자신의 목숨과 바꿀 수 있는 자세가 있어야한다. 그러므로 자신의 길이 이것밖엔 없다는 내면의 합일이 중요하다. 지금 우리나라에는 이러한 기운이 들어있는 사람이 많다.

지금도 자신의 기운을 몰라 헤매는 사람들을 위해 《도반》이라는 책으로 대신해 하늘에서 영적공부를 할 수 있는 기회를 준 것이다. 어떠한 경로로 왔던지 간에 하늘의 부름을 받고 왔다는 생각을 가진 사람이 하늘의 소리를 대변할 수 있는 제자가 될 수 있다.

내가 기도를 할 때만 해도 이런 수행법서가 없었다. 이제 여러분들은 많은 궁금증이 풀려가며 스스로 하늘의 부름을 느끼게 되며 자신의 기운을 알게 된다. 영적 삶을 통해 많은 깨달음이 있을 것이다.

천상을 통해서는 우주의 기운을 알 수 있고, 바르게 살고 있지 않은 도반들을 올바른 길로 안내하고 전 세계에 영적 지도자로 살 수 있게 도움을 줄 것이다. 한국에 많은 도반들이 힘을 합쳐 도(道)가 미치지 못하는 곳을 곳곳마다 국조 단군의 계시로 일을 할 것이다.

특히 영적 지도자로 활동을 하는 사람은 '웅천 마음선원'이라는 이름 아래, 마음 다스리는 법을 가르치는 도장으로 성장을 할 것이다. 또한, 많은 회원들의 아픈 마음을 알아 사람들에게 자신이 깨달은 만큼 영적으로 도움을 줄 것이다.

어떤 곳에 가도 자신을 몰라 헤매는 분들을 상담하고 치유한다. 선원은 사주를 보는 차원이 아니라 종합적으로 기운을 읽어 내리는 곳이다. 깨달음으로 인생 상담과 함께 인간이 알지 못하는 영적세계의 기운을 알려준다. 그리고 영성공부를 하는 사람들에게는 살아가는 방법과 자신을 찾는데 도움을 줄 것이며, 기 치유사나 영성가를 많이 배출을 하고 있는 국내 유일의 차원이 높은 선원이다.

앞으로는 외국인도 안내를 할 것이다. 특히 미국과 일본에 출판을 할 계획이다. 자신이 하늘과 대화를 통하여 공부하기에 따라 깨달음의 단계도 한 단계 한 단계, 서서히 올라갈 것이다.

부디 하늘의 천기를 받아 천문을 열어 하늘의 소리, 천상의 소리를 들려주는 사람으로 변하기 바란다.

천벌이 어떤 것인가?

산신이 오늘 화났다. 천성산의 산신이 어느 스님을 통해 호소한다. 지금 한국의 산신들은 성질이 나 있다. 어떻게 산신을 달래야 하는가? 산신을 잠재우지 않는다면 병든 사람이 많이 나올 것이다.

인간의 병은 여러 경로로 오는데 특히 중풍은 산신의 벌이라 한다. 그것을 모르고 병원만 선호했다가는 오랫동안 고생하는데, 산에 가서 빈다면 효과를 볼 것이다.

옛날에는 명당을 선호했다. 지금은 명당이라는 단어가 사라지는 편이며 강남이나 돈을 버는 자리는 모두 명당이다. 그것을 보면 명당은 자신이 만들어가는 것이다. 그러므로 조상을 위해 제사를 지내주는 것만이 좋은 땅으로 기운을 바꾸는 데, 그때 조상들은 후손이 차린 음식을 보고 눈물을 흘린다. 물론 인간의 눈으로는 보이지 않아 실감이 나지 않지만 조상은 그 음식에 많은 감사를 느낀다. 조상들은 큰 것을 바라지 않는다.

그저 평소에 좋아하시는 음식을 차리면 되는 것이다. 잘 차리는 것보다 성의를 보이면 되는 것이다. 그 자리에서는 조상과 대화를 나눌 수도 있다. 누구나 가능한데 조상의 음성을 듣고 싶다면 항상 효도하는 마음을 가져야한다.

우리나라 산신들은 15일에 한번씩 회의를 한다. 물론 사람들이 하는 것과 같은 맥락이지만 다른 게 있다면 빠지는 산신이 없다.

우리나라의 산신은 성인이나 왕, 그리고 한이 많은 사람으로 구성되어 있으며, 구청장이 되듯이 선거를 통해 4년 임기를 원칙으로 한다. 백두산 산신은 감히 누가 말을 못 붙이는 산신이며, 영적으로 말하자면 큰 장군이며, 백두산의 처는 한라산이다. 산신은 산을 중심으로 5키로 정도의 땅을 총감독 하는데, 그 산에 무슨 일이 있다면 그 직위는 무효다. 다른 신신이 관리한다.

전에 얘기 했듯이 일본의 후지산은 할머니 산으로 후처라고 보면 된다. 후지산의 산신이 요즘은 마음이 아프다. 독도를 자기 땅이라고 하는데 산신들끼리는 서로 의의가 상하는 일이다.

산을 잘 돌보는 신이 있는데 여신인 한라산이다. 그래서 제주도는 여자들이 많이 선호하고 찾는 곳이다. 천벌은 여러 가지로 오는데 인간의 삶을 영화롭게 만들려고 하는 것이다.

한국은 이제 산마다 나무가 없다. 인간의 횡포로 아파한다. 특히 강원도 산신이 제일 괴로워하고 있다. 1년에 두 번쯤 나무를 심자. 산신이 관리를 잘해 줄 것이다.

우리나라 국민들이 산신을 위해 제를 지낸다면 조금은 위로가 되지만 여간 해서는 산신들은 용서를 안 하는 편이다.

인간은 천벌을 보이게 하는 줄로 생각하지만 조금씩 조금씩 어떠한 일들이 막히게 되는 것이며, 한 달에 한번쯤 산에 가서 혼자라도 산신제를 지낸다면 하는 일이나 건강이 좋아지며 마음도 편할 것이다. 산행을 다닐 때는 항상 산신에게 인사를 하고 올라가야 한다.

산신은 꼭대기보다 밑으로 내려와 안내를 한다. 집안에 환자가 있다면 산신에게 기도와 예를 올려 답을 구하라.

인간이 하늘에서 천벌을 받는 것은 홍수와 풍수로 대신할 때가 많다. 우린 팔도강산에 감사를 하고 살아야 한다. 자연이 곧 우주다.

내가 하늘이다

어떤 이가 기도를 하다 입에서 나오는 말이 있는데 자신이 하늘이라고 한다. 그것은 자신이 어떤 것을 자랑하거나 거짓으로 하는 것이 아니라 어떤 기운을 말하는 것이다. 영적으로 느끼는 것이지 인간적으로 들어서는 이해가 전혀 안될 것이다. 기도를 해본 도반 중에는 그러한 상황을 경험했을 것이다.

영적으로 행동하는 것과 인간적으로는 많은 차이가 있는데, 정신병원에 있는 환자 중에 영적으로 사는 사람이 많다. 평범한 사고방식을 가진 사람들은 그들의 생활이 어색하고 이상할 뿐이다.

영적으로 사는 삶은 자신의 생각과는 전혀 다른 세계를 말하는 것인데 특히 자폐아로 사는 어린아이가 그런 경우이다. 그 아이는 다른 세계를 달리고 있는 것이므로 자신의 의사와는 달리 이상한 행동을 하며 집착성이 강해 한 가지 일에만 열중하는데, 그 누구도 그 아이의 상태로 영이 방해를 않는다면 체험을 하지 않아 그 세계를 모를 것이다.

이렇게 자신을 찾지 못하고 있는 어린이는 부모의 희망을 가끔 송두리째 빼앗아 가는 행동을 하는데, 부모의 이해심이 따른다면 그 아이는 약으로 치유하는 것보다 항상 달래주어야 한다.

그 아이는 인간세계를 경험하지 않아 적응을 못하는 것이지 정신병자는 아니며, 어느 정도 성숙하면 영으로 쌓인 머리가 점점 맑을 것이다. 다만 소홀히 돌본다면 그 어린아이 몸에 있는 영이 아이를 도와주지 않는다.

영적인 삶을 통하여 그 아이는 여러 가지로 고통을 당하며 그것을 보는 가족들은 항상 걱정이며 심히 마음이 아플 것이다. 항상 그 아이는 하늘처럼 누구 말도 듣지 않는다. 그러므로 그 아이의 영적상태가 어떻게 구성이 되어있는지를 알아야 치유가 가능하며 식구 모두가 심혈을 기울여야 그 아이의 상태가 호전될 수 있다.

그 아이는 인간의 말을 알아듣지 못하며 계속 반복으로 자기 생활을 호전시킬 수 있는 것이며 오랫동안 영적인 병으로 인해 집안 식구들은 두 손을 든다. 항상 꾸준한 관심이 필요하지만 그렇게 하기란 여간 힘든 것이 아니라서 하나님 같은 사랑을 베풀어야 그 어린 아이의 뇌가 영적으로 인한 아픔을 그 사랑으로 치유가 된다.

영적인 공부를 하다보면 인간이 이해할 수 없는 오묘한 세계가 있는데 그 세계를 경험해야 깨달음의 길로 갈 수 있으며, 병치유도 할 수 있는데 지금은 영적체험이 아닌 운동으로 영적체험을 경험 했다고 하는 사람도 많다.

이제 어느 정도 영적으로 오는 병을 알아보았다. 너무 많은 영적인 병을 치유하기 위해서는 어떤 병이든 사랑이 필요하다. 지금도 우리나라는 영적인 병을 가지고 살아가는 사람이 너무도 많다. 고치다 고치다 안돼서 집에 가둬놓는 사람도 있고, 버리는 사람도 있으며, 앞으로의 세계는 영적으로 오는 이름모를 병으로 살아가야한다.

영적인 병이라면 미리 알아 치유를 해야 한다.

집안을 살리는 것이며 나라를 살린다.

영적인 병을 갖고 있는 사람은 인간사회에서 살기가 힘들다.

내 발목을 누가 잡는가?

깨달으려고 한다면 깨달으려고 고민하지 마라. 깨닫고자 한다면 깨닫고자 하는 마음을 버려라. 깨닫고자 하는 마음이 깨닫지 못하는 것이며 그것으로 인해 스스로 발목을 잡는 것이다.

깨닫고자 하는 마음은 자신에게 도움이 되지 않으며 오히려 깨닫지 못하게 되며 그것으로 인해 많은 상처와 시간을 허비하게 된다.

깨달음은 쉽게 되는 것이 아니며, 깨달음은 어느 것이든 치유로 들어가는 것이며, 깨달음은 자신의 내면을 아는 것이며, 깨달음은 자신을 찾는 것이며, 깨닫고 나면 허무한 것이며, 아무것도 아니며, 깨닫기 전에는 깨달음이 무엇인지 몰랐듯이 깨닫고 나면 오히려 공부할 것이 너무 많고 좀더 깨닫지 않을 때보다 답답해 진다.

우주공부를 한다는 것은 그만큼 자신의 생각이 닫아 지며, 자신을 찾을 수 없으며, 스스로 어느 경지인지 모르게 되는 것이며, 상대방에게 상대방은 하늘이다.

평가를 받는 것인데 깨달음은 보는 사람의 수준마다 보는 눈이 서로 틀리기에 깨닫는 것은 어느 한이 없는 것이며, 우주 공간에 있는 어떤 것을 스스로 읽어가는 수준이며, 12가지 하늘의 은사를 결국 받는 것이며, 인간으로는 상상조차 할 수 있는 것은 아니며, 깨달음의 맛은 마음의 눈으로 보는 것을 알게 되며, 스스로 사람을 치유하고 마음을 바꿔주는 일을 하며, 무엇이든 화두가 있으면 자연스럽게 영의 세계의 문을 열어줄 수 있는 차원이 되며, 말로 하거나 생각만 갖고도 상대방에게 천기를 내려주는 위치에 있는 것이며, 우주 만물의 조화를 점검할 수 있으며, 천부경의 조화를 알게 되며, 이미 준비되어 있는 자신의 모습을 발견하는 것이며, 보지 않아도 알 수 있는 것이며, 항상 깨어있는 것이며, 보이지 않는 세계를 갖게 되는 것이다. 우주에서 한쪽을 떼어다 놓은 것처럼 소우주가 되는 것이며, 신명을 알려고 하지 않아도 알 수 있는 것이며, 하늘의 조화를 아는 것이다.

이제 깨달음의 진실을 알아보자. 어떻게 해야 깨달음의 진실을 알 수 있는 것인가. 우선 깨달음의 진실을 알아보기 전에 깨달음이란 글에 관심이 없는 것이 깨달음의 진실이며, 인간은 깨달으려 하는데서 잘못됨을 알 수 있고, 깨달음은 어떤 것을 알아 가는 것이 아니며 있는 것을 버리는데서 깨달아지는 것이며, 깨달음의 진실을 알 수 있게 되는 것이다.

어디서 우리가 왔는지가 중요한 것이 아니라 어떻게 일생을 보내야 하는지가 중요하며, 슬기롭고 지혜롭게 세상을 살아가는 마음의 자세를 배우는 것이 깨달음이며, 깨달음은 거창한 것이 아니라 아주 작은 것을 소중하게 생각하는 마음을 아는 것이 깨달음이다.

깨달음은 누구나 할 수 있으며, 그 속에 지금도 살고 있는 것이며, 그 속을 느끼지 못한 것이 깨달음으로 가지 못한 것이므로 좀 더 세월이 흐르다보면 순리적으로 작으나마 깨달을 수 있는 것이다.

이제, 독자제위께 이런 질문을 드리고 싶다. 깨닫고자 하는 목적이 있는지, 아니면 어떤 연유로 영적세계로 들어오고 싶은 것인지, 그것은 자신의 선택이 아니라 하늘의 선택이며, 그 속을 따라가고자 하는 마음이 선택인 것이다.

지금도 자신을 찾으려면 찾고자 하는 마음을 조용히 내려놓고 참선을 하라. 하늘의 공부는 책이 없다. 그것이 나를 찾게 하는 것이다. 하늘의 글과 말이 참 나를 찾는다. 명심하라. 이것이 깨달음이다. 깨달음 때문에 발목을 잡히지 마라. 하늘이 슬퍼한다.

긴 밤 지새우고

신들은 밤에 나타난다. 가끔 낮에 나올 수도 있다. 사람이 영적인 면에 가까울수록 이해심이 늘어난다. 또한 영이 맑다면 잠을 안 자도 좋은 기운이 있기에 건강하다. 다시 말해 영이 맑으면 피도 맑다.

지금도 전국에서 깨달음의 길을 가기 위해 지금 이 시간에도 기도를 하는데 다행히 깨달음을 위해 바로 하는 기도라면 얼마나 좋은가? 천문을 열지 않고는 아무리 기도를 해도 소용이 없다는 것을 알았을 때 그때부터 제대로 하늘에 통신을 하는 것이다.

이제 여러분들이 이 글을 읽고 조금이라도 알아간다면 난 내일을 다하는 것이라고 생각한다. 지금도 자신도 모르게 잡신들에게 기도를 하는 경우도 허다하다.

요즘 사람들은 잠이 오지 않아 밤을 새우는 경우가 많다. 불면증으로 고생을 하는 사람, 그리고 카드 값으로 잠을 못 이루는 사람, 사업 실패로 파산한 사람, 이렇게 많은 사람들이 밤을 베개 삼아 자야 하는데, 다 각자 고민이 있어 잘 사는 실정이 아니기에 우리나라의 앞날을 점검하게 된다.

사람은 자기 기운대로 살아가야 하거늘, 여러 가지 잘못으로 그렇게 잠을 이루지 못하는 것이다. 몸에는 여러 신명이 있는데 천도가 되지 않은 조상이 있다면 어렵게 되는 것이며, 자신의 팔자를 몰라 그렇게 되는 경우도 있는데 만약 스님 팔자가 돈을 번다고 나선다면 어떻게 되겠는가? 사람은 팔자대로 살아가는 것이 가장 편하다.

물론 돈을 많이 번다는 것은 아니지만 신명과 같이 한다면 항상 즐거울 것이며 행복하게 된다. 단 자신의 팔자대로 살지 못하면 항상 두렵고, 돈을 많이 번다고 해도 몸이 망가질 것이다.

이제 여러분들은 어떤 기운을 갖고 사는지를 알아야 한다.

무조건 남들이 결혼을 한다고 따라 한다면, 오히려 결혼을 하지 않아야 더 나을 수 있는 팔자도 있다.

무당 팔자는 두 번을 해도 소용이 없고 결혼을 하지 않아야 되는 스님팔자가 결혼을 하면 평생 후회와 고생을 하게 되는 것이며, 지금 책을 읽는 사람 중에도 나와 같은 팔자가 많다.

무당집을 함부로 가서 자신의 팔자를 잘못 물어보다간 손해를 볼 것이다. 오히려 자신의 마음을 다스리는 것이 편할 것이다.

흉가

시골집이 없어진다. 옛날부터 우리에게 사랑과 효를 배우게 하는 집이 없어지고 있다. 특히 탄광촌의 모습은 흉가가 되고 있다. 그래서 정부에서는 지역마다 발전을 위하여 애를 쓰고 있지만 아직은 지역의 균형을 볼 수 없다.

우리는 서울이라는 곳에 모든 것을 거는 사람들로 인해 지역의 공통분모를 잃어버리고 있다. 아파트 투기, 땅 투기로 멍이든 한국은 우리들에게 많은 교훈을 안겨주었다.

투기로 멍든 집도 흉가다. 오래된 집만 흉가가 아니라 이렇게 우리나라는 흉가가 많은 나라이다. 우리 자신이 반성을 해보자. 큰 평수로 인격을 보는 나라, 집이 없으면 무시하는 나라, 흉가는 마음이 잘못 되어서 시골을 걸어가다 보면 흉가가 많듯이 오늘 우리의 마음도 흉가인 것이다.

이제 우리는 바른 마음을 가져야 한다. 바른 마음으로 산다면 흉가도 기뻐할 것이다. 우리가 할 일은 무엇인가? 우리는 흉가를 다시 살 수 있는 설계를 해야 한다. 설계를 위해서는 나에게 꼭 필요한 것이 무엇인지 불필요한 것은 나눔으로 인사를 하고 간단하게 살림을 꾸려가는 것이다.

많은 것을 갖고 사는 것은 어느 면으로는 좋을 것 같지만 남을 위하는 마음을 가지고 살아야한다.

셋째로는, 혼자 사는 사회가 아닌 것에 감사를 해야 한다.

넷째로는 다른 사람이 잘 사는 것을 보고 자신의 마음이 따뜻한 것을 느껴야한다.

다섯째로는 부자가 좋은 것이 아니라 사회에 적응하면서 남에게 손가락질 받는 사람이 되지 않아야 한다.

여섯째는 주위에 불우한 사람을 돌볼 줄 아는 사람이 되어야 하며, 마지막으로 낭비를 하지 않아야 한다. 이런 세상이 온다면 누구나 편하게 살 것이며, 사회가 자신의 마음이 중심이 되어 돌아가야 된다는 사실을 느낄 것이다. 처음부터 잘사는 사람은 없다.

지금 우리사회는 불경기로 인해 너나 나나 힘든 것은 사실이나 충분히 더불어 산다면 힘들지 않을 것이다. 이제 우리 주위에는 자기의 욕심이 사라지고 서로 의지하고 사랑하는 기운이 넘쳐야한다.

나는 우리나라가 불편한 생활을 하지 않고 골고루 잘 사는 나라를 원하고 있다. 그러나 쉬운 것은 아니나 서로 노력한다면 분명히 강대국은 물론이며 웃는 나라가 될 것이라고 믿는다.

우리가 살고 있는 대한민국은 우리를 사랑한다. 우리 땅 어디든지 좋지 않은 곳은 없다. 우리를 위해서 땅은 항상 고생을 하고 있다.

우리 땅을 아끼고 땅과 함께 좋은 기운을 받아서 살아야 한다. 우리 땅을 지키고 우리 땅을 고맙게 생각하는 마음이 앞설 때 우리는 우리의 현실을 여자 치마폭처럼 즐거워 할 것이다.

인간은 우주의 노예

사람을 팔고 사는 그런 시대가 있었다. 인간은 우주의 노예다. 다시 말해 인간은 우주가 주인이니, 주인의 말을 듣는다면 편하게 살 수 있다. 그럼 우리 주인은 어떤 생각을 하고 계시는 것일까?

우리들의 주인은 어떤 것을 바라지는 않는다. 자연의 법대로 살아가기를 원한다. 그러나 우리는 그 마음을 모르기에 되는대로 살아가는 사람이 많다. 우리의 주인은 항상 우리를 위해서 신경을 쓰고 있다. 다만, 우리는 그것을 느끼지 못하기 때문에 어떤 행위를 못하고 있는 것이다. 이제 여러분들은 주인이 원하는 대로 살아야 하는가 아니면 자신 마음대로 살아야하는가? 우리의 주인은 생태계를 그대로 이어가기를 원하고 있다. 우리의 주인은 말 한마디라도 위로의 말로 들리는 말로 행동하기를 원한다.

우리의 주인은 그렇게 많은 인간들 하나하나 기억을 한다. 누구하나 미워하지 않고 잘 사는 모습을 좋아한다. 우리의 주인은 자기만을 생각하는 사람을 좋아하지 않는다. 우리의 주인은 어머니 같은 마음으로 온 인류를 보고 있다.

우리의 주인은 여자다. 우리의 주인은 남자라고 어느 선을 두고 볼 수 없다. 주인은 주인 행세를 하지 않는다. 우리가 원하는 곳은 무엇이든 주고 있다. 주인이 주는 것은 정신과 마음을 주었다.

우리는 그것을 가지고 함부로 쓰기에 항상 우리 주인은 자연을 통하여 지금도 주고 있다. 나는 주인의 명령에 따라 간다. 영원히 따라가고 싶고 주인의 모든 것을 알아 주인이 어떤 것을 원하는지도 알아서 알려주고 싶다.

오늘도 우리 주인은 잠도 없이 인간이 잠을 잘 잘 수 있도록 관리를 하고 있다. 창조 후 우리 주인은 우리들을 관리하기에 항상 깨어 계신다. 우리 주인은 우리가 잘 알 수 없다. 하시만 주인을 반나고 싶으면 자신을 내세우지 않으면 우리의 주인을 만날 수 있다.

우리는 주인의 말을 잘 듣는다면 자신이 원하지 않아도 알아서 척척 준다는 것을 배운다. 우리의 주인은 당신의 희생을 행복으로 살아간다. 모든 인간에게 나눠 주고 싶어 한다. 중요한 정보도 기도를 통하거나 어떤 제스처를 취하면 알아서 준다.

우리 주인은 주는 것을 좋아하신다. 인간은 받을 자세만 갖추면 된다. 난 주인을 40세 때 만났다. 주인을 이제 찾은 것이다. 아무것도 모르는 나를 좋아하시고 많은 가르침을 주고 있다. 난 무조건 명령에 복종을 한다. 그럴수록 난 발전이 된다. 난 마음만 열면 된다. 내가 할 일은 이것뿐이다. 난 주인을 내 마음에 담았다. 주인을 마음에 담으니 주인과 나는 같이 산다. 같이 사니 걱정이 없다. 주인은 내 대신 일을 하고 있다. 주인은 너무 똑똑하다. 나는 정말 아무것도 몰라도 주인은 내가 상상도 못하는 일을 할 수 있다. 지금도 이런 글을 써주시고 있다.

주인은 나를 위해 항상 신경 쓰시면서 잘못될까봐 걱정을 한다. 이제 내가 이렇게 된 것도 주인의 덕이라는 것을 알고 주인을 조금 쉬게 하고 싶다. 주인과 함께 라는 것은 우주를 안다는 말이다.

주인을 마음에 담고 산다면 부러운 것이 없으며 모든 것을 긍정적으로 보는 눈이 생기는데 그것은 주인의 눈이다. 주인의 눈을 나는 마음대로 내 눈처럼 쓴다. 물론 주인에게 내는 세금은 없고 오직 주인만 알아보면 감격한다.

주인은 가끔 외출을 하는데 누구나 내 주인을 주인으로 맞이하면 주인이 알아서 용기와 맑은 영과 깨달음을 준다. 모두 주인을 맞이해서 같이 가자. 주인이 같이 동행하면 깨어있게 된다.

긴장하라

성격이 우유부단한 사람을 보면 처음 볼 땐 좋은 것 같지만 오래 지내다보면 답답하다. 군인은 항상 나라를 위해 긴장하고 학생은 수능시험으로 긴장을 하고, 어머니나 아버지는 돈을 버느라고 긴장하고, 요즘 세상은 건강을 위해 긴장을 한다.

정부는 우유부단하게 다른 나라를 상대한다. 그것은 정신문제이다. 우리나라는 우리 땅을 빼앗기고도 별로 감정이 없는 것 같다. 정부는 누구를 위하는 정부인지 모르겠다.

다른 것으로 답답하면 별문제이다. 그러나 이 책을 읽는 분들은 알 것이다. 요즘 일본 텔레비전에는 독도가 자기 땅이라고 선전을 해도 정부는 눈과 귀를 막고 있다. 우리는 정부를 믿고 따르고 있다. 그러나 지금은 정부가 무엇을 하는 곳인지 의심이 간다.

우리 땅 우리 독도. 독도가 없다면 한국도 없는 것이다. 독도는 우리나라의 생명 줄이다. 백두대간을 이어주는 것도 독도가 없다면 백두대간이 아니다.

지금 우리 민족단체도 나라를 위해 통일 단체 독도 단체도 있는데 정부는 이러한 단체 시민의 소리를 무시하고 있다. 이것이 우리나라 정부의 실정이다.

그 만큼 담당자가 자격이 없다. 외교통상부는 무엇을 하고 있는가? 어린이도 안다. 독도는 우리 땅이라고, 그러나 독도가 어떻게 일본의 땅이라고 하는지 그 이유를 말하지 않고 있다.

정부는 각성을 해야 한다. 월급만 타 먹고 우리 땅이 다른 나라에 빼앗겨도 바라보는 형국은 과연 무엇을 하기 위해 그 자리에 있단 말인가. 앞으로는 도인시대가 올 것이다. 도인시대가 오면 그런 일은 없을 것이다. 긴장할 것을 긴장하지 않고 뇌물에만 신경 쓰는 나라. 무엇이 부족하여 할 말을 못하고 있는가. 그 자리를 박차고 노숙자나 해야 한다. 우리 땅이 그 지경이 되었는데도 서로 자리싸움만 하고 있지 않은가?

바른 소리 하는 국회의원도 간간히 있지만, 우리나라의 정신상태는 썩어 있다. 누가 이것을 보고 좋아한단 말인가. 우리의 소리를 제대로 하지 못하는 나라에 우리는 살고 있다.

원래 중국도 한국의 땅이 아닌가? 침략으로 우리 땅을 잃고도 우리는 모른 척하고 있다. 정부가 중국을 보고 대처하는 방법도 우유부단하다. 우리는 우리 것을 알리는 것도 중요하지만, 우리 문화를 세계에 알리는 일을 해야 한다. 우리 민족은 누구나 예술가다. 우리나라는 축제의 땅이다.

정부는 정신을 차리고 우리 땅을 살리고 찾는 일에 힘을 가해야 할 것이다. 어떠한 영적인 면이 없기에 우리나라가 눌리고 있는 것이다.

이제 국민과 같이 함께 하는 문민시대에 맞는 정치를 해야 한다. 문민시대는 할 말을 해야 하는 것은 물론이지만 다른 나라에도 할 말을 할 수 있는 정신을 키워가야 한다.

그것은 전에 말했듯이 구심점이 없는 나라로 변했기 때문이다. 우리조상에게 먹칠을 하지 말자. 국조단군을 구심점으로 통일과 함께 우리 땅을 보호하고 찾아야 한다.

여자의 세상

지금 우리가 보는 세상은 사실 여자의 세상도 남자의 세상도 아니다. 여자라는 뜻은 담는 것, 남자라는 뜻은 채우는 것으로 풀 수 있다. 남자가 채우지 못하니까 여자들이 나서는 사회로 변모하고 있다. 지금 시대는 영적 시대이기에 영을 모르면 살기 힘든 세상이며 아무래도 남자보다 영이 높은 여자들이 나설 때가 되어서 그렇게 사회가 여성이 이끌어가는 세계로 가는 것이다.

그래서 요즘은 영적인 병이 난무한다. 영적인 병을 모르고 병원이나 약으로 고치려는 방법은 영을 더욱 화나게 한다. 옛날에도 여자들이 나라를 이끌어가는 시기도 있었다.

기운이 바뀌어 지면서 다시 남자가 이끌어가는 세상이 오다가 지금 현시점에 온 것이다.

영의 시대가 올 때마다 여성의 시대가 온다. 각 나라들 여성의 영적 수준의 통계를 본다면, 일본은 6.4, 우리나라는 4.2, 미국은 8.4, 중국은 3.2 이렇게 영적수준을 알 수 있다. 대한민국은 여성이 나서면 조금 더 발전을 하며 이제 여성시대가 정착을 하면 조선시대처럼 여성의 기세는 당당해질 것이며, 남자들은 상관인 여성을 신봉하며 살아가야한다.

그러므로 신봉을 하지 않으려면 영적 수준을 높이는 길밖에는 방법이 없다. 나라를 이끌어 가는 것도 어느 정도 영이 있어야 하는 것은 물론이며, 영이야 말로 세상을 바꾸는 일을 할 것이며, 영의 세계를 알아야 할 말을 할 수 있으며 영의 세계는 자신을 발전시키는 무기로서 충분하며 자신의 인생을 바꿀 수도 있다.

영이야말로 인간의 발전을 위해 도움을 줄 것이며 영을 알고자 하는 마음이 있을 때 밝은 날을 기약할 수 있다.

지금까지 여성을 무시하고 살아온 남자들은 여성을 인정하고 살아야 나라의 발전이 있다는 것을 깨닫고 여자를 무시해서는 안 되며 같은 등급으로 동지라 생각을 하면 되는 것이다.

내가 영의 세계를 공부한 뒤로 나보다 못한 사람들을 무시했지만, 그것이 잘못 되었다는 것을 깨닫고 이제는 그렇게 남을 무시하지 않는데 여러분들도 어느 것 하나 무시하는 것이 없을 때 나라의 장래가 밝아진다는 것을 깨닫기를 바란다.

앞으로 여성들을 무시하지 말고 살아야 한다. 여성을 무시한다면 절대로 되는 일이 없을 것이며 만약 여성에게 따뜻하게 대해 준다면, 그만큼의 대가를 받을 수 있을 것이다.

여성시대이기에 성매매를 못하게 하는 것도 이러한 기운을 통해 돌아가는 것이다. 정부에서 그것은 이 시대에 흐름을 알고 하는 것이다. 여성을 돈 주고 사는 사회는 없어져야한다.

여자의 권리를 인정하는 만큼 남자의 권리가 식지 않는 것이다.

내 흉을 자랑하라

난 흉이 너무 많아 하루 종일 글을 써도 한 장의 백지가 모자를 것이다. 흉을 자랑할수록 인간은 본성을 찾을 수 있으며 기분이 좋아진다. 그러면서 영적 성장을 할 수 있으며 자신을 다시 만날 수 있다. 흉은 자신을 다시 발견할 수 있는 것이며 자기 흉을 자랑하는 것은 쉬운 일은 아니나 마음이 열린다면 충분히 할 수 있다. 그러므로 흉을 자랑한다는 것은 마음이 열려있는 것이다. 하늘은 마음이 열린 사람에게는 평안을 주며 마음이 열린 사람을 피하지 않는다.

하늘은 열린 사람을 찾고 있다. 열려야 무엇이든 할 수 있는 것이다. 자신의 마음을 닫아놓고 무엇을 찾는다면 찾아지겠는가. 그것은 여러분이 더 잘 알 것이다. 열지 않고 어떤 것을 할 수 없다.

아직까지 자신의 문을 열어놓지 않았다면 지금이라도 열어보자. 그것이 자신을 편하게 만들 것이다. 열어놓는다면 우선 대화가 될 것이며, 하늘도 문을 활짝 열어 놓은 것이다. 하늘의 문을 열고 들어가면 알 것이다. 인간은 하늘이다. 그 문을 들어가면 너를 반길 것이다. 아니 자신이 더 반길 것이다.

새로운 세계가 보이기 시작할 것이며, 지금까지 느끼지 못한 체험을 할 것이다. 내 흉이 거기에 들어있으며 그 흉이 너를 녹여줄 것이다. 흉은 분명히 너를 가르치기에 충분한 융화제로 변할 것이다.

분명 너는 녹아서 다시 시작할 것이다. 어느 것이든 세상은 항상 시작이며 끝이며 다시 시작이다. 우리는 시작과 끝을 모르기에 이제부터는 시작만 알고 가야 한다. 시작이 끝이며 끝이 시작이다.

이것만 깨우치면 당신은 이미 끝날 수도 있지만 시작을 사랑하라.

시작을 사랑하는 것은 이미 끝을 갔다가 다시 시작을 하는 것이다. 나는 여러분들을 믿는다. 믿는 만큼 열어야 하는 것이다. 여는 것이 깨달음이다. 깨달음은 어디에도 있지 않다.

자신이 이미 갖고 있는 것이며 돌릴 수도 없는 것이 깨달음이다. 자신의 흉을 아는 것으로도 이미 깨달을 수 있는 조건을 만든 것이다. 이제 여러분들은 자신을 알아가는 것이다. 자신을 안다는 것은 이미 우주에 도착을 한 것이다.

다음은 그 속으로 들어갈 수 있다. 그곳은 당신을 반길 것이다. 단 아는 체 한다면 그렇지 않다. 몰라서 왔다고 하면 심판이 없을 것이다. 안다고 하면 시험을 할 것이다. 시험을 이기기에는 너를 버릴 때까지 할 것이다. 어차피 하늘의 도구로 쓰기 위해서 시험은 자신을 성공의 메달로 인도할 것이다.

내 흉을 자랑한다는 것은 기쁨과 바꾸는 것과 같다. 흉은 재산이다. 자랑할수록 좋다. 나를 바꾸기에 좋다. 흉은 이제 버려라. 흉이 나를 살리지만 너무 오래 갖고 있지 말아라.

"흉은 감정이 있는 것이다. 감정을 갖지 마라."

환경미화

자신의 내면을 정화하자. 겉만 치장하는 요즘 내면을 치장해야한다. 그럼 어떠한 방법으로 내면을 치장하는 것일까? 그것은 간단하다. 우선 신명을 알아야 하며 신명의 계급을 판단할줄 알아야 하며 언제 들어온 신명인줄 알아야 하며 마지막으로는 그 사람의 기운을 파악해서 읽는 순서대로 하는 것이다.

그래야 내면을 정화하고 좋은 것을 내려받을 수 있다. 우리는 눈으로만 보이는 것에만 치우치지 말고 내면의 깊은 곳에 잠재하고 있는 신명을 정화시켜야 내면 청소를 할 수 있는 것이다.

현재 우리나라에는 신명이 잘못 되어 헤매고 또 자신을 모르기에 자신의 신명에 빙의가 되서 해서는 안 될 짓을 하는 경우가 많은데 그것은 신명이 잘못된 것이지 사람이 어떻게 한 것은 아니기에 자신도 모르는 사이에 잘못을 저지르고 있는 형국이다.

그래서 우리 같은 사람들이 나서서 정화를 하는 것이다. 그 사실을 인정한다면 바꿀 수 있다. 어떤 사람은 정화를 하지 못해 항상 자신이 원하지도 않는 삶을 사는 것인데 그것은 자신의 신명을 모르기에 일어나는 현상으로 잡신이 들려 끌려다니는 형국과 같으며 우리나라에는 이러한 사람 중에 심한 중증 환자가 60만 정도 된다.

내면을 바로 잡지 않는다면 세계적으로 범죄가 더 일어날 것이며, 이런 신명을 제거한다면 범죄는 사라질 것이다. 신명이 바로 설 때 인간이 인간답게 사는 것이며, 그렇지 않고서는 인간답게 사는 것은 불가능하다. 어느 것보다 중요한 것이 있다면 내면을 정화시키는 것이며 내면을 정화시키는 일이야말로 지상에서 가장 큰일이다.

어떤 일이 중요한지를 모르는 사람들에게는 크나큰 숙제이다. 60만 정도에게 내면을 정화시키는 일을 주었는데도 그 사실을 모르기에 정신적으로 어렵게 살아가는 것이다.

다시 말해 우리나라에 깨우친 사람이 60만 명이라는 사람이 필요하다. 그래서 이런 정화하는 일들을 안 하기에 알게 모르게 자격을 준 사람에게 정신을 혼미하게 만드는 것이다. 그래서 그런 사람이 정신병을 찾는 것이다.

이제 어느 곳이든지 환경미화를 해야 한다. 주위에 있는 환경도 중요하지만 내면에 있는 환경도 중요한 것이다.

인간도 자연이다.

용서

사람은 때가 되어야 한다는 말이 있는데 자신이 노력한다면 그 때를 앞으로 당길 수 있다. 그러나 소홀히 하기에 때가 늦는 것이다.

용서는 하늘에서는 믿음을 말하는 것이다. 믿음을 준다는 것이 용서를 하는 것이다. 사람끼리 용서란 여러분들에게는 생소할지 몰라도 믿음을 주기 위해서는 용서하는 마음을 키워야 한다.

사실 어머니의 용서는 끝이 없다. 인간을 키우기 위해서는 어머니 같은 마음을 가져야 한다. 어머니 같은 마음을 누구나 갖는다면, 우리는 편안하며 어느 누구도 반항을 안 할 것이다.

나는 하늘에서 수많은 용서 속에 살아왔다. 어떤 것을 잘못 했는지 모르면서까지 항상 용서받을 행동을 하고 왔다. 이제 그것을 알았다. 인간이 살아가면서 잘못을 하는데 있어 잘못한다는 것을 새까맣게 잃어버리고 살았다. 사람은 용서할 수 있는 위치에 있어야 한다. 그것이 정신을 차리는 것이다.

그렇다. 인간은 용서 받기를 원하고 있다. 그러나 용서를 어디 가서 받아야 하는 줄도 모른다. 그러므로 우리들이 사는 세상은 용서할 수 있는 곳을 많이 만들어야한다. 어디서든지 자신이 용서를 하늘의 이름으로 할 수 있는 곳 말이다.

하늘에서 자격증을 받아서 상대방을 선도해야 한다. 자신이 오히려 용서를 받을 사람이라는 것을 깨우쳐 하늘에 같이 용서를 비는 것이 우리의 기도일 것이다.

우리는 어려울 때마다 하늘을 찾는데 항상 죄를 짓지 않겠다고 스스로 맹세를 하지만 그 시간이 지나면 그 마음은 어디로 갔는지 나를 배반한다. 그래서 인간은 자기 마음을 스스로 감지하지 못하기에 감지할 수 있는 기운을 갖고 살 때 자신의 마음은 자기 것이라는 것을 그때 느끼게 되는 것이다.

여러분은 얼마나 남들을 용서하고 살았는가? 물론 하기 어려운 것이라 하지만 용서가 부족해 인간은 답답한 것이다. 용서는 오히려 자신을 즐겁게 하는 것이며, 자신의 발전을 가져오는 것이며, 용서가 있어야 원수도 없는 것이며, 이해심을 키워갈 수 있는 것이며, 용서는 자신의 죽음과도 바꿀 수 있는 것이다.

자신의 영혼을 발전시키려거든 무엇이든 용서하라. 자신의 영혼은 용서로 가득 차 있다. 그것을 비울 때 깨닫게 되는 것이며, 용서가 없는 세상은 우리의 미래를 갇히게 하여 서로의 불신을 만들게 되며 신용사회가 될 수 없는 것이다.

우리는 서로 신용을 좋아한다. 시간과 공간을 초월하여 신용으로 가는 세상이야말로 우리가 바라는 세상이며, 세상이 바로 가는데 있어 마지막 카드인 것이다. 신용과 용서는 우리들을 서로 웃게 한다. 지금까지 가족이나 친구 그 외 아는 사람들 모두 용서하자. 용서 하는 것이 용서받는 것이다.

제4장

화합

띠로 본 운명

한 인간이 태어날 때마다 띠가 생긴다. 알다시피 띠는 사람의 숙명이다. 대신 사주와는 상관없다. 그러나 사람들은 그 띠로 인해 울고 웃는다. 어느 기운을 갖고 나왔느냐에 따라서 인간의 생은 틀려진다.

우주는 숫자로 구성되었으며 물로 구성되어 있다. 그 물은 인간을 만드는 도구로서 충분하다. 사람들은 띠로 인해 결혼 외에 다음 것을 측정해 어떤 것에 의미를 두는데 잘못될 때가 많다.

우선 띠로 성격을 보는데 띠와 상관은 없지만 조금은 그 기운을 알 수 있다. 우선 "말"띠는 남자 성격을 가졌으며 양보는 별로 없는 성격이며, "닭"은 진실을 표현하는 것이며, "쥐"는 열심히 사는 모습을 보여주는 것이며, "소"는 한 번 더 생각을 하라는 메시지가 있으며 "호랑이"는 한 우물을 파라는 소리이다. "개"는 순응과 봉사를 보여주고 "돼지"는 항상 자신을 아끼지 말고 열심히 살라 하는 뜻이다.

이렇게 띠는 우리들에게 많은 메시지를 준다. 우리는 늘 그러한 하늘의 교육을 배우며 살아가는 것이다. 이렇게 하늘은 오묘하다. 어느 것 하나 선생이 아닌 것이 없도록 만들어져 있다. 모든 자연과 짐승 동물 속에도 철학이 있다.

전철에서 자리를 양보하는 것을 보면 "양"띠가 많고, "말"을 보면서 건강을 찾으라고 한다. 걷거나 뛰는 것이 건강을 찾는 비결을 보여준 것이다. 사실 인간이 만들어 놓은 것은 아무것도 없다.

어느 띠든 모두 하늘에서 빌려 쓰다가 남겨놓고 가는 것이다. 그러므로 우리는 빌린 것을 잘 써야 한다.

우리나라만 특히 띠에 관심이 있다. 띠에 상관하지 말고 사는 것이 하늘에서 원하는 것이며, "말"띠라고 해서 나쁜 띠는 아니며 결혼할 때 띠를 보고 결혼을 하는데 잘못 된 것이다. 어느 띠든 상관없다. 내면의 기운과 같은 사람을 선택해야 한다. 띠로 본 운명을 보면 누구나 좋은 기운을 하늘에서 준 것이다. 태어나기 6년 전에 점지를 해준다. 그 만큼 하늘은 기획을 잘 한다. 인간의 머리로는 하늘과 상대를 할 수 없으며 그 프로그램대로 사실 살아가는 것이며, 운명을 자신이 만들어 가는 것이다.

그러므로 누구를 원망하며 살지 않아야 한다. 인간이 살아가는데 가장 필요한 것이 있다면 하늘에서 받은 띠에 정성을 다하는 것뿐이다. 만약 당나귀 띠가 있다면 나는 당나귀 띠로 살고 싶다.

순종파이며 복종을 한다. 마음이 편하다.

바람둥이

신명으로 인해 바람을 피우거나 노름을 하거나 자신도 모르게 백화점에서 도둑질을 하는 경우가 있다. 참으로 희한하게도 그것은 자신의 기운대로 살려고 해도 하기 힘든 경우라고 말한 적이 있는데, 우리나라 사람들의 잡신들의 모습이다.

이런 것은 그런대로 봐줄 수 있다. 이것보다 더 무서운 것이 있다. 더 큰 바람이 있다. 지금 우리사회는 외국어 바람이 불어온 지 오래됐다. 지금은 심하게 말하면 태어나자마자 영어를 배워야 하는 세상이다. 영어를 해야 취직을 하고 영어를 잘해야 유식하고 영어로 간판을 해야 멋있고 외국어를 해야 인기가 있는 나라로 변했다.

자기 것이 좋다면서 자기 것을 외면하는 나라, 과연 우린 어떤 나라일까, 우리 것을 외면하고 바람을 피우는 나라, 조상의 얼을 잊어먹은 나라, 화장품도 외제, 옷도 외제 우리 것은 어디로…. 우리 것을 쓰면 창피한 나라, 외국을 갔다 와야만 인기가 있는 나라, 외국 브랜드 아니면 말도 안 통하는 나라, 종교마저 외국 것을 믿어야 인정을 하고 개국을 하신 단군을 외면하는 나라, 예수가 조상인 나라로 만드는 나라, 그래 놓고 뻔뻔하게 우리 것을 찾자고 하는 나라, 하늘에서 보면 십자가만 보이는 나라, 산소로 보이는 나라, 이것은 바람이 아니고 뭔가 남자가 바람피우는 것은 참지 못하고 지금까지 말한 것처럼 일어나는 일을 모른 체 하는 나라, 누가 책임을 진단 말인가? 과연 어린아이에게 떳떳한 어른인가? 어린아이에게 무엇을 가르칠 수 있는가?

우리의 혼은 어디서 찾는가? 우리의 넋을 잃어버리고 어떻게 잘

사는 것을 바라고 있나 혼을 잃어버리니 관심이 없는 나라, 어떤 것이 잘 사는 것인가? 우리 조상들의 지혜는 무식해서 그렇다고 하면서 자신이 영어를 잘해야 큰소리를 치는 나라, 한국어가 세계적으로 이용하게 노력을 하지 않는 나라, 한국어가 퍼져 외국어로 변한 것도 모르는 나라, 몇몇 사람의 소리로 떠들어야 먹히지 않는 나라, 한국어를 세계 나라말로 만들지는 못하고 정부마저 외면하는 나라, 무엇을 위해서 바람을 피우고 있을까? 조상들이 이런 것을 보면 뭐라고 할까 하늘에서 조상들은 내려다보고 계신다.

남자들이 바람을 피우는 것은 아무것도 아니다. 우리 것을 잃어버리고 남의 것만 좋아하는 나라, 이것은 바람이 아니란 말인가?

영어학원을 해야 돈을 버는 나라, 영어를 잘해야 잘 사는 나라 나는 여기가 한국인가 의심스럽다. 이제부터라도 늦지 않았다. 우리 것을 찾고 우리 것을 알리는 것에 신경을 쓰자. 말로만 하는 것은 이제 버리고 행동으로 우리 것을 찾아야 한다. 오랫동안 바람을 피우고도 모르고 사는 나라, 우리 조상을 바로 모시는 나라를 만들자. 이제 바람을 끝내고 우리 것으로 살자.

우리는 건국하신 국조 단군을 집집마다 모시고 종교를 갖자. 종교는 나쁜 것은 아니다. 단 조상을 외면하는 일은 없어야 한다. 이런 큰 바람은 왜 눈감아주는가? 더 이상 외도하지 말자. 단군할아버지는 종교가 아니라 조상일 뿐이다.

"할아버지, 교회갔다 올께요" 하고 찬송을 부르자.

민족은 나의 운명

민족은 내 마음이다. 민족은 내 사랑이다. 민족은 나를 사랑한다. 민족은 나의 방패다. 민족은 나의 구원자요 나의 미래다. 나의 운명을 책임진다. 우리는 민족끼리 사랑하는 마음을 갖자.

민족을 생각하면 나는 눈물이 나온다. 나도 같은 민족이다. 못 사는 사람을 업신여기는 나라, 잘 생기지 못하면 인기가 없는 민족, 민족 말만하면 이상한 눈으로 보는 나라, 지식이 모자라면 무시하는 민족, 이제는 깨어야한다.

어떤 것이 민족을 위하는 것인가? 어떤 것이 민족을 마음 상하지 않게 하는 것인가? 나라의 운명은 민족에게 있다. 나라의 운명은 자신에게 있다. 나만 잘 살면 되는 것인가?

사랑은 가족끼리만 하는 것이 아니다. 전체적으로 하는 사랑이 진정한 사랑이다. 민족을 사랑하는 마음을 키우자. 어릴 때부터 민족을 사랑하는 마음을 키우도록 어린아이들에게 정신을 키우자. 어린아이는 우리의 미래이며 우리가 바라보는 것 중에 제일이다. 어린아이에게 잘 살 수 있는 환경을 만들어 주자. 그래야 아이들의 운명은 밝다. 농촌 총각은 결혼도 못 하는 나라.

죽어서 민족에게 어떤 일을 했다고 말을 할 것인가? 후회하는 삶을 살지 말자. 나라가 없으면 민족도 없는 것이다. 내가 없으면 민족도 없다는 마음을 갖고 살아야한다.

나는 이렇게 생각한다. 서로 칭찬하자. 서로 사랑하면 하늘도 감탄을 한다. 서로 이해하자. 서로 미안한 마음을 갖자. 서로에게 도움을 줄 수 있는 사람이 되자.

주인공이 누구냐

나의 주인공은 하늘이다.

나를 만드는 것은 하늘이다.

나를 평생 생각하는 것도 하늘이다.

우리네 살아가는데 가장 은혜를 베푸는 분은 하늘이다.

하늘은 부모이다. 하늘은 영광을 만든다.

바라만 봐도 좋은 하늘을 우리는 외면하고 살았다. 이제 우리는 화합을 할 때이다. 종교를 초월하는 것으로부터 화합해야 한다. 모든 종교가 하나가 되어야한다. 결국 종교는 어느 것을 믿든 종교는 하나로 만난 것이다. 자신의 종교만 종교가 아니다. 결국 하늘밑에 있는 종교는 같은 것이다. 교회를 나가든 절을 가든 마음이 하나 되는 것이 가장 큰 문제이다. 한국은 종교를 이끌어가는 사람들이 문제이다.

종교로 인해 자신만 잘살려고 하는 선지자도 있다. 종교는 하늘을 바라보고 가는 것이지 사람을 보고 가는 것은 아니다. 어떤 이는 하늘을 보지 않고 사람을 보고 가는 이도 있다.

이 나라를 이끌어가는 선지자도 있다. 그러나 그렇지 않은 선지자가 많은 나라이다. 제4장 〈화합〉의 장은 조금 딱딱할 것이다. 우리나라는 7대 종단이 있다. 그러나 잘하는지는 여러분들이 판단을 할 것이다.

교회에도 단군을, 절에도 단군을 모신다면 한국은 이미 세계적으로 이름 있는 나라가 될 것이다. 종교가 하나로 뭉칠 때 우리나라는 안전을 찾을 것이다. 종교로 인해 많은 전쟁을 갖고 왔다. 이제는 문화전쟁이다. 정신문화 전쟁, 정신문화를 갖추지 못하면 우리는 망한다.

우리가 하나가 되어야 정신문화는 살아난다. 정신문화는 우리를 알리는데 가장 큰 공헌을 한다. 이제 우리같이 하는 정신문화를 만들자.

정신에서 새로운 우리의 희망이 나온다. 희망을 걸고 정신을 한데 모으자. 정신을 한데 모으는 것이 가장 중요하다. 각 민족단체도 정신을 한데 모으자. 그것이 나라를 살리는 일이다.

정신문화가 우리를 살린다.

각 지역마다 정신문화원을 만들어 우리의 정신을 알리자.

정신문화원이 많을수록 정신문화는 살아난다.

공중분해

식구가 분해가 된다면 여러분들은 어떤 기분이 드는가?

명절에도 만나지 못하고 서로 길을 헤맬 것이다.

옛날에는 못 살아서 먹을 게 없어서 가족이 뿔뿔이 헤어졌지만 지금은 공부한다는 핑계로 외국을 나가기 때문에 가족이 헤어진다. 또 사업을 하다가 파산신고를 하니 이 또한 공중분해다.

또 몸에 있는 좋은 기운이 나가서 공중분해를 하는 경우도 있다. 이 또한 공중분해다. 이렇게 여러 가지의 공중분해가 있는데 신의 놀음으로 공중분해 되는 경우가 제일 위험한 것이며 몸에 있는 신이 나갔는지를 알아야 그러한 현상이 일어나지 않게 할 수 있다.

이러한 경우도 있다. 공부를 하는 학생이 공부를 도와주는 신명이 나갔다면 아이가 공부를 못하고 취미가 없어진다. 이것을 볼 때 인간은 어느 한 기운의 작용으로 자신을 발전시킬 수 있다. 신은 언제나 있는 것은 아니다. 항상 여기저기 다니다 어느 한 자리가 마음에 들면 그 자리에 좌정을 한다. 어떠한 신명이 좌정하느냐에 따라서 인생이 생각 밖으로 끝없이 좋아질 수 있다.

나도 내 자신이 공중분해가 된 줄도 모르고 살다가 신명들과 영의 도움으로 결국 이렇게 깨달음으로 연결된 것이다. 인간이 혼자 신과 영의 도움없이 절대로 이렇게 우주의 근본을 몰랐을 것이다. 공중분해가 되면 몸이 아프고 마음이 아프고 인간으로는 참을 수 없는 만큼의 고통을 넘어야 한다.

이렇게 공중분해는 사람에게는 핵보다 무서운 것이다. 공중분해가 우리들에게 주는 교훈은 그 어느 것보다도 무서운 것이다. 공중분해는 하늘에서만 하는 것이며 해결도 하늘에서 하는 것이다. 신이 도와준다고 해도 소용이 없으며, 그 자신의 기도로 해결을 할 수 있거나 천도를 시켜야 한다.

이것을 보면 천도제는 인간과 신과 같이 살 수 있도록 본드 같은 역할을 한다.

출발이 출발인가?

출발이 출발인가? 도착을 해야 출발을 경험하는데 그 과정이 말을 해준다. 우리는 출발을 너무 쉽게 한다. 기본을 잃어버린 채 출발을 하는 경우에 가다가 금방 멈추게 되는 것이다.

누가 장사를 한다고 하자 아무리 몫이 좋아도 그 사람의 기운이 원하지 않는다면 이미 그것은 틀린 것이다. 내면과 같이 가야 하는데 그것을 모른다. 그것이 가장 중요하다. 어떤 장사가 잘된다고 무조건 하다가는 언젠가는 망하게 되는 것이다.

보러가는 데 자신보다 신명이 낮은 상태로 살아가는 사람에게는 답을 찾지 못한다. 그것을 모르기에 사람들은 고생을 하는 것이다.

영적공부도 마찬가지이다. 오랫동안 공부를 했다고 해도 일부만 한 것이며 다시 말하면, 오랫동안 공부한 것이 중요한 것이 아니라 빠른 길도 있다는 것을 알아야한다. 나 역시 지름길을 알지 못해 많은 시간이 걸린 것이며, 지금은 제자들에게는 지름길로 안내하고 있다.

깨달음에는 많은 시간이 더 이상 필요하지 않다. 짧은 시간에 깨달을 수도 있다. 3일 만에 깨닫는 사람도 있으며 대강 석 달이면 깨닫게 된다. 믿지 않아도 좋다.

그럴 수도 있다는 사실을 긍정하게 되면 깨달을 수 있다. 지금 나에게는 많은 제자가 있지만 3일 만에 깨달은 사람도 있다. 깨달음은 긍정으로부터 시작을 하는 것이다. 그래서 사람들에게 긍정하라고 말을 하는 것이다. 그렇다. “긍정”이란 단어는 “열린다”라는 말과 같고 긍정은 시작을 알리며 긍정은 자신을 보호한다.

다만 하늘에서는 긍정을 할 수 없게 만들어 단련을 시키며 지나고 보면 긍정으로 가기 위해서는 강한 부정도 긍정이라는 것도 알게 된다. 그러므로 하늘은 출발을 알지 못하게 출발을 하게 하는 것에 시작을 한 것이며, 이제 영적세계의 그 망망한 바다를 떠나는 것이다.

큰 배에 올라탄 여러분은 편한 항해를 하기 위해선 하늘이 원하는 데로 가는 것이 가장 올바른 항해라는 것만 마음에 담아주면 되는 것이다. 하늘의 스케줄이 여러분을 이끌어 갈 것이다.

자신이 영성공부를 할 수 없다는 것을 깨닫는 것도 엄청난 발전을 한 것이다.

이제 여러분들은 앞으로 가는 방향을 걱정할 필요가 없으며 신의 바다.

영의 바다를 구경만 하면 되는 것이다. 그러므로 기(氣), 영(靈)의 세계를 깨우치기 위해선 배만 타면 되는 것이다.

텅 빈 마음

깨달은 것을 깨달은 만큼 이렇게 글로 쓰니 머리도 비고 마음도 비고 생각도 비니 점점 깨달음의 세계로 인도하고 있다.

여러분들은 머리 속을 비워 본 적이 있는가. 우선 머리를 비워야 담을 수 있는 것이다. 그러나 사람은 거꾸로 공부를 하기에 깨닫지 못하는 것이다. 지금까지 만약 비우는 공부를 했다면, 인간의 머리는 누구나 깨달음으로 갔으니 깨달은 것에 대수롭게 생각을 하지 않을 것이다. 만약 어떤 아이템이 떠오르는 사람은 머리를 비운상태로 나타나는 현상이다.

그 상태가 깨달음의 단계인 것이다. 그래서 글을 쓰는 사람이나 음악을 작곡하는 사람의 머리에 악상이 떠오르는 것이다. 그래서 머리를 가볍게 하는 사람일수록 영적인 머리로 발전이 되는 것이다. 머리가 가득 차면 자신이 갖고 있는 것만 알며 영안이 열리면 어떤 것이든 지식을 담은 머리보다 훨씬 행동과 생각이 앞서간다.

여기에서 보여주듯이 마음을 비우라는 말이 있는데 마음을 자신이 비우는 것이 아니라 하늘에서 비우게 한다는 원리를 안다면 그것이 깨달음의 시작인 것이며 그때부터는 일사천리로 빠르게 영의 세계로 달려가는 고속버스와 같다. 기어가다가 고속버스를 탄다면 그 기분이 어떻겠는가?

고속버스의 창을 연다면 더 기분이 좋아질 것이다. 그렇다. 시작을 알면 배도 안고프다. 그래서 음식을 적게 먹어도 많이 먹은 것처럼 느끼게 되는데 가끔 산사를 찾는 사람은 스님들의 그러한 광경을 볼 것이다. 깨달음의 수행을 하면 그렇게 된다.

물질적으로 생기는 것이 없어도 걱정을 안 하는 것이 이러한 원리로 이루어지는 것이다. 하늘에서 마음을 비워 준다면 그것은 기본이 잘되었다는 말이며, 수많은 시험을 통해 강하게 만들며 도구로 쓰기 위해 항상 감시한다.

가끔 이런 글이 나올 것이다. 깨달음은 깨닫게 해주는 것이 깨달은 사람이다. 이제 영적세계의 길로 가기 위해서는 텅 빈 마음이 시작이다.

허튼 소리

내가 뭘 알아서 허튼 소리 아닌 허튼 소릴 하는가?

난 아는 것이 없다. 그래서 좋다. 하늘은 나 같은 사람을 좋아한다. 하늘에서 나에게 이런 글을 내리고 있다.

과연 이 글이 허튼 소리인가? 허튼 소리라도 좋다. 나도 허튼 소리라고 말하는 사람이 되고 싶었다. 그러나 하늘은 나에게 용납을 안했다. 그런 말을 하는 사람이 허튼 소리이기 때문이다.

내가 말을 한다는 것조차 하늘의 도움이 없었다면 할 수 없다. 이런 것까지 긍정을 한다면 허튼 소리는 나오지 않을 것이다. 이제 여러분들은 이 책을 보며 많은 생각이 교차할 것이다. 지금까지 살아온 것과 살아가는 방법이 틀려질 것이다.

이제, 여러분들은 모두 하늘이 될 것이다. 하늘이 된다는 것은 하늘의 소리를 바로 듣는다면 되는 것이다. 하늘은 여러분 편이다. 이제 큰 친구를 만난 것이다. 자신이 큰 친구가 되도록 열심히 살아야 한다.

나는 하늘의 노숙자이다. 땅의 노숙자나 같다. 갖고 있는 것이 없다. 하늘의 노숙자와 땅의 노숙자가 틀린 것이 있다면 정신이 틀린 것이다. 나는 우주에서 교육을 받고 땅의 노숙자는 저 지하실의 교육을 받는다. 이것이 엄청난 차이를 가지고 오는 것이다.

이제, 하늘의 노숙자는 이렇게 말한다. 이왕 노숙자가 되려면 하늘의 노숙자가 되어야 한다. 사람들은 노숙자를 싫어한다. 노숙자는 많은 것을 깨달았다. 하늘의 노숙자는 하늘의 노숙자를 키운다.

그것은 대한민국이 바로 서게 하는 것이다. 그래서 121명의 노숙자가 모여 영적으로 일을 하는 것이다. 하늘의 노숙자는 정상이 아니다. 하늘의 법을 내려 전달하는 것이다. 땅의 노숙자나 하늘의 노숙자의 말을 듣는다면 살아가는데 많은 것을 알려줄 것이다.

노숙자를 사랑한다면 여러분도 하늘의 노숙자가 될 것이다. 하늘의 노숙자 모임인 "웅천선원"에서 하늘의 공부를 한다.

"웅천선원"은 "단군할아버지의 아버지 환웅천왕"을 말한다. 물론 공부를 할 때는 하늘의 소리를 듣는 것이다.

노숙자들은 이제 나라를 구하고 인류복지를 위해 도구로 쓰여질 것이다. 땅의 노숙자처럼 어디라도 있는데, 하늘의 노숙자는 만나기 힘들다. 마음을 열고 긍정하면 언제라도 만날 수 있다.

정치가 주는 교훈

잘난 것이 우리네 마음을 아프게 하네.

정치란? 머리를 숙이고 국민들의 평안을 위해 사는 것이다. 그런 모습을 보기는 건국 이래 하늘의 별 따는 것보다 보기 힘들다. 그것은 자신의 내면이 바로 서 있지 않은 것이다. 그러나 그런 것을 자기 자신도 모르기에 그런 것이다. 인간적으로 볼 때는 괜찮은 사람이나 영적으로 보면 모순이 보인다.

그 모순이란 탁한 기운이 들어있는 사람도 있고 능력도 없으면서 나서고 하늘이 무엇을 원하는지 모르며 용서할줄 모르고 타협을 할 줄 아는 신명이 없어서 그렇다. 또한 마음이 자신의 마음이 아니며, 마음수련이 부족해서 그런 것이며, 자신을 모르기에 그러한 현상이 있는 것이며 마음공부를 많이 한 사람이 정치인이 된다면 그런 일은 없을 것이다.

마음공부를 한다면 우리나라는 서로 싸우는 정치인을 볼 수 없을 것이다. 오히려 하늘의 별따기처럼 싸우는 모습을 보지 못할 것이다. 우리는 이런 세상을 만들어야 한다. 언젠간 싸우는 사람들을 모시고 마음공부를 위해 강의를 할 것이다.

어느 나라나 마찬가지로 정치인은 싸움을 한다. 물론 국민을 위한다는 마음으로 한다. 하지만 그것은 민족을 위해서 하는 것이 아니라는 것을 깨닫고 서로가 대화로서 이끌어가야 한다. 이제 정신을 찾자. 바로 살자.

정치인도 금년에는 웃는 모습으로 변장을 해야 한다. 어려운 경제를 살려야 한다. 정치인이 하는 일이 무엇인지를 국민에게 바로 보여 주어야한다.

정치인도 도인이 되어야 한다. 도인이란 다른 것이 아니다. 참고 인내하는 것이다. 그것이 없다면 정치의 생명은 이미 끝난 것이다. 싸우는 시간에 마음공부를 하라. 조상과 하늘이 보고 있다. 여의도 국회의사당에 단군을 모시고 "할아버지, 저희 회의하는데 함께 해주세요" 한다면 싸움은 사라질 것이다.

청와대에도 단군상을 세워 우리민족이 가야할 길을 세우자. 일본은 어떻게 됐던 조상에게 잘하고 있다. 믿지도 않으면서 표를 위해 종교도 갖지 마라. 거짓이 싹트면 그것은 정치가 아니라 교만과 이기주의가 자신에게 탄생될 것이다.

그것이 위선자의 종말이다. 정치를 할 팔자가 따로 있다. 정치를 위해서 밑바닥을 깨끗이 하라. 한국은 그것이 문제다.

지금은 우리나라엔 인재가 없다. 스스로 인재가 되기 위해서 노력하라. 하늘이 도와줄 것이다.

대한민국의 앞날은 희망뿐이다.

우리의 희망은 희망을 갖는 것이 희망이다.

정치인은 희망을 갖을 수 있도록 정성을 다하라.

그럼, 나도 다니면서 박수치며 웃을 것이다.

내 발 아래가 좋은가?

위를 보는 것보다 아래를 보고 살아야한다.

위도 하늘이요, 아래도 하늘이다.

사람은 올라가는 사람을 보고 받쳐 줄줄 모르고 끌어내리려 한다. 이것만 바꿔라.

큰 회사는 작은 회사를 깔보고 산다. 다시 말해 중소기업이 일어서야 한국은 산다. 그러나 지금 중소기업의 실정은 오늘 내일이다.

열심히 한다면 도움을 주는 큰 회사가 되어야한다. 좀더 넓은 시야를 가지고 봐야한다. 나라로 본다면 누구나 잘 되어야 하지 않겠는가?

발아래부터 누구나 올라간다. 개구리가 올챙이 생각을 못한다는 말이 있듯이 우리는 서로 성공할 수 있게 같이 해야 잘 될 것이다.

이제 한국은 제조업체가 무너졌다. 그것은 누가 책임을 져야하나. 난 이렇게 생각을 한다. 경제는 아는 것이 없지만 국민 자체도 어려운 일은 하지 않으려고 하는 마음과 우리 물건을 좋아하지 않는 마음이 합쳐 이런 일이 일어난 것이다.

어려운 일은 하지 않으려고 하는 마음을 버리자 일자리가 없는 것이 아니다. 그것은 자신의 마음에 달려있다. 일자리 창출도 좋지만 어려운 일을 하기 싫어하는 마음이 일자리를 놓치는 것이다.

오히려 공부를 못하는 사람들이 많을 때는 일자리가 남아돌았다. 지금은 우리나라의 교육정책이 나라를 망치게 하는 것이다. 이 말을 듣고 반론을 못할 것이다. 이것이 우리의 현실이다.

인성교육을 제대로 받지 못한 사람들의 모습이다.

나도 여러 가지 어려운 직업을 가졌었다. 그것이 지금의 나를 만들었다. "젊어 고생은 사서 한다"고 하지 않았는가? 지금 그런 생각을 하는 사람은 얼마나 되겠는가? 우리 젊은 사람들의 정신이 바뀌어야 한다. 그래야 잘 산다.

사실 어려운 일을 한다는 것은 어려우나 그것이 나를 키운다. 가난이 성공을 가져오고 남이 하기 싫은 일을 해야 정상으로 빨리 갈 수 있다. 이렇게 쉬운 생각을 한다면 언젠가는 좋은 날이 올 것이다. 후손에게 어떤 정신을 물려 줄 것인가?

우리는 내가 주인이라는 의식을 심어줘야 한다. 여러분도 동감할 것이다. 여러분 화이팅!

구차한 변명

하늘은 변명을 용서한다.

하지만 용서 할 때마다 발전을 정지시킨다. 그러나 깨달음 공부하는 사람들에게는 모르게 한다. 그것도 모르고 계속 깨달음의 공부를 하고 있어도 아는 척을 안 한다. 그것이 하늘의 마음이다. 하늘은 알아도 모른 척 한다. 그때 잘해야 한 계단 올라간다. 수 없는 계단이 많다. 그것이 공부하는 단계이다.

인간 세계에서는 용납이 되는데, 하늘은 용서해 주지만 용서를 한 만큼 마음공부를 막는다. 그만큼 자격을 박탈한다. 하늘은 영적으로 가는 사람을 위해서 항상 돌게 한다.

돌고 돌고 돌고…. 그래야 우주에 영적으로 도착하게 한다. 다만, 도착을 했는지도 모르게 다다르게 한다. 한번 핑계를 하게 되면 용서하는 것처럼 하지만 엄청난 고력을 준다. 그만큼 대가를 치러야 다음 단계가 기다린다. 대가를 치르는 시간이나 방법을 모르게 하는 것이 하늘이다.

다시 말해서 하늘은 핑계를 제일 싫어한다. 핑계를 대지마라. 핑계는 나를 멈추게 한다. 하늘은 마음공부 하는 사람에겐 핑계 될까봐 걱정을 한다. 물론 어떤 일을 하는 것이 당연하지만 그 일을 안 해도 하늘은 공부를 멈추게 한다.

이것이 우주의 기운을 받아 하늘이 만들어 놓은 법도(法道)이다. 그래서 하늘이 만들어 놓은 법도를 지키는 것은 매일 죽어야 한다. 여기서 죽는다는 것은 나를 버리는 것이다. 그것이 영적으로 사는 것이며 깨달음이다.

그러므로 변명 속에서 깨달음은 없는 것이다. 한번도 하지 않아야 그때서 하늘은 무엇을 정리해서 내릴 것이다. 그 다음은 천신들이 할 일이다. 깨달음은 천신들을 다루는 일이다.

천신을 다룬다는 것은 내가 천신의 주인이 되어야한다. 천신들을 내가 갖고 있는 나라, 즉 소우주가 완벽하게 되어있을 때 복종을 시작한다. 복종이란 나와 같이 사는 것을 말하며 같이 행동한다 라는 뜻이다. 누가 천신하고 살 것인가?

우주에서 결혼을 시켜줄 때 같이 할 수 있는 것이며 동업자가 되는 것이다. 이제 여러분들은 깨달음이 무엇인지 대강 알았을 것이나 글로써 읽어서는 알 수 없는 것이 깨달음이다. 깨달음은 융자가 없다. 다시 말하면 항상 우주에서 내려주기에 융자할 필요가 없는 것이다.

그래서 양은 인간이요, 음은 천신이다. 여기서 음양의 기운을 나누게 되는 것이며, 세상은 양으로 있다가 죽은 사람의 기운으로 음이 생긴 것이다. 음양이라고 하는 것은 음을 조심하라는 이야기인데 인간에게 조심하라는 메시지이다.

음은 명령에 따르는 것을 말한다. 그래서 인간답게 산다는 것은 음양의 기운을 같이 더불어 살아야 하는 것이다. 그것은 인격이 바로 된 사람에게 주는 특허이다.

우리 아이

걱정이다. 걱정이다. 걱정이야. 그래서 어떻게 대학을 가니 흔히 아이들에게 하는 한 마디가 아이들은 피곤하다 못해 부모를 싫어한다. 우리나라 아이들 이야기이다. 부모도 겪어왔다. 부모님이 겪어왔어도 그렇게 말을 한다. 말을 안 할 수 없다. 대학을 나와야 결혼을 하고 좋은 직장을 가기에 그렇게 말하는 것이다. 우리의 현실을 말하고 있는 것이다.

물론 공부는 해야 한다. 다만 교양이 없는 공부는 할 필요가 없다. 하늘은 마음공부를 하는 사람에게 교양만 가르친다. 교양은 내면을 순화시키는 것이다. 그러므로 내면을 정화하지 못한다면 그대로 되는 일이 없다.

그래서 공부를 못하더라도 교양이 있는 것이 훨씬 좋은 것이다. 교양이 있는 사람에겐 하늘에서 저절로 똑똑하게 해준다. 교양이 없는 공부는 남을 피곤하게 한다. 여러분들의 자녀가 있다면 예절(禮節)부터 가르쳐라. 그래야 공부는 저절로 한다. 공부 잘해라 라고 말할 필요가 없다.

교양이 없는 자식을 둔 것은 부모 자신의 교양문제다. 부모가 교양이 없는 문제로 친구를 원수로 만드는 경우도 있다. 시험점수는 사회생활과 관계가 절대로 성립이 안 된다. 이것을 볼 때 공부도 중요하지만 넓은 마음이 중요하다.

우리나라의 어린아이는 다른 나라의 아기보다 예쁘다. 그 이유도 모르는 사람이 있는데 그것은 기운이 같기 때문이다. 다만 상대방 나라의 아이도 좋아할 수 있는 마음을 가져야 한다. 그래야 세계는 하나로 된다.

세계를 한민족으로 만드는 것은 기운을 같은 기운으로 만드는 작업을 해야 하는데 그것은 인간의 힘이 아니라 우주의 기운을 가지고 해야 한다. 그러므로 한국이 세계를 하나로 만들려면 하늘의 소리를 인류에게 전달할 수 있는 기운이 들어 있어야 하는데, 그것은 웃음뿐이다.

웃는 언어는 세계 공통어이기에 통할 수 있는 것이다. 언어는 통하지 않아도 어린이부터 외국 어린이와 서로 왕래를 해야 세계민족이 하나로 되는 지름길이다. 그때 언어는 웃음이 최고다.

이제 여러분들은 세계를 하나로 만드는 방법을 배웠다. 웃음이 세계의 언어이기에 아기는 언어의 마술사다. 모든 언어를 웃음으로 하는 어린이를 사랑하자.

어린이날만 잘해 주지 말고 항상 잘해 주자. 어린이를 쉬게 하자.

어린이를 영재로 만들자. 노는 것이 세계화를 만드는 것이다.

앞으로는 노는 문화가 대중을 끌어갈 것이다.

숫자 놀음

태어나면서 아기는 하나의 숫자를 선물 받는다. 평생 바꿀 수 없는 숫자를 받은 것이다. 이제부터는 1년씩 지날 때마다 성숙을 기다린다. 우주 안에서 가장 저절로 되는 것은 나이를 먹는 것이다.

나이는 나를 항상 감싸고 있는 외투 같은 것이다. 나이는 책임의 정도를 나타내는 것이다. 지금 자신이 하는 일에 책임을 다하고 있는지 뒤돌아보는 시간이 필요하다.

우주는 숫자로 구성되어 있고, 숫자는 인류 공통 언어이다. 우리는 항상 숫자 속에서 살고 있으며 숫자를 사랑하고 있다. 대통령선거도 번호로 결정이 되고 아파트도 숫자로 구성이 되고 그렇게 숫자를 가지고 의미를 두고 있다.

하늘은 1등을 싫어한다. 1등은 외롭고 고독하다. 같이 가는 세상을 좋아 한다. 여러분들은 항상 1등을 선호하며 살고 지금도 1등을 하고 싶은 생각으로 가득 찼다. 숫자 속에서 살아가는 인간은 숫자로 인해서 자살도 하고 있는 실정이다.

숫자는 1부터 시작하는 것보다 거꾸로 세어보라. 만약 10부터 한다면 9, 8, 7, 6, 이렇게 세는 것은 우뇌를 발전시키고 1, 2, 3, 4, 5 이렇게 숫자를 세어가는 것은 인간의 욕심을 만든다. 그러므로 구구단도 거꾸로 센다면 머리가 좋아진다.

이렇게 한다면 여유가 생기며 마음도 가벼워지고 살아가는데 많은 도움이 될 것이다. 이제 여러분들은 숫자의 개념을 바로 알아 살아가는데 많은 도움을 받아가면서 살아야 한다. 대한민국의 숫자는 앞으로 일등 국민으로 변화할 것이다.

변하기 위해서는 숫자 개념보다 자신의 마음을 하늘같은 마음으로 갖고자 할 때 자기도 모르는 사이에 일등 국민이 되는 것이다. 일등 국민은 사람과 사람끼리 비교하지 않고 동등한 입장에서 보는 것이며 서로 믿음을 주고 믿음을 사랑으로 승화시켜 가는 것이 그것이 일등 국민이다.

우리는 말로만 일등 국민이 되고자 한다. 자신의 능력을 모르기에 일등하려고 하는 것이다. 혼자 있다면 누구나 일등이다. 같이 있으면 일등은 사라지고 견제하기 시작한다. 대한민국은 많은 국가에 슬픔과 운명을 같이 해야 할 것이다.

이렇게 전 세계를 전쟁 없는 나라와 평화로 만드는 것이 일등 국가며 일등 국민이다. 숫자로 본 세상은 타락일 뿐이다. 우리는 숫자로 인해 많은 것을 얻고 많은 것을 버리게 되는데, 우주에서는 숫자로 인해 +, -, ÷, ×를 바르게 쓰라고 내려주었다.

그러나 그 부호를 인간의 머리로 들어오다 보니 계산만 하라는 줄 알고 계산만 하는데 이것을 +는 더불어 살라는 뜻이고 -는 용서하면서 살라는 뜻이며 ÷는 자신의 능력과 재산을 서로 같이 공유하라는 뜻이다.

또한 ×는 상대방을 칭찬하고 상대방을 무시하지 않고 하늘의 법에 따라 잘 살아야 한다고 한다. +, -, ÷, ×를 숫자보다도 미리 만들어 놓은 것이다. 그래서 우주의 법칙을 안다면 사람은 저절로 풍요로운 마음이 생기며, 남을 미워하거나 원수를 만들지 않고 싫은 마음이 생기지 않으며 항상 사랑하는 마음과 상대방을 위해서 기도하는 마음이 생기는 것이다.

이것이야 말로 하늘에서 인간들에게 바라는 것이다. 어떤가. 여러분들은 숫자로 자기의 이익을 위해만 살지 않았던가. 이제라도 여러분들이 숫자와 +, -, ÷, ×의 의미를 바로 알아 산다면 많은 도움이 될 것이며 세상이 밝아질 것이다.

숫자는 그런 의미에서 만들어진 것이니 소중하게 다뤄야 한다.

기도는 +, -, ÷, ×의 합작품이다. +는 달의 기운을 나타내고, -는 구름의 기운을 나타내고, ÷는 별의 기운을 나타내고, ×는 눈과 비와 바람을 나타낸다.

그리고 해의 기운은 +, -를 나타낸 것이다. 이제 부호로 본 우주의 기운은 무궁무진하다. 여러분들도 이 기운을 바로 알아 세상에 보여주고 알려주고 시작과 끝을 바로 알아야 할 것이다.

이것이 우주에서 보여준 숫자 놀음의 조화이다.

파격적인 세일

항상 사람은 세일을 좋아한다. 백화점이 세일을 하면 주부는 생일을 맞는 것과 같다. 한번도 백화점을 이용하지 않은 사람은 거의 없을 것이다. 그러나 재래시장은 서서히 죽어가고 있다. 그것은 다른 이유가 아니라 사람마다 영적 수준이 올라가고 있기 때문이다.

요즘 사람들은 깨끗한 것을 선호하기 때문에 지저분한 재래시장은 인기가 없다. 우리들은 재래시장을 살려야한다. 그래야 우리나라가 발전한다.

일은 사람을 현혹시킬 뿐이다. 요즘은 서로 중고 물품을 교환하는 곳도 생겼으니 편하다. 오늘은 구정이다. 알다시피 나는 부모를 용인 공원묘지에 1984년도에 안장시켰다.

어머니는 한번도 백화점 구경을 간적이 없다. 지금 살아 계셨으면 세일기간이 아니라도 모시고 갔었을 것이다. 그러나 어머니는 너무나 절약을 하는 분이셨다. 지금 살아 계셨어도 백화점 물건은 누가 물건을 사다주기 전에는 갖고 계시지 않았을 것이다. 지금은 이런 단어를 보기 어려운데 어머니는 구두쇠였다. 백화점 갈 형편이 아니었다.

여러분들은 부모님을 모시고 백화점을 간적이 있는지 궁금하다. 낭비가 아니라면 세일 때를 기다려 구경을 시켜드리자.

재래시장은 아무래도 값이 싸다. 서민들을 위한 재래시장이 나는 좋다. 이유가 또 하나 있다. 덤을 준다. 인간미가 살아있다.

요즘은 그런 것을 볼 수 없다. 옛날에는 고물을 주고 엿을 바꾸거나 강냉이를 바꿔먹었는데, 따뜻한 모습을 보지 못한다. 지금 아이들은 그 정취를 모른다.

사실 백화점이 생기고 우리사회는 불편한 것은 없어졌으나 서로 인간미를 찾아볼 수 없다. 겨우 세일을 하는 것이 고작이다. 우리네 정겨운 마음을 찾을 수 있는 사회가 되었으면 한다.

인간의 도는 상도가 최고이다.

세일은 서민을 울린다.

영재란?

요즘 학교의 선생들은 착각을 한다.

영재는 영이 높은 것을 말하는 것인데, 그 학생을 지금 선생이 가르치려고 하는 데, 매우 잘못된 것이다. 영재는 분명 하늘에서 만드는 아이이다. 그런데 학교의 방식대로 공부를 가르친다면 평범한 아이보다. 나을 것은 없다. 또한 우리나라에 영재학교가 많은데 한곳도 제대로 영재의 개념을 모르고 있다.

영재는 학교에서 배우는 책도 중요하지만 그 아이의 우뇌를 통해 들어온 어느 능력이며, 선생님의 잘못 가르침으로 오히려 영재를 잘못 인도를 하는 것이다. 영재는 어떤 것이든지 조금은 평범한 아이보다 다르다. 영재를 알아보는 것은 실력평가가 아니라 영의 수준을 알아봐야한다.

그래야 그 학생의 영재 수준을 알 수 있는 것이다. 다만 그 사실을 모르거나 인정을 안 하는데서 영재를 판단 할 수 없는 것이다. 그래서 한 아이를 놓고 영재학원마다 영재가 아니다 영재다 하는 불투명한 판단을 해서 오히려 그 아이는 당황하게 되며 '검사를 안 하는 것이 좋았다'라는 생각을 하게 되는 것이다.

그러므로 영재를 판단하는 일은 꼭 꼬집어 이렇다 저렇다 말을 할 수는 없지만, 분명히 해야할 것은 영적수준을 알아야 한다. 예를 든다면 에디슨 같은 사람이 영재다. 그러나 이것을 모르고 에디슨을 학교에서 간섭했다면 발명가가 안 됐을 것이다.

인간이 어떤 것을 많이 안다고 해도 아는 정도로는 영재를 알지 못하며 혹 영재라고 인정을 해도, 영재의 머리를 건드리는 방법은 좋지 않은 방법이며 건드린다는 것은 영재라는 판정을 인간의 머리로는 할 수 없다. 그것은 물질이 탐나 교육을 제대로 못하면서 하는 수법이라고 볼 수밖에 없다.

지금 부모들은 혹 내 아이가 영재가 아닐까 하고 착각을 하고 있는데 영재는 학교 공부와는 상관이 없으며, 다른 공부를 해야 한다는 것을 알고 바르게 영재성이 있는 아이에게 알려주어야 한다.

우리나라의 영재는 영적으로 보면 470명이다. 그러나 영재학원에는 수많은 학생이 자신이 영재라는 착각으로 공부하는 사람이 한 둘이 아니다. 영재를 하늘에서는 함부로 만들지 않는다. 영재는 많은 시련을 주며 영재는 쉽게 자신을 발견할 수 없으며 영재는 인류를 위해 일할 수 있게 하늘에서 선택한 것이다.

우선 영재의 부모가 되기 위해서는 자식을 자랑하지 말고 영재성을 키워갈 수 있게 해야 한다.

이제 영재에 대해 대강 말을 했다.

영재는 그렇게 쉽게 보이지 않는 것이다. 영재가 우리나라 살리는 일을 할 것이다. 여러 분야에서 선생님보다 발전하는 영재를 바로 알고 바로 키우자.

참아라

참음, 그것이 깨달음이다.

인내, 그것이 깨닫게 해준다.

하늘의 계시, 그것은 선택을 받은 것이다.

그렇다. 누구에게나 하늘에서는 내려주고 있다. 내려준다는 것을 모르고 있기 때문이다. 목사에게도 스님에게도 많이 내려주고 있다. 기도는 조상이나 하늘과 대화를 원하는 것이며 산신이나 용왕에게도 할 때가 있다.

어느 누구와 대화를 하던 기도가 이루어질 때까지 해야 한다. 다시 말해 하늘에서든 어떤 기도 매체가 됐든 대화가 이루어질 때까지 해야 한다. 대부분 어떤 것이 안 이뤄진다고 기도를 멈춘다. 특히 수능 때가 돼서 기도를 한다면 하늘에서는 웃을 것이다.

어느 사람은 교회를 다니다가 기도 빨이 안 받아서 불교로 가고 마찬가지로 절을 다니다가 교회를 나간다는 사람이 있는데, 어디를 간다고 달라지는 것은 없다. 교회나 절이나 결국 하나로 만나는 것이다. 남의 종교를 비교하지 않아야 한다.

스님이나 목사를 보고 다니는 사람도 있다. 기도는 하늘에다 하는 것이지 목사나 스님을 보고 하는 것이 아니라는 것을 바로 알아야 하며, 종교는 권고해서 하는 것이 아니며, 권고해서 다닌다고 해도 그것은 올바른 종교생활을 못할 것이다.

특히, 우리나라의 종교가 잘못된 것은 내 이웃을 사랑하자 해놓고 이용만 하고, 막상 이웃을 사랑하지 못하는 것도 있어 마음이 아프다. 종교를 빙자해 재산을 거의 강제로 뺏는 종교도 있다고 한다.

어느 종교를 믿을지 몰라 서성대는 사람도 많다.

어느 종교를 믿든 참음이 있어야 한다. 허공 기도를 하는 사람도 가끔 있는데, 허공 기도야 말로 모든 것에 대하여 기도를 하는 것이다. 허공 기도가 가장 좋은 것이라고 본다. 옛날 어머니들은 허공 기도를 해왔다. 기도하는 생활은 좋은 것이다. 식사를 할 때도 하늘에 감사기도를 한다면 건강할 것이다.

요즘 사람들 걱정이다. 참음이 없다. 참을성이 없고 노력보다도 요행을 많이 바라고 있는 실정이다. 한탕주의로 가고 있다. 참음을 배우자.

작은 깨달음

소중한 것이 있다면 무엇이라고 생각을 하는가?

우리가 소중하게 해야할 것은 너무나도 많지만 자신이다. 그러나 어머니들 당신들은 소중하게 생각을 하지 않는다. 우리의 작은 깨달음은 헌신하는데서 온다. 큰 깨달음도 좋지만, 작은 깨달음이 큰 깨달음으로 연결을 한다.

우리네 어머니들은 작은 깨달음을 준다. 우리가 깨닫기 위해서는 먼 곳을 다닌다. 하지만 가장 가까운 곳에 깨달음이 있다. 깨달음으로 가는 길은 험하지 않으며 깨달음으로 가는 길은 스스로 자신이 험하게 만드는 것이다. 희생하는 것이 깨달음이다.

봉사는 깨달음의 과정이다. 제자들은 큰 깨달음을 위해 달려가지만 결국 작은 깨달음을 모르기에 큰 깨달음으로 갈 수 없는 것이다.

어디에서 깨달음이 필요하기에 깨달으려고 하는가?

그것은 작은 깨달음을 추구하고 있는 많은 이에게 인간이 어떻게 살아가야 하는지 알려주는 일이며 실천하기 위한 것이다.

제자를 가르치며 난 혼자 화날 때가 있다. 이유는 아직도 정신을 차리지 못하고 산다는 것이다. 그때가 되면 내가 왜 제자를 양성하나 하고 답답할 때가 많다.

우선 조금 알면 아는 체 하는 것이 답답하고, 1가지를 알려주면 10가지 이상 알지 못해 답답하고 너무 여유를 부려 답답하다.

하늘공부는 긴장 속에서 하는 공부다. 하나라도 놓친다면 어려워지는 공부며 하늘공부는 두 가지 직업을 주지 않는다.

프로가 되라

설거지를 하더라도 프로가 되라. 대강 대강 하지마라. 사회는 프로를 원한다. 어떤 일을 하든지 프로가 되어야 하는 것을 하늘은 원한다. 강한 것도 프로요 약한 것도 프로다. 진정한 강약을 같이 공유하는 것이 프로다.

리더십, 카리스마를 지니고 있는 것을 말한다. 카리스마를 갖는다고 다 좋은 것은 아니다. 카리스마를 갖는 조건은 우선 나눔을 잘 해야 한다. 나눔을 잘해야 능력을 갖게 되는 것이 카리스마이다. 준비된 사람만이 카리스마가 있다.

요즘 프로 씨름이 서서히 힘을 잃어버리고 있다. 씨름선수는 카리스마가 있는데 무슨 이유로 힘을 잃어버리고 있는가? 경제는 카리스마를 이긴다. 진정 필요한 것은 한국이 카리스마를 갖고 살아야한다. 아무리 능력이 있어도 쓰지 않으면 소용없다. 국민 모두 카리스마가 있어야 한다.

카리스마가 필요한 이유는 남을 잘 되게 하는 것이다. 나폴레옹이나 이순신, 이런 사람들을 보고 카리스마가 있다고 하는 것이나 성격이 온순하지 않고 과격한 사람을 우리는 카리스마가 있다고 생각하는데 아주 잘못된 것이다.

이제 우리는 알아야한다. 우리 민족을 위해 돌아가신 애국자를 보고 카리스마가 있다고 기억해야 한다. 여기서 가장 중요한 것은 비밀이 없는 카리스마가 진정한 카리스마이다. 비밀이 있다면 항상 위험하다. 카리스마는 좋은 일을 할 때 필요한 것이다.

초를 켜라

우리가 제사 때나 즐거울 때 켜놓은 초는 무슨 의미를 갖고 있는가?

초는 하나로 만드는 것을 도와주고 향은 해체를 말하는 것이다. 다시 말해 향은 이별을 말하고 초는 만남을 이야기 하는 것이다. 절에 가면 초와 향을 공양이라고 하는데 이러한 뜻을 모르고 하는 소리다. 그래서 제사 때 잡신이 올까봐 향을 피우는 것이며 초는 조상을 만나게 해달라는 뜻과 자신을 보호해 달라는 뜻으로 키는 것이다. 그러므로 잡신을 물리칠 수 있는 기운을 가지고 있거나 천신의 기운을 가진 사람은 향을 피우는 것을 싫어한다.

영안실에서 향을 피우는 것은 죽은 사람의 좋지 않은 기운을 바꿔주세요 라는 바람으로 향을 피우는 것이다. 또한 고사를 지낼 때 돼지머리를 놓은 것은 잘못된 것이며 돼지머리는 결혼식과 같은 좋은 일이 있을 때 올려 놓아야하며, 오히려 소머리를 놓고 고사를 한다면 일이 이루어질 것이다. 우리나라의 풍습이 잘못된 것도 모르고 하는 경우도 있다.

인간이 살 때는 초를 좋아하지만 인간이 죽어서는 향을 좋아 한다. 하지만 우리같이 천신이 내려와 깨닫게 하는 사람들은 향냄새를 싫어하며 대한민국을 외칠 때 초를 켜고 한다면 무엇이든 우승할 수 있는 기회를 가져올 수 있다.

몸에 잡신이 있는 사람에게는 쑥 요법을 여러 방향으로 쓰는데 몸이 안 좋을 때 쑥 요법을 쓴다면 탁한 기운이 빠져 몸이 개운한 것을 느끼게 되는 것이다. 음양이 우리 인간에게는 사는 방법을 만들어

주는 것이다. 양에도 음이 있고. 음에도 양이 있으며 양은 우리에게 복을 말하며 음을 우리에게 탁한 기운을 준다는 것을 알고 살자.

또한, 집에 초를 켜놓는다면 잡신의 움직임이 줄어들며 초는 안정을 유도하며, 향은 이별을 준다. 그러므로 상황에 따라 초와 향을 알맞게 사용한다면, 삶에 많은 도움이 될 것이다.

특히 환자가 있는 곳에 초를 켜놓는다면 나쁜 기운을 빨아들여 기분이 좋아지게 된다. 그래서 초는 나쁜 기운은 흩어지게 하는 것도 있고, 좋은 기운을 만나게 해주는 기운이 있다. 초를 바라보고 산다면 편안해 진다.

초를 켜자. 마음의 촛불을 24시간 보이지 않지만 마음의 초는 우리에게 항상 보호해 주는 보호령 신을 불러준다.

조랑말

잘나지도 않으면서 인기가 있는 사람이 되자.

조랑말을 보면 잘난 것 같지 않지만 그 착함을 볼 수 있다. 착한 것이 인기가 있는 비결이다. 사회생활을 하다보면 착함을 잃어버리게 되는데 자신도 모르게 그렇게 변하는 것이다.

국회의원들을 보자. 국회에 들어가면 자신의 마음이 아닌 다른 마음으로 변한다. 그 착한 마음은 어디로 갔단 말인가? 우리는 착한 마음을 가져야한다. 우리들 착한 마음은 어디로 갔단 말인가?

그 이유는 중심이 없어서 그런 것이다. 어린아이들에게 무엇을 가르칠 것인가? 할머니가 항상 손주를 보고 "우리 말 새끼"라고 좋아하며 말씀하신 것을 볼 수 있다.

그것은 조랑말을 보고 하는 것이다. 다같이 조랑말을 닮아가자. 경마에 참여를 안 해도 욕심이 없고 낮은 곳에서 살아가는 조랑말은 항상 우리에게 많은 교훈을 주고 있다.

우리 주위에는 이렇게 교훈을 주는 동물이나 짐승이 많다. 하찮은 미물이라고 우리에게 주는 교훈은 상상을 초월한다.

시간이 있다면 제주도에 조랑말을 보고 싶다.

항상 웃고 있는 조랑말 친구가 되고 싶다.

난 동물을 좋아한다.

동물은 같이 만날수록 많은 생각을 하게 한다.

조랑말이 보고 싶다.

제5장

하늘도 축하한다

무당을 무시하지 마라

무당을 사회에서 무시하면서도 무시한 만큼 도움을 받으려고 찾고 있는 실정이다. 우리나라 무당이 대강 50만이 넘는다.

일본은 우리나라보다 무당을 무시하지 않는다. 잘 사는 나라일수록 무당을 무시하지 않는 것을 볼 수 있다.

우리나라 무당은 여러 신을 모시는 형국인데 지신으로부터 저 하늘신까지 모시고 일을 하고 점궤를 보는 것인데 쌀로 보는 사람, 카드로 보는 사람 젓가락으로 보는 사람, 글로 보는 사람, 관상으로 보는 사람 천차만별이며 자신의 몸에 들어온 신명대로 본다.

그러나 이것은 신을 받지 않은 사람은 이해하기 어려운 상황이 많이 일어난다. 다만 자신을 좋게 봐주는 무당을 좋아하기 마련이다.

무당은 잘 해도 못 해도 욕을 먹게 되어있다. 인간에게 잘하면 신이 질투를 하고, 신에게 잘하면 인간에게 좋지 않은 소리를 듣게 되어있다.

난 이렇게 깨닫지 않았을 때에는 무당이라도 하고 싶었다. 그러나 하늘의 선택으로나 조상의 선택으로 할 수 있는 일이지 내 자신이 하고 싶다고 할 수 있는 일은 아니다.

물론 좋은 일을 하는 무당도 많다. 하지만 자신의 제자들에게 굿을 2번 3번 하게 해서 집안을 오히려 망하게 하는 무당도 가끔 있다. 무당은 초등학교 수준의 공수를 내리는 것이며 자신보다 높은 신이 들어있는 사람에게는 말이 나오지 않는다.

그러나 자신의 욕심이나 신의 길을 잘 몰라 거짓으로 하는 바람에 그것을 믿고 따라하는 사람은 언젠가는 후회를 하게 된다.

이 나라에 무당이 없다면 더 답답할 것이다. 또한 거짓으로 하는 무당은 사라져야 한다. 신이 들지 않았으면서, 신이든 것처럼 하는 무당이 한 둘이 아니다. 무당들이 정신을 차린다면 우리의 미래는 밝아진다. 또한 좀더 정진을 해서 유식한 무당이 되어야한다.

거의 우리나라 무당들은 자신의 이름도 모르는 사람도 많다. 물론 신의 가물로 공부를 못하게 한 것은 사실이나 신을 받고나서라도 공부를 해야 한다. 신을 모시고 살려면 신의 공부도 중요하지만 사회공부도 필요하다. 사회공부가 없으니 조롱을 당하고 무시당하는 것이다.

난 깨달음은 큰무당과 같다고 생각을 한다. 앞으로 무당들이 공부라는 여건을 만들어 무시당하는 무당이 없는 나라로 만들고 싶다.

첫째, 무당이 깃발을 꽂아 놓은 일이 없어야 하며, 둘째는 절 표시(卍)를 없애야 하는데, 절 표시와 무당과는 무관한 것이며 아무 상관이 없다. 조상을 모시는 사람이 부처를 모시는 것도 말이 안 되는 것이며 부처는 신으로 모시는 것이 아니라 깨달은 분을 존경하는 마음으로 그렇게 해달라고 모시는 것이다.

또한 요즘 시대는 굿을 하는 시대가 아니라는 것을 명심하고 좀더 높은 차원의 신을 모시거나 다뤄야한다. 부처를 모셔놓고 점상을 보는 것은 잘못된 것이다. 요즘은 스님도 그렇게 안하면 손님이 없다.

차원이 높아지면 굿을 하지 않아도 음식만 차려놓아도 일이 진행이 되는 것이며 굿을 하는 효과와 같다. 이제 욕을 먹고 무시하는 무당이 되지 말자. 바른 무당이 되자. 솔직하고 모르면 모른다고 하자.

무당의 종류는 여러 가지가 있는데 알다시피 글 문이 들어와 손님을 보는 무당과 칼 위에 올라가는 무당이 있다. 장군신이 있는 무당은 칼 위에 올라갈 수 있으며 그 위에서 놀 수 있다. 그것을 작두도령이나 작두만신이라고 하는 것이다.

무당에게는 조상신이 들어있는 사람도 있고 천신과 같이 있는 사람도 있는데 여기서 중요한 것은 사실 자신의 조상을 천도해서 높은 신명을 받아야한다. 무당들이 합치지 못한 이유는 자신의 신이 가장 높다는 자신의 신에 말만 듣는데 거기서 발전이 없는 것이다.

나는 기도 터에서 수많은 무당을 만났다. 거의 자신의 신이 최고다 하는 것 때문에 고생을 하는 무당을 많이 봤다. 이제 무당들도 정신을 차려야한다. 체계적으로 무당의 세계를 알려야한다.

바로 알려 오해를 받는 무당이 되지 말자. 사람들의 입에 값어치 없이 오르내리는 무당이 되지 말자. 모두 합심해 나라 기도를 하자.

숨어 살지 말자. 무당도 사회의 일원으로 국회의원도 될 수 있다. 우리나라의 무당을 정립하자. 다만 올바로 나오는대로 하면 된다. 굿을 안 하면 죽는다, 아프다, 망한다 라는 거짓을 하지 말자. 그렇다면 사회에서 인정을 할 것이다.

나는 무당세계가 바르게 가는 것을 원하고 바란다. 그래야 우리민족은 무당의 힘을 믿는다. 미신이라는 말을 듣지 말자. 좋은 일 해놓고도 욕을 먹는 무당이 되지 말자. 국민들은 무당을 미신으로 생각하지마라. 당신의 식구가 신이 들려 산다면 어떻게 하겠는가?

혹, 무당을 한다면 어떻게 망발을 할 수 있겠는가?

무당을 무시하지마라. 천벌을 받는다. 단, 거짓된 무당은 무시해도 좋다. 부처를 모셔놓고 점을 본다면 부처를 망신 주는 것이다.

난 가난한 사람이 부럽다

웃기는 말일 수도 있다. 정말 가난한 사람이 부럽다. 그 이유가 있다면 아주 쉽다. 아직도 많은 것을 채울 수 있어서 좋다. 하늘은 비우고자 하는 사람을 좋아한다. 사람은 부자를 선호하지만 하늘은 거꾸로다.

이제 여러분들은 맞지 않는 이야기를 한다고 할 수도 있다.

글을 읽다 보면 "아!"하고 무릎을 칠 것이다.

영적공부를 시키기 위해 하늘은 모든 것을 가져가 버리는데 맨 처음 가져가는 것이 물질이며 남편과 자식, 마지막으로 본인을 친다. 여기서 "친다"는 "자신과 어울리지 않기에 거둬간다"라는 뜻이다.

어느 날 찾아온 나의 불행은 그러한 경로를 통해 하늘을 알게 한다. 그것을 모르고 사람은 살아간다. 결국 모든 것을 잃어야 하늘의 길로 오게 되는 것이며 그때서야 하늘의 뜻을 거역 못하게 되는 것이다.

그렇다. 인간이 이렇게 모르기에 결국 아무것도 남지 않아야 하늘을 찾게 되는 것이다. 그러므로 가난한 것이 자신을 깨우치게 한다는 것을 알게 한다.

나도 마찬가지로 여러 가지로 버릴게 없었다. 버릴게 없을 정도로 사람이 몰릴 때 이렇게 사람이 변하게 되는 것이다. 그리고 나면 하늘에서 거꾸로 채워주기 시작한다.

나는 이렇게 하늘의 비밀을 알게 됐다. 하늘, 공부를 하기 위해서는 나에게 있는 모든 것이 부담이 되는 것이며 영적 성장을 막는 것이다. 성장이 없다는 것은 아직도 버릴게 많다고 할 수 있다. 이 글은 인간적으로 읽는다면 이상한 말이 될 수 있다. 다만 이 글을 읽고 이해하는 사람이 있다면 오히려 당연하다는 것을 느낄 것이다.

여러분들은 어떻게 생각하는가?

이글을 읽고 깨우친다면 그것은 여러분들의 마음이 바로된 것이다. 그것은 하늘의 마음을 알고 선택한 글을 읽은 것이다. 어떤가, 하늘이 왜 인간적으로 살지 못하게 했는지…. 그것은 알다시피 도구로 쓸려고 한 것이다. 그것을 보면 하늘이 인간들에게 주려고 하는 마음을 느낄 것이다. 그것을 모르기에 그러한 방법을 선택하는 것이며 무엇을 알 때까지는 정말 모르게 하는 것이 하늘이다.

어느 순간 그 뜻을 알 때는 눈물이 나오게 되는 것이다. 그것이 우리가 알고 있는 깨달음의 단계이며 많은 단계를 거쳐 가야 드디어 깨달음의 진리를 알게 되는 것이다.

깨달음이 주는 교훈은 가난이었다. 그래서 인도가 깨달음의 강도가 깊은 것이다.

지식은 인간의 수준을 말한다

한 사람이 울고 있다. 수능성적이 나빠서 운다. 과연 지식이 그 아이의 모든 수준을 알 수 있는 것인가?

할아버지가 이렇게 말을 한다. 울지 마라. 어머니는 내가 뭐라고 그랬니, 아버지는 괜찮다. 동생은 이렇게 말한다. 언니, 그렇게 수능이 어려워? 그래서 언니를 울리는구나 하고….

이것이 지금 가정에서 일어나는 드라마다. 우리사회의 현실을 펼치는 것이다. 동생은 울지 않기 위해 공부방으로 발길을 돌린다. 안 나올 작정인지 인기척이 없다.

어떻게 인간을 이렇게 혹사하는가? 과외는 수능을 보기 위한 청량제다. 청량제 값이 아버지 월급의 2배 이상이다. 그것도 모자라면 어머니는 파출부로 일선에 뛰어든다. 머리에 지식을 담기 위해 아버지와 어머니는 돈을 펴댄다.

모든 사람이 바라본 인간사이다.

과연 우리는 무엇을 하기 위한 무엇을 하는가?

자신이 공부한 것을 혼에다 머리 속에 담는 공부가 누구를 위한 것인가. 물론 자신을 위하고 가족을 위하는 것이다. 단 인류를 위해서 하는 공부인가 의심이 된다. 지식을 많이 담아 과학자로 아니면 연구원으로 간다면 그것은 성공한 것이라고 생각할 수 있지만 취직과 결혼을 목적으로 자신의 삶만을 위해서 공부한다면 오히려 그 공부는 사회를 혼탁하게 할 수도 있다.

나는 이렇게 생각한다. 물론 공부도 필요하다. 지금 우리 사회는 지식 사회라고 한다. 어떤 지식을 필요로 하는 사회인가? 자신만의 발전을 가져오는 지식인가 아닐 것이다.

사회에 환원하는 지식이 되어야한다. 우리나라는 돈이 안 되면 취직을 하지 않는다. 자신의 이득을 먼저 생각한다. 사회에 봉사하는 마음으로 취직한다면 살기 좋은 나라가 된다. 아직도 우리 사회는 돈이 없어 공부를 못하는 아이들이 많다. 돈이 없으면 부모처럼 같은 생활을 평생해야 한다. 부모처럼 지식이 없어 고생만 하고 간다.

누가 그런 길을 가고 싶어 하겠는가.

지식사회로 가는 세상 공부할 수 있는 길로 안내하자.

돈이 없어도 공부할 수 있는 나라로….

인간도 팽창한다

마음이라는 것이 무엇인가?

마음은 우주와의 연결을 통해 이루어지는 것이며, 사람의 머리를 움직이는 최고의 수장자가 머물러 있는 곳으로 사람의 품위를 만드는 곳이다. 그래서 마음먹기라는 단어를 가끔 쓰는 것이다.

성인이 되면 키는 별로 안 크지만 마음이 넓어지며 깊어지는 것이다. 이것을 팽창이라고 볼 수 있다.

팽창은 끝이 안보일수록 좋다, 하늘에 가까워질수록 좋은 것이다. 그럴수록 하늘을 닮아간다. 마음을 붙잡고 사는 것보다 마음을 풀어 놓는다면 여러 가지 경험을 하게 되는데 그것은 마음을 열어 놓는 순간부터 시작하는 것이다. 그래서 어린아이를 보고 크게 될 놈인지를 알려면 마음자락을 보는 것이다. 그러므로 모든 것은 마음부터 시작이 되는 것이다.

아침에 일어나서 오늘은 어떤 마음으로 살아야 하는지 고민을 하게 되는데 그것은 그 전날 반성을 했다면 마음이 가벼워져서 특별히 생각을 안 해도 그대로 진행을 해도 좋다.

난 하늘로 출근한다. 거기는 언제든지 출근시간이 정해져있지 않다. 말도 안 되는 소리지만 영을 재판하러 출근을 하는 것이다. 언제부턴가 나는 재판장이 되었다.

그래서 죄를 짓고 올라온 혼들을 보면 마음이 아프다. 그 이유는 땅에 있는 자손들이 얼마나 이 순간부터 부모를 잊지 않고 살아 갈 건지 하고 재판을 한다.

재판을 잘 마치려면 그것은 자손이 어떻게 하느냐에 따라 결정이 되는 것이다. 하늘을 보고 감사해야 한다는 마음을 갖고 살 때 그 재판은 승소하는 것이다.

승소라는 것은 "천신이 되었다"라는 말과 같다.

그것이 진정한 팽창이다.

본성은 보이지 않는다

인간과 자연의 본성 중에 자연의 본성은 인간이 어떻게 본성을 움직이느냐에 따라서 변해간다. 단 인간이 자연을 이길 수 있는 본성은 없다. 하지만 하늘에 부탁하면 그 본성을 찾게 해준다.

그것은 비와 해와 달을 움직이는 기운을 말한다. 인간은 하늘에 천제를 지내는 것이다. 그래서 옛날에 왕궁에서 천제를 지낸 것이다. 요즘은 천제를 볼 수 없는데 개천절 날 의식을 지내는 것으로 대신한다.

천제를 지내고 나면 마음이 하늘에 닿아 편안함을 느끼고 인간이 살아가는데 많은 도움을 준 것처럼 느끼며 살아간다. 그것은 하늘에서 그러한 마음을 이미 주었기에 알 수 있는 것이다.

천제를 지내지 않고 사람이 산다면 그것은 하늘을 경계 하는 것이다. 그러므로 인간의 본성은 눈으로는 보이지 않으나 마음으로 느끼는 것이기에 인간은 감정의 동물로 표현하는 것이다.

느낌이 없다면 그것은 짐승과 같다. 그래서 인간은 만물의 영장이라고 하는 것이다.

그것이 바로 인간을 보는 영이다.

부질없는 사랑

인연이 없는 사랑을 부질없는 사랑이라고 한다. 결국 사람은 어떤 것이든지 사랑을 할 때 깨닫는 것이다. 깨닫기 위해선 사랑부터 배우는 것이 좋다. 우선 내면을 사랑해야 모두 사랑할 수 있다.

나를 알아야 모두를 사랑할 수 있는 방법을 터득한 것이다. 그래서 어느 종교든 사랑이 밑바탕에 깔려 있다.

그래야 발전할 수 있는 것이다. 그래서 종교는 전체 사랑을 의미한다. 전체 사랑이 종교의 의미를 부각시킨다. 그러나 요즘은 전체 사랑이 부족하다, 부분적 사랑을 하기에 종교가 불안하다. 전체 사랑이란 우주의 사랑을 말한다.

단군은 전체 사랑이다. 단군은 누구나 사랑한다. 단군도 깨달으신 분이다. 지금은 단군이 깨닫게 하신다. 깨달음은 깨닫게 해주는 것이 진정한 깨달음이다.

나는 영적으로 하늘과 결혼을 했다. 믿기 어려운 일이지만 하늘과 결혼을 한 뒤 하늘에 있는 것을 알기 시작했다. 결혼은 "예예"이다. 긍정을 해야 답을 얻는다는 말이다. 다음에 결혼에 대하여 글을 쓰겠지만 하늘과의 결혼은 아주 특별하다.

사실 하늘과의 결혼이 없었다면 나는 없었을 것이다. 하늘과 결혼을 하니 부질없는 사랑이 아니었다는 것을 알았다. 결국 하늘에서는 뱃속에 있는 나에게 청혼을 해 온 것이다. 그것을 모르고 40세까지 살아왔다.

이제 주례는 우주가 주례 선생님이었다는 것을 알았다. 이것이 천생연분이다. 난 결혼한 것도 모르고 혼자인 것 같이 살아왔다. 하늘은 그 사실을 감추고 40세까지 입을 다물고 있던 것이었다. 이제 만 10년이 지났다. 결혼 사실을 뒤늦게 알려준 하늘은 나를 위해 많은 정보를 기억해 놓았다.

난 주례를 맡아준 우주를 존경한다. 난 누구도 존경을 하지 않고 살았다. 이제 그 마음을 어느 누구나에게 존경심으로 대하는 것을 배웠다.

사랑은 모든 것을 감싸고 있다.

사랑은 나를 중심으로 항상 맴돌고 있다.

우주의 사랑과 하늘의 사랑이 나를 만들었다.

나는 지금도 아는 것이 없다.

하지만 주례 선생님과 결혼 상대자에게 감사를 드린다.

결혼이 무엇인가?

여러분도 알다시피 결혼은 남자와 여자가 하는 것인데 결혼은 두 사람의 몸에 있는 신명이 서로 통할 때 하는 것이며, 그렇게 되어야 "어울리는 부부다"라고 말할 수 있다. 그렇게 되면 닮아간다는 말을 많이 듣는다. 그래서 기운이 맞으면 그렇게 서로 변하는 것이다.

그래서 결혼은 속궁합이 맞아야 되며 사실 외모보다도 내면을 알아야 바른 결혼이 되는 것인데 사람들은 겉만 보고 결혼을 한다. 그래서 이혼을 많이 하는 것이다.

또한 궁합을 보고 결혼을 하는데 그것은 잘못 하는 것이다. 궁합은 참작만 해야 한다. 사람은 내면의 기운을 보고 결혼을 해야하는데 그것을 모르고 답답하기에 궁합이란 것을 보는 것이다.

나라의 미래는 결혼을 잘 하는 것도 많은 도움을 준다. 서로 기운이 맞지 않아 매일 싸운다면 그 자식들은 무엇을 보고 배우겠는가? 그만큼 결혼은 일생을 좌우하는 것이므로 많은 생각을 해야 한다. 이런 경우가 있는데 결혼을 하지 않아야 될 팔자가 있다고 하자. 모르고 그런 팔자와 결혼을 하면 이혼은 물론이고 성격이 맞지 않아 매일 폭력 속에서 살 것이다.

또한, 두번 결혼을 해야 하는 팔자도 있다. 이런 사람은 두번 결혼을 할 때만 그 배우자가 괜찮은데 한번 결혼 실패 후, 만나는 사람과 살아야하는 경우도 있는데 그래서 내면을 보고 결혼을 해야 한다는 사실이다.

요즘 텔레비전에서도 무당 팔자와 결혼을 하려고 애쓰는 데, 이해를 하고 괜찮다고 하지만 한국은 의식부족으로 아직도 이해를 못하고 있다. 만약 당신의 자식이 무당과 결혼을 한다면 어떻게 생각하겠는가?

사실 무당은 조상의 부름을 받아 그 신에게 결혼을 한 것과 같아 아무래도 배우자에게 신경을 덜 쓰게 되므로 무당은 배우자에게 백배 잘 해야 한다. 이것을 볼 때 결혼이라는 것은 그만큼 어려운 것이며 지구상에서 제일 중요하게 생각하는 것이다.

사람은 원래 3번 결혼을 하는데 태어나면서 하늘과 1번 사람끼리 1번 그리고 죽는 것으로 마지막을 대신하는 것이다. 그중에서 제일 중요한 것은 3번째인 죽는 것으로 대신하는 결혼을 가장 중요시 한다. 그러므로 인간과의 결혼과 하늘과의 결혼 이렇게 나누는 것은 사람에게 좋은 교훈을 주기 위해서이다.

하늘과 결혼하는 것은 숙명이나 사람과 결혼하는 것은 운명이라는 것을 잊지 말아야한다.

결혼은 서로 이해하는데서 이루어지는 것이며 결혼은 "예예" 해야 한다.

둥근달

둥근달!

초승달과 쉽게 바꿀 수 없을 것이다.

우리의 가슴은 지금 초승달이다.

빠른 시일 내에 둥근달을 만들어야 되겠다.

둥근달이란?

먹고 싶은 것을 마음대로 먹고 입고 싶은 것도 마음대로 입을 수 있는 것이 둥근달일 것이다. 우리는 언제나 초승달을 보면서 둥근달이 나타나기를 기다리며 산다. 둥근달은 세월을 나타내는 것이다.

세월의 흐름 속에 둥근달은 어김없이 하늘에 떠 있는 것이다. 둥근달이란? 꽉 찼다는 것이며 "초승달을 채울 수 있다"라는 뜻이다. 우리 인간에게 이렇게 달에서까지도 살아가는 방법을 배울 수 있다.

여자가 복스러우면 둥근달을 보는 것처럼 느낄 때가 있다. 요즘에 우리 백성은 초승달이다.

앞에서 얘기했듯이 초승달은 앞으로 얼마든지 채울 수 있다는 얘기다. 과연 우리나라는 어디서부터 채워야 하는가? 우리나라를 볼 때 서민에서부터 채우는 것이 아니라 갖고 있는 사람부터 둥근달을 만들기 위해 채워 가야 할 것이다.

우리나라가 초승달이 된 이유는 세월이 이유가 아니라 우리나라 국민 하나하나가 제대로 둥근달을 보관하지 못했기 때문에 일어난 일이다.

우리 국민들이 말을 안 해도 다 알고 있는 사실일 것이다. 사람에게는 즐거움이 있다. 그리고 외로움도 있다. 하지만 외로움이 있을 때가 더 생각을 많이 하게 한다. 사람이 많은 생각을 할 수 있다는 것은 앞으로의 기대와 발전을 예언하는 것이다.

우리는 과연 둥근달을 만들기 위해 무엇을 했던가?

우리는 과연 둥근달을 파괴하지는 않았던가?

그렇다. 일부러 파괴하거나 노력을 안 한 것도 아니다. 모든 국민이 책임져야 할 과제는 아니련만 우리는 다 같이 둥근달의 모양을 만들기 위해 노력해야 할 것이다.

하늘에서는 둥근달을 보고 이렇게 말한다.

대한민국 국민에게 다시 한번 보여주라고….

언젠가 필자는 달을 보며 눈물을 흘린 적이 있다. 달이 사람에게 슬픔을 줄 것 같지만 기쁨의 눈물을 안겨 줄 때가 더 많다. 여러분은 지금 세상에 살고 있는 것만으로도 감사하게 생각을 하고 살아야 한다. 사람이 생각할 수 있기 때문에 다시 소생할 수 있는 것이지 생각할 수 없다면 소생이라는 문자도 없었을 것이다.

우리의 현 위치는 그리 큰 욕심은 없다. 그저 국민 각 개인이 우리나라를 어떻게 하면 잘 살 수 있게 만들까 하고 생각하고 있다. 그러나 아직도 어느 한 구석에서는 자기 자신 만을 생각하고 자기 이익만을 생각하고 자기 이익을 추구하기 위해서 수단과 방법을 가리지 않고 살아가는 사람이 많다.

우리는 둥근달을 보며 다시 한번 생각해 보아야 할 것이 많다.

둥근달의 정체는 우리가 쉽게 접할 수 있는 정체는 아니다. 그 뜻은 쉽게 둥근달이 될 수 없다는 말이다.

필자는 어릴 때 지금은 그렇지 않지만 둥근달을 보면 둥근 빵이 생각난다. 그런 말이 있지 않은가? 눈물 젖은 빵을 먹어본 사람이 아니면 사람이 살아가는 방법을 쉽게 터득하지 못한다고….

필자가 학교에 다닐 때는 옥수수 빵이 지금의 피자처럼 유행이었다. 점심을 못 싸간 필자는 양호 선생님이 제일 미웠다. 왜냐하면 빵을 나눠주다 보면 조각이 난 것이 내 눈에 보인다. 내가 더 먹고 싶어 할 때 눈치를 못챈 게 미웠다는 것이다. 사실은 미워할 필요는 없는데 말이다.

요즘 세대는 옥수수 빵은 구경도 못했을 것이다.

필자는 피자를 싫어한다.

왜냐하면 지금은 어릴 때가 아니니까….

만약에 초등학교 다닐 때 피자가 있었다면 필자의 얼굴은 엉망진창이 됐을 것이다. 배고픔에 못 이겨 얼굴 전신에 묻혀 단벌 신사 옷에도 나중에 먹을 것인지 몰라도 치즈가 여기저기 묻어 있을 것이다. 걸어가다가 옷에 묻어 있는 것을 보고 손가락으로 맛있게 찍어 먹었을 것이다. 그만큼 초등학교 땐 먹을 것이 궁했다.

이런 글을 쓰는 이유는 필자의 예전 모습을 보여주려는 게 아니고 달에 대해서 얘기하다 보니 옛날을 회상했다. 누구든지 달을 보면 지나간 과거가 생각날 것이다. 이런 노래가 생각난다.

과거는 흘러갔다.

가사를 조금 접해보면….

"즐거웠던 그 날이~ 올 수 있다면 까맣게 멀어져간 옛날로 돌아가서 지금의 내 심정을 전해 보련만…."

그렇다. 누구든지 과거는 있는 것이다. 물론 좋지 않은 과거는 생각하기도 싫을 것이나, 사는 게 좀 나아지면 생각하지 않아도 과거가 저절로 눈앞에 어른거린다. 우리는 항상 과거 속에 사는 것이다.

왜냐하면 과거가 있으니 현재가 있지 않은가?

이제 바야흐로 21세기를 앞두고 있다. 과연 앞으로 올 둥근달의 모습은 우리나라를 위해 저녁이 되면 항상 떠 줄 것인지 궁금하다.

참, 우리나라는 달이 세 개 다 떴으면 좋겠다. 하나는 전등불 밝히는 데 쓰고, 하나는 남녀가 사랑을 속삭일 때 쓰고, 또 하나는 경제를 위해 고생하는 근로자를 위해 떴으면 좋겠다.

달에게 물어보았다.

달은 여자다. 여자이기 때문에 항상 빛을 못 본다. 여자가 3명 있으면 빛을 못 본다는 뜻이다.

우리나라에는 여자 관료들이 적다. 다시 말해 여자 관료들이 많으면 달 때문에 안 되는 것일까?

요즘엔 여성 상위 시대가 아닌가.

달은 우리에게 많은 의미를 부여한다.

필자는 매일 밤 달을 보며 기도를 한 적이 있다.

달이 뜨는 날보다 달이 뜨지 않는 날이 필자에게는 더욱더 고독이었다. 왜냐하면 산에서 기도할 때 달이라도 떠 있으면 친구가 되는데 달이 없으면 외톨이가 됐다. 이렇게 필자에게는 달이 절실한 친구였다.

달이 나에게 준 교훈은 우선 인내심을 키워주고 마음을 비우게 만들었다. 또한 외로움도 다 가져갔다. 가만히 생각해 보면 달나라 가는 길이 확실하게 열릴 때 제일 먼저 고맙다고 할 사람이 바로 필자인 것 같다.

항상 사람에게는 감사하는 마음이 있어야겠다. 불행인지 다행인지 몰라도 필자는 사람에게 보다 모든 자연 속에 있는 나무라든가 지금 말한 달이나 또 동녘에 뜨는 해나 여러 가지 자연적인 것들의 도움을 많이 받은 것 같다. 스무 살 정도 되던 해에 그 때부터 지금까지 이십 년 이상을 도와준 것 같다.

우리나라는 삼면이 바다다. 더 큰 땅 덩어리에서 태어났다면 필자가 여기 이 자리에 없었을 것이다.

하늘과 돌아가신 어머니에게 감사를 드린다.

우리는 이제 지역적으로 그 땅의 형국을 달에서 바라본 것 같이 읽어보자.

◎ 서울은 "중심이라는 뜻"이며 "움직이지 않는다"는 뜻도 되고 "망가지지 않는다"는 뜻도 된다.

◎ 구리는 "섞여진다"는 뜻이다. 그래서 여기저기서 국민이 섞여 살 수 있는 땅이다.

◎ 전라남도 광주를 보면 "생성은 되지만 지혜가 부족해 가슴이 좀 답답한 기운이 돈다"로 보인다.

◎ 경상북도 안동을 보면 "그림을 잘 그리는 도시"로 보인다.

◎ 충주를 보면 큰 산이 없어 "어깨가 축 처진 것처럼" 보인다.

◎ 경기도 동두천을 보면 "빨간 사과"만 보인다.

◎ 충청남도 대전을 보면 "여자가 땅으로 보이며" 대전은 "한복을 입은 모습"이다.

◎ 경상남도 진주를 보면 "머뭇거리지 말고 살아라" 하는 땅이다.

이렇게 지형적으로 말할 수 있다.

또한 계룡산 근처에서 정도령이 나온다 했는데….

누구나 정도령(正道靈)이 되어야 한다. 달에서 보면 웃긴다 한다. 말로는 표현할 수 없는 희한한 일들이 하늘에선 벌어진다. 그것을 별들의 전쟁이라고 한다.

필자는 박사가 되지 않은 게 또 공부를 하지 않은 게 다행이라고 생각했다. 만약 내가 박사이거나 공부를 많이 했다면 하늘에서 이런 글을 내릴 때 과연 이런 글을 믿고 썼을까 하고 말이다.

또한 필자가 공부를 많이 했다면 이런 멋진 생활을 할 수 없었을 것이다. 어제도 오늘도 달을 보며 집에 있는 우리 어머니들은 자식 걱정이다.

우리는 둥근달을 그냥 보지만 우리를 보며 둥근달은 눈물을 흘리고 있을 것이다.

관상으로 본 세상

사람의 얼굴은 마음을 표현하는 것이다.

마음을 읽을 수 있는 것이 사람의 얼굴이다.

수많은 얼굴이 있다. 눈·코·귀·입 여러 모습 속에 사람의 팔자가 들어있다.

요즘의 여자들은 자기 얼굴에 만족을 느끼지 못하고 사나 보다. 참 이상하다. 하늘에서 보낸 얼굴을 누구에게 허락받고 수술을 한 것인가? 사람의 얼굴은 그 사람의 기둥이다. 기둥을 함부로 손을 대면 문제가 생긴다.

눈은 지붕이다. 코는 조명이고 입은 대문이다. 어느 곳이든 조화가 잘 이루어져야 한다.

다시 말해 눈은 붕괴 되지 않게만 하면 된다.

코는 거꾸로 달지만 않으면 된다. 입은 너무 가볍게 달면 안 된다.

사람의 얼굴은 한 마디로 그 사람의 집이라고 할 수 있다. 집은 제대로 갖추어야 손님을 잘 모실 수 있다. 우리는 집을 마련하기 위해 하루하루 열심히 산다. 우리나라 현실을 보면 30평 정도 집에서 살려면 결혼하고 정상적으로 돈을 모은다면 적어도 30년 정도 걸릴 것이다.

그래야 내 집을 마련할 수 있다는 얘기다. 그것도 아이를 하나 정도 낳았을 때의 이야기다. 둘 이상 낳았을 때는 달라진다. 겨우 맞벌이를 해야 집을 마련한다.

요즘 우리나라의 관상은 웃음이 사라진지 오래다.

사람의 얼굴을 보면 그 사람의 생활수준이나 그 사람의 성격도 어느 정도 나온다. 하지만 요즘은 사람의 표정이 거의 똑같다.

씁쓸한 관상? 어머니가 만들어 주었을 때는 환한 얼굴이었으나 요즘 사람의 관상은 씁쓸한 관상이다.

세상에는 수많은 관상이 있다. 다시 말해 사람의 관상은 그 사람의 모든 것을 알 수는 없지만 대강 답은 나온다는 말이다.

사람의 얼굴에는 점수가 있다. 눈은 10점이다. 코는 20점이다. 입은 30점이다. 그리고 마음은 50점이다. 그래서 얼굴이 아무리 잘생겼다 하더라도 마음이 50점이기 때문에 모든 사람이 마음을 보는 것이다.

서민들의 마음은 요즘에 원점일 것이다. 원점이란 것은 0점이란 뜻이다. 50점이란 감투를 쓰고 살아야 하는데, 0점이라는 것은 그만큼 마음에 여유가 없다는 것이다.

얼굴에 사람의 팔자가 들어 있다는 말은 그 만큼 사람의 얼굴이고 사람의 모든 것을 대변하지는 못하지만 60% 정도 대변한다.

사람의 얼굴엔 수많은 세계가 있다. 다시 말해 수만 가지의 표정이 있다는 말이다. 그 표정 하나하나가 그 사람의 인격을 나타내고 표정 하나가 그 사람의 미래를 나타내기도 한다. 그러므로 언제나 즐거운 표정으로 산다면 그 사람의 미래는 확실히 열 수 있다는 것이다.

얼굴은 기후를 나타낸다. 남으로 하여금 쌀쌀하다 라는 말을 듣고 산다면 그것은 그만큼 자기 자신이 손해를 볼 수 있다는 말이다. 긍정적으로 살면 사람의 얼굴은 언제나 미래가 밝을 것이다. 거울을 보자. 지금의 내 모습을 성장하고 있는 내 모습을 말이다. 우리의 거울은 대한민국이다. 과연 대한민국의 거울은 다시 붙일 수 있는 것일까? 그것은 거울의 주인이 붙여야 된다고 본다.

우리는 이 시대에 가장 어울리는 거울의 주인이다

그렇다. 우리는 거울의 주인이다.

거울 주인은 거울을 깨끗이 닦아야 한다. 얼굴만 닦는 것이 아니라 거울도 새 것으로 만들어야 한다.

잠을 자고 일어나서 세수를 안 한 자기 모습을 본 적이 있는지 모르겠다. 사람은 자고 일어나면, 분명히 자기 얼굴을 한 번쯤 거울을 통해 볼 것이다.

사람에게는 아침 11시가 가장 자기에게 맞는 얼굴을 갖고 있다. 요즘 여성은 밥 먹는 시간보다 화장하는 데에 시간을 더 소비한다.

사람의 얼굴을 시간 별로 본다면 아침에 일어나는 얼굴은 망가진 얼굴이요. 이를 닦는 시간은 계획하는 시간이요, 그리고 세수하는 시간은 희망의 시간이다.

아침을 먹는 시간은 미안한 시간이요, 출근하는 시간은 겁나는 시간이요. 회사에 있는 시간은 고민의 시간이다. 텔레비전을 보는 시간은 답답한 시간이요, 저녁 먹는 시간은 고요가 흐르는 시간이다. 그리고 잠자리에 들어가는 시간은 기도하는 시간이다.

이렇듯 우리나라의 요즘 살아가는 모습을 보면 우리나라의 현실을 알 수 있을 것이다.

호랑이가 살고 있었다. 호랑이는 이리저리 먹을 것을 찾아다녔다. 그때에는 먹을 것이 많아 호랑이는 밥도 안 먹고, 버린 적이 있었다.

세월이 흘러 먹을 것이 없어 민가로 내려와 음식을 훔쳐 먹은 적이 있었다. 우리에게 많이 있을 때를 다시 생각하게 했다. 지금은 남의 것을 먹어야 되는 실정이다. 금년은 닭 해다. 옛날에 얻어먹던 호랑이처럼 공교롭게도 똑같이 금년엔 남의 것으로 살고 있다.

요즘 사람의 관상은 제대로 된 얼굴이 드물다.

하늘에서 나라의 형국을 보고 그 나라의 미래를 보면 중국은 멀지 않아 물난리가 나는 형국이고, 인도는 세상에서 가장 마지막으로 남는 도시가 될 것이며, 일본은 자살하는 사람이 많을 것이며, 스페인은 나라 정세가 흔들릴 것이며, 독일은 나무로 인해 돈을 많이 벌 것이며, 덴마크는 미인이 많이 나올 것이며, 필리핀은 나라가 점점 기울 것이며, 멕시코는 기온의 차이가 많아질 것이며, 파키스탄은 우리나라처럼 실업자가 늘어날 것이다. 그리고 미국은 앞으로 3년간은 태평성대 할 것이다. 물론 태평성대라는 말은 정치가 아니고 경제란 뜻이다.

우리는 사람의 얼굴을 돈으로 잘못 평가한 때가 많다. 우리는 돈 많은 사람을 부러워하며 사는 편이다. 돈으로 사람의 수준을 나타내는 세상, 돈이면 안 되는 것이 없는 세상, 돈이면 다 된다고 믿는 세상이 요즘 세상이다. 요즘 여자들은 돈이 없으면 자기 마음을 파는 것이 아니라, 자기 얼굴을 팔고 있다.

그것도 미성년자가 팔고 있으니 참으로 놀랄 일이다.

우리는 하루에도 여러 가지 형국의 관상을 보며 살아가고 있다. 물론 자기가 마음에 드는 관상만 보고 살면 좋겠지만 그렇지 않은 게 흠이다. 우리는 관상으로 그 사람의 모든 것을 알 수는 없지만 그 사람이 걸어온 길을 볼 수 있다.

우리 얼굴은 한편의 소설이다.

어릴 때 얼굴은 해맑은 얼굴이다.

다섯 살 때 얼굴은 뭔가 도전하는 얼굴이다.

열세 살 때의 얼굴은 의젓한 얼굴이다.

스무 살 때 얼굴은 책임을 져야하는 얼굴이다.

서른 살 때 얼굴은 발전된 모습의 얼굴이다.

마흔 살 때 얼굴은 미련없이 살아온 얼굴이다.

쉰 살 때 얼굴은 조상을 생각하게 하는 얼굴이다.

육십 살 때 얼굴은 다시 시작하게 하는 얼굴이다.

칠십 살 때 얼굴은 부서지는 얼굴이다.

과연 지금 우리는 어느 얼굴인가?

지금 써놓은 글이 본인한테 맞는가?

필자는 이렇게 얼굴을 표현하면서 하늘에게 물어보았다.

"왜 사람에게 얼굴을 제각기 만들어 놓았냐고?"

사람은 서로 다 틀리게 태어난다.

아침에 태어나는 사람

점심때에 태어나는 사람

새벽에 태어나는 사람

밤에 태어나는 사람, 이렇게 틀리게 태어난다.

어머니의 아픔도 모르면서 태어난다.

하늘은 세상 사람을 똑같이 만들지 않은 게 어떻게 보면 다행이라 생각한다. 우리는 사람의 얼굴을 보며 그 사람을 평가한다.

사람의 얼굴은 그 사람의 모든 것이 아닌데도 평가하는 것이다. 우리는 대학교를 나와 취직을 할 때도 제일 먼저 반명함판 사진을 준다. 거기에 자기의 경력도 쓰게 되어 있다. 아무리 경력이 좋아도 학력이 좋아도 얼굴이 별로면 취직하기가 힘들다.

특히 여자에게는 더한 것 같다. 여자 키가 1미터65센티미터 이상이 되어야 취직이 되고 거기에다가 얼굴도 자기 자신이 책임을 질만한 얼굴이 되어야 취직이 된다. 사회는 냉정한 것 같다.

조금 얼굴이 못생기면 외면한다.

얼굴이 예쁘면 돈을 버는 세상이고 얼굴이 조금 모자라면 돈이 들어가는 세상이다.

코 수술하는데 오십 만원 이상이 든다 한다. 눈 수술 하는 곳은 잘하는 곳에서는 이백 이상이 든다 한다. 거기에다가 턱을 깎는 수술을 하면 웬만한 사람은 1년치 월급이다.

과연 그것이 옳은 일인지 모르겠다. 필자의 코는 어머니 뱃속에서부터 나올 때처럼 그대로다. 요즘엔 남자도 성형수술을 한다. 물론 도저히 볼 수 없는 얼굴이라면 권장하고 싶다.

그러나 그런 얼굴이 아니라면 수술을 안 하는 게 훨씬 보기 좋을 것 같다. 못생긴 여자랑 애기하면 대화가 안 되나 보다. 오히려 예쁜 여자와 대화하면 남자들은 부담이 된다. 이것을 볼 때 여자들은 못생긴 것이 훨씬 남자에겐 부담이 없다.

필자는 이십세 이후로는 어디에 취직한 적이 없다. 만약 취직을 하러 갔다면 키 때문에 취직이 안됐을 것이다.

요즘에 남자 키를 보면 내가 '팔짝' 뛰어도 어깨도 안 닿는 사람도 많다. 필자의 키는 164cm이 조금 넘는다. 그러나 얼굴과 키 때문에 사회에서 손해 보지는 않았지만 키와 얼굴로 인해 피해를 보는 사람이 많으니 필자는 참 다행이라고 생각했다. 하늘에선 얼굴이나 키를 보지 않는다.

어느 사명을 주든지 그저 열심히 하는 것과 진실하게 하는 것과 기분 좋게 일을 할 수 있는 사람이라면 여러 가지 조건을 따지지 않는다. 물론 얼굴이나 키도 중요하지만 우리나라는 아직까지도 장애인이 취직하기가 여간 힘든 게 아니다. 키와 얼굴을 따지는 데 장애인까지 차례가 언제 돌아올 수 있을까?

필자는 하늘에 감사하며 산다.

하늘에 취직을 했으니까 말이다.

하늘에서 월급을 받고 있다. 능력대로 받는다.

하늘은 갑근세도 없다. 그리고 부가가치세도 없다.

순수하게 열심히 하면 열심히 하는 대가를 받을 수 있다.

이것이 하늘의 월급이다.

요즘 회사의 얼굴은 엄청 찌그러져 있다.

언제 환한 웃음으로 좋은 얼굴로 변할 수 있을까?

걱정이 앞선다. 부도라는 얼굴을 자주 본다.

부도가 친정집 얼굴도 아닐 텐데 왜 자꾸 보여주는지 모르겠다. 부도라는 얼굴이 원수졌다면 안 보고 살 텐데….

한 회사가 망가지면 줄줄이 연쇄부도가 난다. 그러므로 한 사람의 찌그러진 얼굴이 다음다음으로 이어지는 얼굴로 되어버린다. 우리의 얼굴은 지금 정상이 아닌 얼굴이다. 어쩌면 영원하지 않은 부도이기 때문에 다음날을 기대하며 산다.

어느 산의 초입을 들어설 때 반갑게 맞아 주는 얼굴이 있다. 보이지 않는 얼굴이지만 입구에 있는 말이 그 산의 얼굴을 대신 얘기해준다.

우리나라는 산마다 다 다른 얼굴을 가지고 있다.

태백산은 할아버지의 얼굴이다.

거기에 가면 하늘의 기를 많이 받을 수 있다. 높은 영이 있기 때문이다.

한라산은 여자 산이다. 여자 얼굴을 하고 있기 때문이다. 그래서 꽃축제를 많이 한다.

백두산은 우리나라의 대표적인 산이며, 대표적인 얼굴이다. 그리고 제일 큰할아버지다.

일본에 있는 후지산은 할머니 산이다. 백두산에 있는 할아버지와 후지산에 있는 할머니는 영적으로 결혼을 한 산이다.

도봉산은 장군 산이다. 사업이 안 되는 사람은 도봉산에 가서 기도를 한다면 사업이 잘될 것이다.

그리고 수락산은 할머니 산이라고 한다. 거기는 약사 산이다. 아픈 사람이 가서 기도를 하면 병이 낫는다.

전라도 산청에 천왕할매라는 곳이 있는데 애기를 못 낳는 사람이 기도를 하면 예쁜 아이를 가질 수 있다. 그리고 원주 치악산에 가면 서울의 수락산과 마찬가지로 약사할머니 산이다. 몸이 불편한 사람은 가까운 곳을 선택해 가면 좋을 것이다.

현재 삼각산에는 잡신이 우글우글하다. 함부로 기도한다면 잘못되는 경우가 많다.

그리고 강화도 마니산의 얼굴은 모든 얼굴을 다 가지고 있다. 사람을 편하게 만드는 산이다.

해운대는 우리나라의 제일 큰 용왕이 사는 곳이다. 어머니 용왕이다. 다시 말해 여자 용왕이라는 뜻이다. 거기에 가서 기도한다면 다리가 아픈 사람이 금방 나을 수 있다.

동백섬 쪽으로 가서 기도하면 더 큰 기운을 받을 수 있다. 필자는 기도를 다니면서 많은 얼굴을 만났다. 스님도 만나보고 보살도 만나보고 무당도 만나고 목사도 만나고 아주 많은 얼굴을 만난 적이 있다. 사람이 살면서 평생 몇 명의 얼굴을 보면서 사는 건지 숫자는 셀 수 없으나 분명 맘에 드는 얼굴은 몇 안 될 것이다.

강원도 경포대는 선녀용왕이다. 그래서 나이가 든 사람보다 젊은 사람이 많이 오는 곳이다. 경포대에서 기도를 하면 이혼하는 확률이 적고 좋은 배필을 만날 수 있는 곳이기도 하다.

우리는 가끔 여행을 가는 사람을 볼 수 있다. 그러나 여유가 없어 못가는 사람들도 많다.

여러분은 무의미하게 여행하지 말고 그 뜻을 알고 다닌다면 한 층 더 여행하는 재미가 있을 것이다.

사람에게는 누구든지 다 좋아하는 스타일이 다르다. 그것은 신명이 각기 다르기 때문이다. 특히 조상신은 얼굴이 환하지 않은데 비해 천신은 피부도 좋을 뿐만 아니라 얼굴이 밝다.

결혼을 앞둔 젊은 처자들은 밝은 얼굴의 모습을 갖고 있는 사람과 결혼하면 미래가 밝을 것이다. 하루에 세 번씩 이빨을 보이며 살자.

웃다보면 이빨이 보일 것이다. 세상에는 웃음이 없는 곳이 많다. 특히 교도소가 그럴 것이다.

여러분은 죄인의 표정을 많이 보았을 것이다. 우리는 죄인의 얼굴을 볼 수 없는 세상을 만들어야 하겠다.

참성단에선 무슨 일이

지금 참성단은 많은 사람이 찾는 곳이다. 국조단군이 천제를 지낸 곳으로 우리 민족을 위해 기도를 하신 곳이다. 한국의 기운을 바로 알 수 있는 곳이 참성단이기도 하며 세계에서 기운이 제일 좋은 곳이다.

우선 대통령이 이곳에서 천제를 지내는 것이 마땅하며 국민이 잘 살 수 있도록 하늘에 부탁을 해야 하는 곳이다. 특히 대통령은 하늘에서 만들기에 자신을 위해서라도 1년에 두 번 정도는 해야 하는 데 그것이 어렵다면 개천절이라도 기억했다가 국민을 위하는 마음으로 하늘에 절을 해야 한다. 그것이 근본이다.

그러나 우리나라는 대통령이 개천절 날 건국을 축하하는 의미에서 개천절 행사에 참여하는 것이 보기 좋은 것이며, 대한민국의 국민이나 하늘도 기뻐할 것이다. 알다시피 참성단은 모든 국민을 반가워하고 기를 주고 싶어 하는 산이다.

강화도는 기가 좋아서 어느 사람이든 갔다가오면 좋은 일이 생길 것이다.

몸에 병이 있어 고생을 하는 사람이 있다면 참성단의 기운을 받아 치유를 했으면 한다. 또한 집안에 우환이 있다면 한번쯤 강화 참성단에 시간을 내어 갔다 온다면 외포리도 구경하고 바다도 구경하고 서울 근교에 있는 휴양지로 손꼽는 석모도를 구경한다면 맛있고 싱싱한 회도 먹고 먹거리를 사올 수 있다.

이제 여러분들은 강화마니산 참성단의 기운을 받아 살아가는데 도움이 되었으면 한다. 난 여러분들에게 이렇게 권하고 싶다. 기를 하거나 기공을 공부하는 분이나 영적으로 공부하는 사람들이 있다면 참성단에서 기운을 느껴보라. 우선 마음의 자세가 중요하다. 지금 어렵다면 기억했다가 한번 천기를 느껴보라.

그리고 마니산 입구에 있는 웅천선원 단군성전을 찾는다면 단군할아버지의 기운을 받을 수 있다.

마음의 홍수

어쩌나 어쩌나 할 때가 많았다.

이제는 이제는 웃는다. 웃는 것도 내 마음이 아니다.

기분이 살아난다. 하늘의 기운이 들어오면 누구나….

그런데 마음의 홍수는 누구나 가질 수는 없다.

마음의 홍수는 신명이 많이 들어올 때를 말하는데 그것을 지탱하는 힘이 없다면 신명의 힘에 눌리어 제정신이 아닐 때가 많다.

그때는 신명을 다스릴 줄 아는 기운이 들어있어야 하는데 자신의 주신이 좌정을 안됐을 때를 말하는 것이다. 그래서 주신이 들어와서 안심을 할 때 자리를 잡게 되는 것인데 그때에는 많은 신명이 들어온다 해도 모두 다 소화를 할 수 있다. 그러므로 자신의 주신이 없다면 무엇인지 헷갈린다.

다시 한번 말하지만 신명공부나 영적공부를 하기 위해선 신명을 볼 줄 알아야 한다. 어떠한 것이 들어있는지를 알려면 우선, 상대방의 신명을 자신의 내면으로 끌어야한다. 그리고 나서 그 신명을 다독거려 실토를 받는다.

그래서 신명을 읽어 내리는 것이다. 그것이 사람의 내면을 읽어 내리는 것이다. 사람이 사는 것과 같은 것이다. 쉽게 말하면 신과 영을 조사하는 것이며, 경찰서의 조사관과 같은 것이다. 그래서 잘못된 신과 영이 있다면 그것을 마음 밖으로 내 보내는 일인데 재판관이 재판을 해서 결정이 되면 인간이 모르게 나쁜 기운을 보내는 것을 바로 천도라 하는 것이다.

부러운 생활

돈이 많다고 행복한가?

물론 없는 것보다는 편안하다. 다만 모든 것이 편안하지는 않다. 편하기 위해서는 물질 외 필요한 것이 많다는 것을 깨달을 때 인간의 승리가 오는 것이다.

나는 이렇게 생각한다. 명절에는 제사할 때가 있고 우울할 때는 친구가 있고 외로울 때는 외로움을 달랠 수 있는 장소나 공간이 있어야한다.

우울할 때나 외로울 때에 여러분은 어떻게 시간을 보내는가?

다 알겠지만 여행이 최고다. 그래서 신명들을 위해서 여행을 하는 것이다. 신명은 우주를 가고 싶어 한다. 그러나 인간은 마음뿐이다. 그래서 신명을 알아야 이러한 사실을 알 수 있다. 그러나 과학으로만 증명하려는 자세가 신명을 다루는 사람들에게는 어울리지는 않지만 분명 신명이나 그런 기운을 아는 사람은 이해가 되며 앞으로는 누구나 영적원리를 알아야 하며 그 사실을 무조건 부정하거나 무시하면 안 되는 것이다.

인간이 살아가면서 신명과 같이 살아간다는 것을 60세 정도가 되면 그 원리를 저절로 알게 되는데 그 나이에는 어떠한 것도 행동으로 옮기기가 어렵다. 그러므로 신을 다스릴 줄 알아야 살아가는데 도움이 되는 것이며 진작 왜 이런 것을 몰랐을까 하는 경우가 많다.

사람이 다른 사람보다 부러운 생활을 한다는 것은 돈이 아니라 신명과 같이 살아간다는 것을 이제는 대강 알았을 것이다.

이제 여러분들은 신의 세계를 안다면 어떤 것이든지 부드럽게 풀 수 있다는 것을 터득하게 되며 인간의 머리로는 풀 수 없는 정신세계로 갈 수 있으며 정신으로 무장을 한다면 누구보다도 부러운 생활을 할 수 있기에 다른 사람보다 앞서가는 생활을 한다.

사람이 부를 위해 사는데 결국 신명의 도움을 받을 때 이루어지는 것이다. 그렇지 않고서는 큰 보람이나 부를 가질 수 없다. 그래서 인간은 가끔 조상이나 산신, 용왕 그리고 하늘에 제를 지내는 것이다.

그렇게 본다면 사람은 제를 지낼 때 마음이 가장 편해지기에 제를 많이 지낼수록 좋다는 것을 말하고 싶다.

환경 탓을 하지마라

지금도 자신을 모르고 남의 탓을 하고 사는 사람이 많다.

그것은 왜 그럴까?

그 이유는 자신과 사는 사람이나 근처에 있거나 같은 환경 속에 사는 사람이 기운이 맞지 않아 그런 것인데 상대방을 오히려 잘못 행동하게 하면서도 그 기운을 바로 잡으려 하지 않고 미워하고, 원망하고, 무서워하며, 사는 것으로 인해 상대방의 신명이 날뛰는 것이다.

그러므로 사람이 술을 먹고 행패를 부리거나 도박을 하거나 하는 것은 잡신이 들어서 그런 것이니 술을 마시고 행패를 부리는 사람과 도박을 하는 사람에게 인간적으로 대한다면 그것은 오히려 화를 불러오게 하는 것이다.

상대방이 제 정신이 아니라면 무슨 말을 하더라도 이해를 하는데 자기의 정신이 아닌 사람에게 말하는 것은 자기 자신이 정신이 없어서 그런 것과 같다.

지금도 속상하고 괴롭겠지만 이유가 무엇인지 밝혀야 하는데도 오히려 귀찮다고 생각하는데서 그런 현상이 계속되는 바람에 집안은 불안에 쌓여있다.

그래서 사람은 숙명도 무시 못 하지만 운명도 무시 못 하는 것이다. 운명은 스스로 개척해 나가는 것이기에 자신이 어떻게 환경을 만들어 나가느냐에 따라서 틀려지게 되는 것이다. 그러므로 환경을 어떻게 만들어 나가느냐에 따라 달라지듯이 큰 변화를 가져온다. 이것이 신명을 다루는 일이다.

인간이 알기에는 어려우나 그것이 신명을 다루는 것과 같다. 이제는 여러분도 그러한 방법을 알아 살아가는데, 지혜로 사는 것을 터득하는 것이다. 이렇게 자연스럽게 하는 방법도 있는데 사람은 환경 탓을 하니 어처구니 없을 때가 있다.

신명을 다루는 일은 어린아이처럼 다루는 것을 말한다.

나도 환경 탓을 누구보다 많이 한 사람이다. 그런데 나는 하늘에서 나를 따뜻하게 해주었기에 이런 길을 가고 있는데 이제 보니 모든 것은 자신의 마음을 어떻게 먹고 있느냐에 따라서 달라진다는 것을 알았다.

환경 탓을 하는 것은 자신이 없는 것이지 환경을 바꿔야 한다는 마음을 먹으면 마음이 스스로 치유가 될 것이다. 가난해도 공부를 잘하는 학생이 있는가 하면 나쁜 짓을 하는 학생도 있다.

요즘 산다고 하는 집안에 거짓으로 수능을 본 학생들이 있는데 그것은 부모의 교육문제이다.

이렇게 알듯이 환경을 탓하는 것은 좋은 것은 아니다.

자신이 마음을 바로잡으면 된다.

집으로 집으로 집으로

이제 우리는 어떤 집을 가져야 하나. 우리는 3종류의 집이 있다. 하나는 우리가 침식을 하는 집이 필요하고, 또 하나는 직장이 있는 집이다. 마지막으로는 하늘에 있는 집이다.

나는 하늘에 있는 집에서만 살다가 이렇게 침식을 할 수 있는 집에서 산다. 그동안 하늘의 학교에서 여러 가지 공부를 하고 내려왔다. 하늘학교는 자율학교다. 그래서 내가 하고 싶은 공부를 자연스럽게 할 수 있다.

이제 여러분들의 집을 어떻게 꾸며야 하는지 알려주고 싶다. 우선 자유가 있어야 한다. 그러나 요즘 자유가 없다. 아이들은 화난 모습의 부모님이나 찌그러진 얼굴만 보고 있다 거기에서 무슨 자유가 있겠는가?

평화가 사라졌다. 평화는 가정으로부터 시작을 해야 한다. 그러나 어떤가. 평화라는 것은 스스로 자신의 이기주의를 버리고 보여주는 것이므로 서로의 대화를 존중하며 합의를 이루어야한다. 이것을 중심으로 살아야 한다.

그렇게 사는 집이 얼마나 있을까? 나도 그렇게 산적이 없는 것 같다. 그러한 세상을 만들고 싶어 글을 쓰는 것이다.

그리고 직장을 가지고 사는 집이 있는지가 궁금하다. 지금 직장이 없어 하나의 집을 구하지 못한 사람이 많이 있다. 또한 마지막으로 하늘의 집을 마련한다면 그 사람은 세 가지의 집을 완성했기에 모든 것이 완성될 수 있다.

필자가 살아오면서 침식을 할 수 있고 또한 직장의 집을 가졌다면 하늘의 집을 가질 수 없었다. 다만 어떤 집을 갖고 있든지 열심히 살아야 한다. 집에 있는 개도 자기 집이 있는데, 특히 동물 중에 개를 좋아하는 사람은 큰집을 내주는 사람도 있다.

어떤 것이든지 집이 필요하다. 난 하늘에서 내 집을 찾았다. 나 같은 기운을 가진 사람들은 하늘의 집을 찾아야한다. 그래서 하늘의 집을 가지려고 영적인 공부를 하는 사람이 많은 것이다.

하늘은 언제나 분양을 한다. 단 주인의 말을 듣기로 약속을 하면 훨훨 날아갈 수 있는 집을 준다. 어떤가?

훨훨 날아갈 수 있는 집을 구하고 싶은가? 부동산은 내가 대신할 수 있다. 나는 하늘의 공인중개사이다. 땅의 중계사도 시험이 어려워서 하기 힘든데, 하늘의 공인중개사는 얼마나 어렵겠는가? 그렇지 않다. 자신이 참나를 찾으려고 노력한다면 자격시험이 정해진다.

하늘의 집은 보증금도 없고, 집세도 안받는다. 그 대가는 나라와 민족을 위해 일하는 조건이다. 단, 조상을 앞세워 일을 할 때 집세를 안받는다.

어떤가? 하늘은 주인이 따로 없는데 분양을 받을 생각이 있는가. 이제 여러분들은 이미 계약한 것과 같다. 들어가는 날짜는 여러분들이 정하는 것이다. 작은 것부터 얻어서 영적인 공부를 하자. 그것이 나라를 살리는 일이다.

하늘은 집은 구하기 쉽다. 나는 하늘에 백스물 한 집을 분양해 놓았다. 언제 분양이 될지 그것은 우주에서 결정한다.

그 집의 주인은 우주이기 때문이다.

내가 바라는 세상

감히 내가 바라는 세상이 있다면 이렇게 말하고 싶다.

먼저 나눔을 하는 나라, 서로 웃는 나라, 그리고 서로 위하고 사랑하는 나라, 인류를 구원하는 나라가 되었으면 한다.

인류를 구원하는 것은 다른 것이 없다. 알다시피 한마음이 되어서 살아가야 한다. 한마음이란? 우주의 마음을 말하는 것이다. 누구나 우주를 바로 알아 깨닫는다면 세계인류는 인간의 노력 없이도 한마음으로 해줄 것이다. 그러므로 세계 어느 나라든지 깨우칠 수 있게 도움을 주는 것이다. 그것이 우리가 할 일이다. 한국이 해야 한다. 다른 나라에 기회를 주어서도 안 되는 일이며 국민이 깨우쳐 그 깨달음을 전파하는 것이다. 그래서 온 세계가 하나가 될 수 있도록 해야 한다. 나는 지금 행복하다.

북한의 김정일부터 깨달은 사람으로 거듭 태어나게 만들어야 한다는 생각을 하니 기분이 살아난다. 깨달은 이가 많아 하늘의 소리를 듣는다면 언젠가는 한국이 깨달음의 나라로 변할 것이다.

이제 우리는 변하고자 한다. “3.1운동”보다도, “동학운동”보다도, 더 큰 깨달음 운동을 해야 한다. 그 운동은 조상 잘 모시기, 국조단군할아버지 조상으로 잘 모시기, 하늘에 “효(孝)”하기 운동이다.

나는 이제 마음을 놓게 됐다. 여러 가지 천명(天明)인 운동을 한다면 이제 한국이 바로 가는 길이 보인다는 것을 느끼며 이 글을 쓰는데 하늘에 재촉하여 좀더 재미있고 온 국민이 읽어 깨달음으로 한걸음 빨리갈 수 있는 글을 내려달라고 해야겠다.

여러분들의 마음은 어떤가. 자신이 있는가?

자신이 한국을 살린다 라는 슬로건을 걸고 자신을 갖고 살자.

하늘에서 환웅할아버지가 말씀하신다.

"사랑하는 자손들아, 외로워하거나 슬퍼마라. 이제 자손에게 많은 지혜를 줄 테니 세계를 한민족으로 만들어라."

내가 바라는 세상이란 할아버지가 보는 세상을 말한다.

내면은 나를 유혹한다

악신은 내면이 잘 되는 것을 막을 때가 있다. 인간의 내면은 안과 겉으로 되어 있어 내면도 두 가지 라는 것을 알아야 한다.

좋은 것을 가지고 있고 그 또한 나쁜 것도 가지고 있는 것이 내면이다. 내면이 잘못되면 걷잡을 수 없는 일이 일어난다. 그러므로 내면이 어떻게 구성되었느냐에 따라 사람의 생각이 만들어지는 것이다. 내면의 한쪽은 참신으로 또 하나는 악신으로 아니면 숨어있는 신으로 구성되어 있다.

다시 말해 탁한 기운과 좋은 기운을 가지고 있다고 본다. 그래서 어떠한 일이 잘 되는 사람이 있는가 하면 열심히 해도 별로 성과가 없는 사람도 있는데 그렇 듯이 어떤 기운을 내면에 갖고 있느냐에, 따라서 틀려지는 것이다.

이제 내면의 세계가 대강 이러하다는 것을 알았다. 내면은 소우주이므로 그것보다 큰 것인 우주를 향해 항상 명령을 받고 산다. 탁한 기운이 있는 사람은 탁한 기운을 받는 것이며, 좋은 기운은 좋은 기운을 받는 것이다, 그래서 좋은 기운을 많이 갖고 있는 사람은 좋은 기운을 갖고 있는 사람을 만나게 되는 것이다. 내면은 자신도 모르게 항상 변해간다.

이것을 알아차리는 공부가 영성공부며 깨어있다는 것을 말하고 있는 것이며 깨어있기 위해서는 내면이 잘되어 있어 우주와의 채널이 제대로 이어질 때 이루어지는 것이다.

내면과 우주와의 만남은 그렇게 어려운 것은 아니나 인간이 모르기에 인간이 모르는 사이에 이루어지는 것이며 깨어있을 만할 단계가 될 때 알게 되는 것이기에 아무리 내면을 알려고 해도 내면이 깨어있기 전에는 볼 수 있는 것이 아니며 깨어있는 단계가 되면 '어떠한 단계가 자신을 이렇게 만들었구나' 하고 감탄을 하게 된다.

내면의 세계에 도달한다는 것은 인간 세계가 아닌 다른 세계에 도달한 것이므로 인간이 생각하는 생각을 덮어버리게 되며 자신의 의지가 아닌 진정 우주의 의식을 갖게 되는 것이다. 또한 생각과 행동이 우주의 기운을 받은대로 하게 되는데 이것을 자아의 발견이라고 하는 것이다.

이때 중요한 것은 다른 사람들이 이해하는 속도가 느리거나 이해를 못하면 오히려 우주와의 채널이 자신을 이상한 사람이나 정신병자 같은 사람으로 취급을 하는데 내면이라는 것은 그렇게 무서운 것이다. 그래서 내면이 원하는 것이 무엇인가를 알아야 하는데 그것을 모르기에 사람들은 자신의 사주가 궁금하게 되는 것이다. 내면은 인간의 일생을 기록해 놓은 곳이다. 이 때문에 내면을 모르는 사람들이 점집을 가는 것은 당연한 것이다.

그래서 누구나 점을 보는 것인데 어떤 사람은 점을 보는 것을 창피하게 생각하는 나머지 감추고 있을 뿐이다. 감춘다고 하더라도 결국 내면이 원하는 것이므로 거짓을 할 수 없는 것이다.

내면은 자신을 어떤 것이라고 유혹할 때가 많다.

편한 세상

서면 앉고 싶고, 앉으면 눕고 싶은 생각이 누구나 있다.

인간의 심리를 묘사한 글 중에 이러한 글이 있다.

그렇다. 사람은 신명이 그렇게 들어있기에 표현을 한 것이다. 편한 세상이란 내 자신이 편하다는 말이 아니다. 상대방을 편하게 하는 것이 편한 세상이며 보람을 느끼는 세상을 편한 세상이라고 말하는 것이다.

하늘은 편하게 살게 만들어 주셨다. 그러나 인간들의 생각이 편하지 못하게 만들고 편하게 살려고 한다. 이럴 때 하늘은 천재지변을 통해 인간에게 깨달음을 준다. 성경에도 나오듯이 인간에게 많은 것을 내려주셨다.

예수의 제자가 하늘을 받들고 살게 만든 것도 편하게 살기 위한 법을 알려준 것이다. 어느 것 하나 사람을 편하게 살라고 하늘은 방법을 알려 주셨다. 불경도 마찬가지이다.

불경은 인간이 업을 짓지 말고 살아야하는 법을 내리신 것이며 깨달음의 도구는 자신의 희생이라는 것을 알고 참선으로 참회를 통해 우주의 기운을 받아들여, 중생구제를 하라는 불교의 불경은 인간사 못다한 업을 닦고 가는 것이라고 말하며 수준이 있는 사람은 법화경으로 자연을 다스리고 우주만물의 법으로 사랑으로 인도하라는 뜻이 담겨있다.

이것을 볼 때 하늘에서 내린 모든 경은 인간의 마음을 다스리기에 합당한 글이다. 요즘은 마음을 다스려야 살 수 있는 세상이다. 자신의 마음을 다스려야 세상을 읽어 갈 수 있는 것이기에 마음공부를 하는 것이다. 그러므로 편한 세상을 영위하기 위해서는 마음을 다스리는 것이 나은 것이며, 마음의 풍유를 읽어갈 수 있는 것이다. 지금 마음이 편하지 않은 사람이 있다면 조그만 강이라도 찾아 물이 어디로 가는 것인가를 확인해 보자.

어려운 길을 그 강물은 마다 않고 흘러간다. 흘러가는 강은 굴곡이 있어도 바다를 생각하면서 편안을 유지하고 간다.

기도는 나를 변하게 한다

누구나 한번쯤은 기도를 해본 적이 있을 것이다. 나는 어릴 때 전도관이나 장로교회를 다니며 기도한 적이 있는데 그때는 크리스마스날에 먹을 것을 주니 잘 가는 편이였다. 지금도 교회에서 크리스마스에는 먹을 것을 어른들이 챙겨 주니 고마운 일이다.

우리는 어떤 교리도 모르면서 사람이 좋아 무조건 믿는 경향이 있다. 어떤 종교든 교리를 알고 믿음을 가져야한다.

그리고 나서 기도를 한다면 기도의 원리를 알게 되고 기도 속에 살 수 있는 생활을 하게 된다.

특히 아픈 사람이 있을 때 기도의 효과는 대단하다. 기도는 눈에 보이는 것은 아니지만 기도라는 것은 하늘과의 대화이며 믿음을 갖고 한다면 어떤 기도를 하든지 성의를 가지고 한다면 그 기도는 성과를 이룰 것이다.

나도 무조건 하늘에 매달려 20년간 기도 끝에 하늘에서 천기를 내려 능력을 주셨듯이 기도는 어느 것보다 중요하다. 지금도 여기저기서 기도소리가 들려온다. 하늘에서 접수를 한다. 물론 애절한 목소리부터 감지한다.

하늘에서는 기도를 누가 잘 하는가? 욕심은 없는가부터 측정을 한다. 욕심으로 기도를 하는 사람에겐 국물도 없다. 이것을 볼 때 하늘은 판단력이 대단하다.

그 판단력을 전수한다면 하늘은 조금 편해질 것이다. 그러나 전수는 아무나 안 해준다. 다만 하늘에서 회의를 해서 회의에 통과한 사람으로 선택을 해서 관리에 들어간다.

지금도 기도를 열심히 하는 사람 중에 선택을 했는지도 모르고 사는 사람들이 많다.

이것을 볼 때 기도는 자신이 하는 것이 아니기에 어떠한 기운을 통해서 하는 것이니만큼 그 원리를 안다면 기도의 효과는 얼마든지 올릴 수 있다.

하늘의 총을 잡아라

비와 바람과 눈이 하늘의 총이다.

비는 인간에게 머리를 숙이게 하고 바람은 우리에게 움츠리게 하고 눈은 우리에게 즐거움을 선물한다.

비는 인간에게 받는 것을 가르치는 것이요, 바람은 인간에게 나눔을 가르치고, 눈은 인간에게 안정을 가르친다. 이렇게 비와 바람과 눈은 우리에게 많은 교훈을 주고 있다.

그래서 인간은 이미 많은 것을 하늘에서 내려 받고 있다. 그러나 인간은 무지로 인해 전혀 감을 못 잡는다. 이제 여러분들은 영의 세계를 안다면 그만큼 하늘의 기운을 언제든지 스스로 느끼고 알게 되는 것이니 하늘에서 주는 기운을 남에게 방사할 수 있다.

탁한 기운은 무지를 나타내며 좋은 기운은 밝음을 나타낸다. 밝음은 하늘의 총을 다 갖고 있는 것이며 밝음을 유지하기 위해서는 바람과 비와 눈과 함께 대화도 가능해야 한다.

그만큼 비와 바람과 눈은 하늘의 비밀을 갖고 있는 것이므로 어떠한 것이든 감사의 마음으로 내리는 것에 순종과 복종을 인간은 해야 한다.

하늘의 총이란 그만큼 중요한 의미를 우리에게 "준다"라는 뜻이다.

인기가 밥 먹여 준다

집에서 가장 인기가 있는 사람은 어린아이이다.

나는 하늘에서 인기가 있어 밥 먹여 준다.

지금 이 글은 세 살짜리가 쓰고 있다.

난 영적으로 세 살이다.

그런데 하늘 말을 안 듣고 방황을 할 때 수 없이 혼났다. 왜 혼났는지도 모르게 혼났다. 그 이유는 인간적이면 왜 혼났는지 아는데 어린이는 영적이 강하기에 혼이 나고도 모른다.

여기서 나는 깨달았다. 다섯 살 이하는 영이 인간적보다 강하기에 매를 맞고도 그 기억을 못하는 것이다. 결국 그 나이가 지나서야 영적이 약해지고 인간적으로 된다. 그러므로 어린아이가 말을 안 듣는 것은 하늘의 소리를 가끔 듣고 살 때가 많아 인간적으로 하는 부모의 말은 귀에 들어오지 않는다. 이것을 부모들이 알지 못하기에 매를 드는 것이다.

그래서 어린아이가 말을 안들을 때는 그러한 현상이 아직 남아 있나를 의심해야 한다. 다만 영적이 아닌 부모들은 이해가 안 될 것이나 다섯 살이 지나면 부모가 이해한다. 그때가 되면 영적인면이 적어 인간적으로 살기에 아이가 성장을 해서 그런 줄 알고 있다.

어린이는 어딜 가도 인기가 있다.

매일같이 어린이날처럼 사랑하자.

병은 어디에서

누구든지 건강하게 일생을 마감하고 싶을 것이다. 다시 말해 건강하게 사는 것을 싫어할 사람은 없을 것이다.

과연 병은 어디서 오는 것일까?

땅에서 오는 것일까?

하늘에서 오는 것일까?

아니면 편지처럼 보내온 곳이 있다면 보낸 주소지에 책임을 물을 수 있을 것이다. 오늘은 날씨가 찌뿌듯하다. 이런 날씨를 좋아할 사람은 없을 것이다.

그렇다. 병은 날씨와 관계가 깊다. 전문적인 의사자격증이 없는 필자가 병에 대해서 쓰는 것은 다름이 아니라 현재 우리나라에 돌고 있는 병을 의사가 모두 고칠 수는 없기 때문이다. 불치의 병은 참으로 무서운 병이다.

현재 불치의 병은 민간요법이나 영적으로 고쳐야 된다고 본다. 사람의 몸에는 누구든지 기가 들어 있다. 기가 빠지면 사람은 죽을 수밖에 없다. 필자는 지금 오르간을 치며 환자를 고친다.

병이 편지처럼 왔다면 해결책이 쉬울 것이다. 그러나 그렇지 않은 것이 문제가 된다. 병은 몸에 있는 신명으로부터 온다. 누구든지 몸에는 신명이 크게 보면 14개가 있다. 그중에 1개라도 빠지면 병이 오는 것이다.

영적으로 오는 병도 있고, 죽은 사람의 영혼이 살아 있는 사람의 몸에 달라붙어 올 수도 있다. 이때는 사람 몸에 있는 영혼을 떼어내야 한다. 병은 하늘에서 열이라고 부른다. 열로 인해서 오기 때문이다. 하루에 식사를 3끼 꼭 먹는 것이 병에 걸리지 않는 최선의 방법이라 생각한다. 물론 먹는 음식에서 병을 옮길 수 있는 확률도 있다.

어린아이들이 음식을 가려먹을 때 부모님들은 속상해 한다. 그럴 필요가 없다고 본다. 사람마다 체질이 다르기 때문에 체질에만 맞으면 별 걱정이 없다고 생각한다. 우선 체질은 음과 양으로 나타낼 수 있다. 땅을 음이라 하고 하늘을 양이라 한다.

또한 음식에도 궁합이 있지 않은가? 누구든지 건강하게 살려면 일광욕을 하며 살아야 한다. 어느 정도 하늘을 보며 살아야 한다. 어느 누구든지 몸에는 물먹는 신명. 빵을 먹는 신명. 고기를 먹는 신명. 또한 술을 먹는 신명 이외에도 많은 신명이 들어 있기 때문에 신명대로 먹지 않는다면 병에 걸리기 쉽다.

술을 많이 먹는다고 또 담배를 많이 피운다고 그 사람을 나무랄 수는 없다. 몸에 있는 신명이 원하면 괜찮다는 것이다. 술을 먹는 신명이 없는데도 술을 먹는다하면 그때에는 병이 낫는 것이다. 사람의 신명대로 음식을 먹지 않으면 병이 든다는 것이다.

혈이 막히지 않게 해야 한다는 것이다.

우선 잠을 자기 전에는 밀가루 음식은 피해야 한다. 그리고 하루에 세 번 이상 손을 씻어야 한다. 왜냐하면 3번 이상 씻어야 하는 신명이 있기 때문이다. 물론 이해를 못하는 사람도 많을 것이다.

이제 병에 대한 신명을 다루어 보기로 하자.

먼저 신명이란 것은 자기 자신을 도와주는 신명이 있고 자기 자신을 나쁘게 하는 신명이 있다. 그것을 모르고 무조건 약을 투여한다면 더 안 좋은 일도 많을 것이다. 우리가 한번 생각해 보자. 똑같은 감기라 할지라도 남녀노소에 따라 증상이 다르듯이 처방도 다를 것이다. 사람의 머리는 자꾸 써야 한다. 쓰지 않으면 손에 마비가 오듯이 마비가 올 것이다.

머리의 신명은 280개나 된다. 눈의 신명은 77개나 되고 코의 신명은 48개다. 입의 신명은 120개다. 그렇다. 이렇게 많은 신명이 들어 있는 것을 모르고 사람이 살고 있다. 그래서 사람의 신명이 얼마나 중요한지 모른다. 아무리 건강한 사람일지라도 자랑은 금물이다. 그래서 건강을 잃으면 다 잃는 것이다.

우리가 살아가면서 병이 없다면 얼마나 좋을까?

신명을 잘 다스릴 수 있다면 병은 침입하지 못한다. 어떻게 하면 신명을 잘 다스릴 수 있을까?

먼저 신명을 잘 다스리려면 우선 좋은 공기를 마시고 살아야 한다. 암에 걸렸든 중풍에 걸렸든 어느 병에 걸렸든 마찬가지이다. 신명은 우선 신선한 공기를 좋아한다. 특히 머리에 있는 신명들이 좋아한다. 과연 눈에 있는 신명들은 무엇을 좋아할까?

눈에 있는 신명은 잠을 좋아한다. 그렇다. 사람은 우선 피로하지 않아야 한다. 코는 말을 많이 하지 않는 것을 좋아한다. 입에 있는 신명은 갈증만 해결하면 좋아한다.

여기서 보건대 신명마다 좋아하는 것이 틀릴 것이다.

목, 위, 간, 장, 신장 몸에 있는 여러 기능을 자기 자신 만에 필요한 것과 좋아하는 것이 있다. 이렇게 필요한 것과 좋아하는 것들을 해결한다면 병은 몸에 침입하지 못한다.

우선 병에 걸리지 않으려면 규칙적인 생활은 물론이고 앞에서 얘기했듯이 하루 식사를 꼭 3끼 먹어야 할 것이다. 이 말은 누구나 다 아는 상식이다. 하늘에서는 무슨 음식은 좋고 또 어떤 음식은 나쁘다고 하지는 않는다. 요즘 사람들은 자연산을 선호한다. 자연산이라는 것은 깨끗한 신명을 말하는 것이다.

여러분은 어떤 음식을 선호하고 잘 먹는가?

남이 먹는 것을 따라 먹는가?

우리들이 결혼을 하면 남편 입이 까다롭다느니 입이 짧다느니 하는 경우가 많다. 그것은 그 신명이 그럴 뿐이지 나쁘다고 표현하면 맞지 않다. 고기가 먹고 싶다. 혹은 피자가 먹고 싶다. 이렇게 생각이 들 때가 있을 것이다. 그럴 때는 분명히 먹어야 할 것이다. 먹고 싶은 충동을 느낄 때 행하지 않는다 해도 건강에 좋지 않다는 것이다.

어떤 사람은 한 가지 음식을 먹기 위해서 1시간 이상 걸리는 곳도 마다하지 않고 찾아간다. 또 어떤 이는 살을 빼기 위해서 먹지 않고 굶기도 한다. 물론 한 가지 음식을 먹기 위해 차를 일부러 타고 가는 사람을 이상하게 볼 수 있을 것이다.

또 일부러 살을 빼려고 굶는 것은 더욱더 좋지 않게 보일 것이다. 그렇다. 지금은 여러 가지 음식이 있어 좋은 시대이기는 하나 음식을 잘못 선택하는 경우가 많다. 다시 말해 음식으로부터 오는 병이 많다는 것이다. 아침에 일어나 약 5분 동안 운동을 한다 하면 절대로 병은 오지 않을 것이다. 또 아침을 먹지 않고 출근을 한다 하면 언젠가는 몸이 말을 잘 듣지 않고 쉬 피로를 느낄 것이다.

요즘은 나라가 병이 들었다. 어떻게 이 큰 병을 고칠 것인가?

절망할 필요는 없다고 생각한다. 우리 자신들이 아끼고 절약하는 습관을 항상 갖고 있어야 할 것이다. 정치를 하는 분이나 자영업을 하는 분이나 공부를 하는 학생이나 주부들 역시 누구나 이 큰 병을 고치는 데 동참해야 할 것이다.

한 사람의 몸이 망가진 것이라면 차라리 괜찮을 것이다. 우리나라 사람은 이스라엘 국민보다 더 단결심이 강하다. 충분히 이 역경을 이겨 나갈 수 있을 것이다.

한 사람 한 사람 각 개인이 뭉친다면 안 되는 일이 없다고 생각한다. 우리나라는 앞으로 약 2년 2개월 정도는 어려울 것이다. 2년 2개월 동안은 더 열심히 살아야 할 것이다.

물론 절약하는 습관이 몸에 배어 있다면 얼마나 좋은 일일까?

별 문제가 없는 나라를 만들어야 하겠다.

제6장
바라만 봐도

퀵 서비스

빠르다, 빨라. 요즘은 모든 것이 빠르다. 하늘은 더 빠르다. 우주는 더 빠르다. 얼마나 빠르면 이렇게 우주의 글을 내릴까?

몇 년 지나서 아이들을 보면 커 가는 모습이 너무 빠르다. 얘가, 걔야? 하고 놀란다. 그만큼 빨리 성장한다. 키만 성장하는 것이 아니라 영적으로 성장을 한다.

다시 말해 마음이 "커 간다"라는 뜻이다.

빠른 것도 좋지만 우리는 서서히 가야 한다. 느린 것이 좋을 때가 있다. 한 번 더 생각하면 잘되는데도 한 번 더 생각을 안 하는 것 때문에 사람들은 실수를 한다. 한 번 더 생각을 했더라면 잘될 수 있는 것도 망치게 된다.

물론 빠른 것도 좋지만 천천히 생각을 해야 하는 것도 많다.

이혼을 생각해 보자. 천천히 한다면 방법이 있을 것이고, 이민도 천천히 생각해야 한다.

유학을 가는 것도 천천히 생각해 보고 결정해야 한다.

모든 게 우리 사회는 퀵서비스이다.

천천히 생각을 하자.

처음처럼

친구가 없다. 서로 이겨야 하니 친구가 사라진다. 남자는 고등학교 때나 군대친구를 친구로 많이 알고 지낸다. 여러분들은 진정한 친구가 있는 지 정말 목숨과 바꿀 수 있는 친구가 있는지 생각해 보라. 어릴 때 친구를 불알친구라 한다.

참으로 정겨운 말이다. 지금 우리 사회에서는 이러한 친구가 없다. 이사를 자주 다니고 시골이 도시화가 되다 보니 젊은 사람들은 오래된 친구가 사라지고 있다.

"어릴 때 같이 놀던 내 동무여~"라는 노래도 있는 데 앞으로 그런 친구가 있을까?

나도 친구가 없다. 이런 팔자를 좋아하는 친구가 어디 있을까?

하늘은 친구를 만들어 주지 않았다. 그래서 나는 도반이라는 책을 만들고 있다. 나라를 같이 생각하고 소외된 사람을 도와가며 살 수 있는 사람을 찾고 있다. 거짓 없이 처음 만났어도 천지 기운으로 평생 같이 갈 수 있는 친구, 그런 친구 말이다.

친구가 없으면 외로운 것이다. 친구가 없어 외로운 사람들 마음공부를 해서 양로원과 고아원이라도 같이 가자.

마음은 항상 처음 만난 것처럼….

나비야

"나비야—, 나비야—, 이리 날아 오너라.
노랑나비, 흰나비 춤을 추며 오너라."

이 노래 기억나죠? 어린이는 노랑색과 하얀색을 좋아해요. 그래서 유치원차가 노란색이에요. 어때요, 어떤 색이든 기운이 들어 있어요.

지금 우리나라 색은 검정색이다. 단적으로 깜깜한 색이다. 그러나 앞으로는 "막힘이 없다"라는 뜻도 된다.

사람의 몸은 하얀색이다. 물론 그 색깔은 하늘에서 만들어 준 것이다. 하얀색을 그대로 가질 수 없는 게 문제이다.

"머리"는 생각하는 색깔이다.

"가슴"은 열어주는 색깔이다.

"귀"는 말하는 색깔이다.

"어깨"는 마음을 얘기하는 색깔이다.

"눈"은 물어보는 색깔이다.

"팔"은 묶는 색깔이다.

"코"는 마주보는 색깔이다.

"배"는 뜻을 이룬다는 색깔이다.

"입"은 화합하는 색깔이다.

"두 다리"는 마음과 마음을 맞춰 주는 색깔이다.

"목"은 물려주는 색깔이다.

"두 발"은 허무한 색깔이다.

몸의 색깔은 이렇게 볼 수 있다. 운전을 하고 가다 보면, 신호등이

나온다. 빨간색, 노란색, 파란색이다. 빨간색은 우리에게 기쁨을 예언하고 있다.

노란색은 우리에게 마지막을 얘기한다. "다시 시작한다"라는 뜻도 된다. 파란색은 우리에게 멈춤이라는 것을 예언하고 있다. 물론 색깔론으로 말하자면, 가장 사람에게 희망을 주는 색깔은 "흰색"이다. 검정색은 슬픔이다.

하늘은 파란색이다. 하늘은 우리에게 생각할 수 있는 기회를 주는 색이다. 그래서 우리는 답답한 마음이 생기면 하늘을 쳐다보거나, 바다로 가는 것이다.

요즘 우리 국민의 색깔은 검정색이다. 검정색은 슬픔을 나타내나 우리에게 주는 미래는 "막힘이 없다"라고 앞에서 말했다. 우리의 마음을 흰색으로 바꿀 수 있는 염색약이 필요하다. 무슨 염색약이냐고? 물론 물감을 들이는 염색약이 아니다.

색은 우리에게 항상 예시를 해주고 있다. 길거리에 가다보면 중국집이 보인다. 중국집 간판은 거의 빨간색이다. 기쁨을 나타내기 때문이다. 또한 욕구를 나타낼 수 있다. 그래서 음식은 색깔을 조금 가미한다면 더욱 더 맛있어 보일 것이다.

우리에겐 누구나 좋아하는 색깔이 있다.

보라색을 좋아하는 사람은 명이 짧다.

여러분은 와인 종류의 술을 마셔 본적이 있는가? 레드와인을 먹고 싶은 날은 우울하다는 뜻이다. 화이트 와인을 마시고 싶은 날은 기운이 없고 허무함을 달래기 위해 마시는 것이다. 술은 무슨 색깔이길래 사람을 그렇게 유혹하는가?

술은 마시고 싶은 색깔이다. 마시고 싶은 색깔이란 무색이라는 뜻이다. 술은 우리에게 색깔을 원하지 않는다. 하지만 술은 마시는 사람에 따라서 색깔이 바뀐다. 그래서 술은 모든 색깔을 다가지고 있다. 술을 마시면 기분이 좋아지는 사람은 총천연색이다.

우리나라에는 옛날부터 술집에 기생이 있다. 그럼 그 여자의 색깔이 무슨 색깔이길래 그 색깔을 찾아가는가? 그 색깔은 죽이는 색깔이다. 다시 말해 녹이는 색깔이다.

그렇다. 부인은 굳어지는 색깔이지만 술집의 여자는 녹이는 색깔이기 때문에 굳어진 것을 녹이러가는 것이다. 그래서 굳어진 걸 녹이러가는 남자가 잘못된 게 아니라, 굳어지게 만든 사람에게 책임이 있다. 여자는 태어날 때 무색으로 태어나고, 남자는 희석제로 태어난다. 여자가 얼마만큼 잘하느냐에 따라서 색깔이 나온다. 만약 노란 색깔이 나온다면 그것은 휴전상태다. 휴전상태일 때 남자는 녹이는 색깔을 찾아가는 것이다. 노란색깔이 나오지 않게 노력해야 할 것이다.

술은 여자 색깔이다. 술과 여자는 궁합이 잘 맞다. 여자가 있는 술집은 괜찮아도 남자가 접대하는 호스트 바는 궁합이 맞지 않기 때문에 불법으로 단속한다.

여기서 보듯이 사람은 색깔로 살아가는 것이다. 만약 부부가 색깔을 고를 때 생각이 일치됐다면 궁합은 볼 것도 없다. 자동차는 무슨 색깔일까? 자동차는 빨간색이다. 왜냐하면 맨 처음 나올 때 용광로에서 빨갛게 열 받고 나오기 때문이다. 사람이 세상을 살아 갈 때에는 누구든지 빨간색부터 시작된다. 그래서 우리는 빨간색을 항상 고맙게 생각해야 한다.

사람에게 필요 없는 색깔은 맛을 느끼는 색깔이다. 너무 한쪽에 맛을 느끼면 다른 일을 못하기 때문이다. 사람이 가장 멀리해야 하는 색깔은 세상을 버리는 색깔이다. 세상을 버리는 색깔은 미움이 쌓인 색깔이다. 미움이 쌓인 색은 희망이 없는 색깔이다. 우리는 희망이 없는 색깔은 버려야 한다. 그러기 위해서는 항상 여러 사람과 대화하며 살아가야 한다. 대화가 없는 것은 색깔을 다 버렸다는 말이다. 우리집 색깔은 무슨 색일까? 한 번쯤 생각해 보자.

한 가정 가정에 맞는 색깔은 화합하는 색깔이다.

색으로 본 세상은 그것은 우리에게 희망을 줄 것이다.

희망의 색깔은 어렵지 않다. 마지막까지 최선을 다하는 색깔을 쓰면 된다.

우리 모두 민족정신을 바탕으로 한국을 똑바로 서게 하는 색깔을 만들어 보자! 민족성이 강한 우리민족은 백의민족이라 했다.

하얀색이다.

하얀색은 무엇이라도 섞어도 된다. 그러나 어떤 비율로 섞느냐에 따라서 변하는 것이다.

낭비를 섞을 것인가? 아니면 절약을 섞을 것인가?

오만을 섞을 것인가? 아니면 질투인가?

한마디로 비양심적인 색깔은 섞지 않아야 되겠다!

그렇다. 색깔이 주는 민족주체성 흰색을 항상 남기며 살아가야 하겠다.

연분홍치마

여자는 종아리가 예뻐야 한다. 요즘 여자들이 사용하는 속어이다. 왜냐 하고 물어보면 남자가 좋아하기 때문이라고 말한다. 남자들이 정말 종아리를 보고 결정하는 걸까?

나는 어떻게 들릴지 모르겠지만 뚱뚱한 여자를 좋아한다. 또 복이 얼굴에 붙은 여자를 좋아한다. 필자에게 차례가 오지 않아도 좋아한다. 여자는 꽃이라 했다. 그러므로 남자는 태양이다. 태양을 잘못 받으면 여자는 일생을 망친다.

요즘 시대는 결혼 전에 관계를 갖는 사람이 많다고 한다. 특히 종아리가 예쁜 여자들이 그렇다고 한다. 그 이유는 남자들 눈에 종아리가 사랑스런 엄마처럼 보이기 때문이다. 우리는 아버지보다 어머니를 좋아하는 경향이 많다. 필자도 어머니를 좋아한다.

어머니라는 자체보다도 어머니의 모습을 더 좋아한다. 요즘에 젊은 여자는 월급을 타서 살빼기 운동에 다 소비한다. 자기 자신을 위해서라기보다 남자들의 눈을 즐겁게 하기 위해서다.

살을 빼는 약은 사실 없다.

자기 몸에 맞게 정량으로 먹고 남들 자는 시간 만큼 자고 나면 되는 것이다. 사람의 체질은 여러 가지로 나눈다. 하늘에서 볼 때는 우선 평범한 체질과 특이체질로 나눈다. 특이체질이란 아침잠이 많고 초저녁잠이 없는 사람이다.

그래서 특이체질은 야행성이다.

우리나라에는 나이트클럽이 많은데 밤에 나이트클럽을 찾는 사람은 특이체질이다. 한마디로 화끈한 사람들이 특이체질인 것이다. 특이체질은 성격이 순간순간 잘 변한다. 그래서 나이트클럽에 가 보면 매일 저녁 남자가 바뀌는 여자가 많다. 옛날에는 함부로 여자가 종아리를 남정네에게 보여주지 않았다. 다만 첫날밤만 보여줬다.

그러나 지금 세대는 어떠한가? 24시간 보여주는 경우가 허다하다. 그래서 옛날 남자들은 여자 다리를 장가가기 전까지는 볼 일이 없었다. 다리가 길어져야 사는 세상, 몸이 잘빠져야 사는 세상, 몸만 잘빠지면 자랑할 수 있는 세상. 늘씬하지 않고 얼굴이 조금 못생겼다고 생각하는 사람은 괜히 TV를 보면서 질투를 할 것이다.

그래서 우리는 예쁘거나 늘씬한 것을 선호한다. 어떻게 보면 우리는 마음을 만족시키지 않고 눈만 만족시키는 그런 생활을 하는 것 같다. 백화점에 가보면 늘씬한 사람에겐 어울리는 옷이 많지만 조금 뚱뚱한 사람은 돈이 있어도 사 입을 수가 없다. 그런 사람은 남대문시장이나, 동대문시장으로 인상을 쓰며 갈 것이다.

과연 세상이 언제 이런 것들을 차별하지 않게 할 것인지?

필자는 알고 있다. 앞으로의 세계는 여자가 다리를 내놓고 다니면 옛날처럼 경범죄에 해당되는 세상이 될 거라고….

필자는 이렇게 생각한다.

모든 여성이 옛날처럼 한복만 입고 산다면 좀 더 정숙해지고 씀씀이가 헤프지 않고 절약하는 마음이 생길 것이다. 그리고 못사는데 별로 신경을 안 쓸 것이다.

우리 모두 젊은 여자들에게 아주 예쁜 연분홍치마를 입히자. 그래서 여자 다리를 볼 때 어느 여자들이나 똑같이 보이게 하자.

성장하기 위해서는

영적으로 능력이 성장하기 위해서는 영계를 우선 알아야 하는데 무한의 뜻을 담은 영계(靈界)의 언어와 영계에서 쓰는 문자를 써야 한다. 영계의 언어는 수많은 언어가 있는데 그 언어를 다 알아야 해석이 되며 영계에서 존재하는 문자는 글자의 모양이나, 사용되는 방법 등 여러 가지 면에서 인간세계의 문자와는 큰 차이가 있다.

그 차이의 가장 큰 점은 영계의 문자는 곡선이 많으며 중국 글도 아니고, 일본 글도 아니고, 문장 전체적 인상도 마찬가지며 여러 가지 뜻을 포함한 상징으로 숫자가 사용되며 거기에 영계의 언어와 같이 영계의 문자는 인간세계의 문자와 비교하면 적은 수의 문자 중에 대단히 많은 뜻을 포함시킬 수 있다.

영계의 문자는 복잡하고 미묘 정묘하기 때문에 인간이 쓰는 문자로는 어떻게 형용할 수 없는 것이며, 영계의 문자는 이집트의 신성문자나 그리스 문자와 유사하고, 아이들이 뜻도 없이 써 놓은 장난같이 써 놓은 글과 같으며 문자와 문자 사이에 연결되어 있거나 간격이 맞지 않게 떨어져 있거나 뜻 없이 크게 굽어 있거나 역으로 적게 굽어 있거나 똑같은 문자라 하더라도 좌측을 부풀게 하거나 반대로 우측을 부풀게 하였다.

이 외에도 상상할 수 없는 언어나 문자가 있으며 이것들을 인간세계의 언어나 문자로는 표현할 수 없는 것이다. 왜냐하면 영계에는 인간세계에 없는 사물이나 인간으로서는 상상도 할 수 없는 복잡하고 미묘한 영들의 감각이나 마음의 움직임이 있으며 이것들은 인간세계에 그와 상응하는 언어나 문자가 없기 때문이다. 다만 영계와 통한다면 인간세계의 글처럼 자유자재로 활용을 할 수 있다.

언어나 문자만 보더라도 인간세계는 영계에 미치지 못하는 미발달의 세계인 것이다. 영계의 문자는 배우지 않고도 자유롭게 읽고 쓸 수 있는 것이다. 글을 쓸 경우에는 영들의 손이 자유자재로 무의식중에 움직이며 그들 마음속에 있는 것, 그의 생각, 작은 감정의 움직임 등도 문자체와 곡선의 변화를 수반한 문자 가운데에 그대로 표현하는 것이다.

영계의 문자가 영계의 언어와 마찬가지로 많은 뜻을 포함하고 그 내용은 역시 언어의 경우와 닮은 것이다. 그리고 표면상의 의미보다는 더욱 더 깊은 곳에 그것을 쓴 영의 감정이나 의지, 지성마저 표현할 때도 언어의 경우와 유사하다.

영계의 문자는 음악의 리듬과 같이 다양하게 진행이 되며 인간이 알려고 해도 알 수 없는 세계이다. 노래로 표현을 할 때가 종종 있는데 무슨 말인지는 몰라도 부르고 나면 저절로 해석이 되는 것이 특징이며 처음에는 해석을 하기가 어렵다.

태고적에는 아직 인류가 문자를 갖지 않았던 그들이 영계의 문자를 빌려서 사용하고는 했다. 이제 영은 우리들에게 많은 것을 알려주려고 있는 존재이므로 긍정을 한다면 인간에게 많은 것을 알려준다. 영계의 언어는 "이우파후너장초면이꼬동부하수"하고 입에서 나오는데 인간세계의 언어처럼 순서나 글의 배분이 없이 이어져가는 것을 말한다.

인간이 깨닫는 순서는 영계를 알고 이용하고 다룰 때 빛처럼 다가오는 것이다.

공존하라

사후세계는 분명히 존재하기에 인간은 영과 함께 공존을 해야 한다. 영과 함께 공존한다면 사람은 자신의 미래를 예지할 수 있으며, 마음이 열리면 인간이 영과 대화를 할 수 있으며, 누구나 영적으로 대화하고, 만나고 싶은 사람을 만나게 되며, 인간이 알지 못하는 큰 경험을 하게 되고, 사후세계는 결국 지금 우리가 살고 있는 곳에 존재하고 있다는 사실을 알게 된다. 그것은 영계를 통하여 알게 하는데 인간에게 특별한 능력을 하늘에서 주는 것이다.

다시 말하면 그러한 능력을 받은 사람이나 받지 않은 사람이라도 인간은 영적세계와 인간세계와 같이 공존한다면 미래가 궁금할 필요도 없고 살아가는 것이 재미가 있으며 걱정이 사라지고 그 어느 것 하나 갖고 싶은 마음이 생기지 않아 편해지며 서로 시기하거나 질투가 없어지며 싸우는 것이 시시해진다. 그리고 어떤 사람이 잘났어도 부러워하는 것이 없고 또 친해지며 인간의 수준이 몇 천배의 기운을 느끼고 공존하는 세계가 좋다는 것을 알게 된다.

인간세계에 살다가 영의 세계로 살면 이상할 것 같지만 절대로 그렇지 않으며, 생각이 많은 사람들보다도 머리가 가볍다.

비, 눈, 별, 구름만 보면

난 항상 자연을 보고 즐거워하고 기뻐하고 자연 속에서 기운을 느끼며 살아간다. 이제 생각해 보면 비와 눈, 별, 구름만 보면 항상 나를 위해서는 없구나 하고 생각을 하고 살아온 사람 중에 한 사람이다. 지금도 자연이 내 편이 아니구나 하고 생각하지 않은 사람이 있다면 생각을 바꿔야 한다.

인간은 어차피 자연 속에서 살아야 하기에 자연과 친구가 되고 자연을 아껴야 한다. 어린아이들이 소풍을 가는 것도 이러한 원리가 있기에 어릴 때 일수록 소풍을 자주 간다.

이런 경우가 있다. 중학교 이상이 되면 부모를 따라 어디를 가려고 생각 하지 않는 것은 아이가 커서 그런 것이 아니라 어릴 때, 기운을 미리 받았기에 아이들이 부모를 따라가는 것보다 스스로 기운을 받는다는 생각에 같이 다니지 않는 것이다.

사람은 비가 오면 비를 좋아하고 눈이 오면 눈을 좋아하고, 바람 불면 바람을 좋아하는 신명을 키워야 한다. 그러므로 인간이 자연의 어느 것이든 고마움을 느낄 때 기운을 받아 살아가는 것이며 육체가 성장하는 사이에 내면이 자신도 모르게 기의 분수를 갖게 된다.

기를 받고나야 인간은 생각이 온전하게 되며 그 기운을 받은 것과, 자신의 환경을 통해 생활을 하게 되는 것이다.

알다시피 하늘에서 인간에게 선물하는 비, 눈 그리고 모든 것을 겸허한 마음으로 받을 때 하늘은 알맞게 내리고 보여준다.

상처

내가 좋아하는 것 중에 이런 노래가 있다.

"젖어 있는 두 눈 속에 감춰진 그 사연은 아직도 가슴에 머물지 않은 지난날의 옛 상처…."

아마 이 노래 가사가 생각나는 분이 있을 것이다.

사람은 자신의 팔자대로 노래를 좋아한다. 이 노래를 좋아하거나 즐겨 부른다면 자신의 내면이 깊다고 본다. 여자의 일생을 좋아 한다면 자신의 괴로움을 담는 것이고, 밝은 노래를 좋아하는 사람은 앞일을 스스로 예시하는 것이다.

작사나 작곡은 사실 인간에게 영을 통해 주는 것이며, 그 자체를 인식하지 못하기에 자신이 작사와 작곡을 하는 것으로 생각하는데, 그것이 아니다. 하늘은 무궁무진하게 노래가 많다. 그래서 작곡공부를 안 했어도 누구나 곡을 만들 수 있다.

인간의 기운을 가장 빨리 바꾸는 것은 노래와 춤인데 랩은 우리에게 내면을 가장 빨리 보여주는 노래이며, 클래식은 내면을 부드럽게 이어주는 기운이 들어 있다.

특히 요즘 명상음악을 통해 기를 느끼는 사람이 많으며, 명상음악이 따로 있는 것으로 아는데 우리가 아는 "학교종이 땡땡땡"과 "산토끼" 같은 노래가 어린이로 돌아가게 하는데 이런 노래를 하루에 한 번이라도 듣는다면 머리가 맑아지고 밝아진다.

노래는 사람의 기운을 그만큼 바꾸는데 필요한 것이며. 특히 동물의 노래를 한다면 동물의 기운을 받아 건강하게 되며, 두만강이란 노래를 부른다면 마음이 그만큼 열리게 되는 것이다.

노래에도 이렇게 기가 나오듯이 어떠한 노래든 자신의 기운을 나타내는 것이니 노래 하나라도 선곡을 잘 해야 한다. 그래서 방송국에서 "열린음악회"라는 제목으로 노래를 불러주는 것이다.

"열린"이라는 단어는 "이루어진다"라는 뜻이 들어 있으며 어떠한 사업을 하든지 "열린"이란 단어를 사용하면 좋다.

태양은 말한다

우리의 어머니는 집안에서 태양이며 학교에서는 선생님이 태양이며 사회에서는 선배가 태양이다. 국회의원은 가난과 부를 민족에게 보여주는 태양이다. 그러나 태양들이 그만큼 행동을 해 줄 때 우리는 태양을 존경하게 된다.

태양은 플러스 마이너스를 동시에 갖고 있다. 그러나 조금만 잘못해도 마이너스로 변한다. 우리는 서로 믿음을 주고 산다. 마이너스가 계속된다면 누구를 믿고 살아야 하는지 태양 밑에 있는 사람들은 답답하다.

우리는 누구나 태양이 되어야 한다. 여러분의 태양은 누구를 선택했는가? 태양이란 나에게 빛을 주는 사람을 말하는 것이다.

나에게 빛을 주는 곳은 우주의 기운이다.

우주는 말하고 싶어 한다. 누구나 기운을 가지고 살라고….

세상사람 누구나 우주의 빛을 가지고 살아야 한다.

지하실에 해가 들어오게 설계를 해야 한다. 유리창으로 들어오는 해의 기운을 받을 때 인간의 뇌는 바른 정신이 된다.

아마 그래서 그런지 감방에는 해가 들어오지 않게 만들었다.

감방에서도 해의 기운을 받고 살게 해야 한다. 이왕이면 지하실은 피해야 한다. 지하실은 잡신이 사는 곳으로 인간에게는 별로 도움이 안 된다. 지하철에서 사고가 나는 것도 이러한 원리가 작용을 하기에 항상 점검을 해야 한다. 물론 교통을 생각한다면 지하철이 편하다고는 하는데 지하철도 해가 들어올 수 있도록 설계를 한다면 절대로 사고는 없을 것이다. 태양은 우리에게 방향감각을 알려준다.

여자의 매니큐어

"울 밑에선 봉숭아야 내 모습이 처량하다."

예전에는 길거리에도 눈에 잘 뜨였다. 지금은 길거리에 화학제품이 유혹한다.

동방의 나라 예의지국을 나타낼 때 여자들은 봉숭아물을 들였다. 나도 장난으로 봉숭아물을 들였는데 한 달 동안 손가락을 감추고 다녔다. 그러나 변화가 길거리를 바꿔 놓았다.

화장품 가게가 눈을 부시게 한다. 백화점에 가면 1층에 자리 잡고 있다. 사람은 내면이 아름다워야 하는데 겉만 보고 평가를 하기에 여자들은 할 수 없이 예뻐 보이기 위해서 수단과 방법을 가리지 않는다.

세월이 흘러 사회가 바뀌고 과학의 발달로 인해 돈이 있으면 예쁘게 만들어 주는 성형외과를 찾는 이가 부쩍 늘었다. 하늘은 생긴 대로 살기를 원한다. 우선 내면을 바로 하고 한다면 상관은 없지만 내면이 부실한데 겉만 번지르르하면 내면을 모르는 사람만 만나기에 진실된 사랑을 못한다.

나도 많은 여성을 만났었다. 그러나 이루어지지 못하고 시간만 허비했는데 이제 보니 내면을 보고 사람을 선택했어야 하는데 겉만 보고 선택을 했으니 이루어지지 않은 것이 당연하다는 것을 알았다.

그래서 사람은 내면의 화장이 중요하다는 것을 알려주신 것이다.

내면의 화장은 네 가지가 있는데 첫째는 거짓이 없어야 하며, 둘째는 잘난 체를 하지 말아야 하며, 셋째는 어머니 같은 마음이 있어야하며, 넷째는 나라와 민족을 생각하는 마음이 있어야 한다.

아니면 차라리 화장을 하지마라. 화장품 값도 비싼데 오히려 낭비를 하는 것이다. 요즘은 외제 화장품이 몇 백 만원씩 호가하는데, 봉숭아물만 들여 1년을 보낸다면 가정에도 도움이 된다.

나는 봉숭아물을 들인 여성을 좋아한다.

매니큐어는 깍쟁이처럼 보인다. 그리고 그럴 시간에 일을 하자.

매니큐어는 사회를 발전시키는데 아무런 효력이 없다.

창살 없는 감옥

우주는 창살 없는 감옥이다.

창살이 눈으로 보인다면 사람들은 우주를 두려워했을 것이다. 그러나 나는 우주의 창살을 보았기에 창살이 무엇을 하는지 잘 안다.

나는 그 창살에 너무 많이 찔렸다.

하늘은 영계에서 노는 사람에게 창살을 활용한다. 나도 맨 처음에는 우주공부가 쉽게 되는 줄 알았다. 지금까지 공부한 것을 보면 인간답게 사는 공부라는 것을 알았다. 사람들은 지금 사는 것이 인간답게 산다고 혼자 자신의 최면에 걸려 생각을 하고 있다.

사람이 감옥에 갔다 오면 정신을 차리듯이 나는 우주감옥에서 정신을 차리고 이제 이런 글로나마 표현을 하고 있다.

감방생활 20년 만에 나는 모범수가 됐다. 모범수가 되려면 나는 없어야 하며, 아무런 소리를 못하고 영계공부를 한 것이며, 이것이 결정타가 되어 단군할아버지가 하늘의 이름으로 출옥을 시켜 천기를 내려 땅에 가서 중생구제하고 민족을 위하여 살라 하시는 말씀에 나는 찍소리 못하고 그것을 그대로 행동으로 옮기고 있다.

우주의 감옥 하루생활은 쉬는 시간이 없다. 인간이 먹는 밥이 없다. 단 영적공부가 밥이다. 또한 잠이라는 것이 없으며 우주는 수없는 죄인이 재판을 하고 간다. 나의 보호령은 단군할아버지다.

단군할아버지가 면회를 많이 오셨었는데, 나는 20년 만에야 내 죄를 감하고 세상으로 나온 것이다. 단군할아버지와 생이별을 하고…. 우주의 감방은 참으로 좋은 곳이다. 아무것도 모르는 나에게 많은 것을 배우게 하고 알게 했다. 대학원을 졸업하고 교수가 되어서 이제는 땅에서 공부를 하니 대학원 졸업을 한 사람들을 가르친다. 수업료는 없지만 인내가 필요하고 참음이 수업료 대신한다.

나와 같이 공부한 사람들이 탈락을 할 때 나도 땅에 내려가고 싶어 일부러 영적공부를 안 하려고도 했지만 그때마다 면회 오신 단군할아버지가 마음공부를 하게 하셨다.

만약 할아버지의 말을 어기고 공부를 안했다면 지금 나는 땅의 노숙자가 되었을 것이다. 하늘의 노숙자에서 땅의 노숙자와의 생활이 틀리기에 나는 하늘의 공부를 선택한 것이다.

드디어 어느 날 나는 우주의 모든 기운을 알게 되었다. 그것이 깨달음이다. 아하, 20년이란 세월이 긴 시간이 아니었다.

키로 보는 세상

내 키는 작다. 아주 작은 편은 아니나, 선을 본다면 탈락을 할 만큼 키가 하늘에 눌려 늘어나지 못했다.

지금은 세계에서 키가 제일 크다. 손만 올리면 우주의 자료를 꺼내온다. 이것보다 더 큰 키는 없을 것이다.

키를 우주의 자료를 꺼내오는 것으로 측정을 한다면 측정하는 줄자는 내 편일 것이다. 줄자가 이렇게 말을 한다. 이렇게 큰 사람은 처음 본다고. 기네스북에 당장 올릴 것이다. 키 큰 사람을 찾는 여인들은 나를 보려고 잠을 못 이룰 것이다.

정말 그렇다면 좋겠다. 그렇게 키를 재는 나라는 없을까?

없는 것이 당연하다. 그렇게 한다면 나 혼자 잴 수밖에 없는데 그냥 인간적인 내 키로 살기로 했다. 나의 콤플렉스는 방금한 말 중에 여러분들이 눈치를 챘을 것이다.

그렇다. 나는 '키가 5센티쯤만 더 컸으면 좋겠다'는 생각을 가끔 한다. 하지만 그것은 영적으로 하는 일이 아니기에 거기에는 내 재주가 미치지 못한다.

요즘 키가 작아 고민을 하는 사람이 많을 것이다. 그러나 실망을 하지마라. 키는 인생을 논하는데 불편함이 없다. 세계에서 나라를 일으키는 사람은 사실 키가 크지 않았다. 거기에 즐거움을 갖고 살아라. 키가 작아 손해를 보는 경우도 있다.

키가 크면 군대도 갈 수 있는데 가고 싶어도 못 가는 사람도 있다. 취직도 잘 안 되는데 작은 고추가 맵듯이 한 번 채용을 해 보고 결정을 했으면 좋겠다.

여러분이 알듯이 나폴레옹도 대한민국의 박정희도 정주영도 키가 컸으면 이름을 남기지 못했을 것이다.

키가 크려면 우선 잘 먹어라.

음식 탓을 하지 말고 아무 것이나 먹어라.

난 편식을 많이 했는데 된장과 두부를 또 고기도 먹어라.

그리고 야채는 더 많이 먹어라.

인스턴트 음식은 줄여라.

고민하지마

사람이 살면서 고민이 없을 수는 없지만 고민하지 말자.

하루 벌어먹는 세상.

이러한 분들이 대한민국은 천만 명은 된다.

자신의 몸도 스스로 움직이지 못하는 중증환자까지 장애자가 많이 있다. 이렇게 잘 살지 못하는 사람이 잘 사는 날이 언제 올까 하고 기대를 한다.

부유층과 가난한 사람의 차이가 많은 요즘 비싼 것은 잘 팔리고 큰 평수의 아파트는 분양이 잘 되는 세상. 나는 사실 아파트에서 한 번도 살지 않아서 그런지 잘 모르지만 주거용으로 아파트를 선호하는데 사람은 땅의 기운을 받고 살아야 한다.

땅의 기운을 받지 않고 산다면 여러 가지의 피부병으로 고생을 할 수 있다.

우리는 수맥을 걱정하며 산다. 방마다 수맥이 흐르니 흐르지 않니, 수맥차단이니 하는데 어디 한 군데 물이 안 흐르는 곳이 없다. 물이 흐르니 몸이 좋지 않다고 수맥제품을 쓰는데 그 수맥은 그렇게 한다고 막지는 못한다. 자신의 기운이 집과 맞아야 하는 것이지 수맥을 차단하는 것은 별로 생각하는 만큼 달라지지 않는다.

집이 없어 고민하는 사람에게는 웃기는 말로 들린다.

별로 고민을 하지 않아도 될 일을 좀 있다고 하는 사람들은 고민하고 산다. 물론 기(氣) 인테리어도 잘하면 나쁜 기운을 받지 않고 살 수 있지만 수맥을 막는다고 하는 것은 모르고 하는 행동이다. 사람은 물과 같이 살아야 하기에 수맥이 흐른다고 나쁜 것은 아니다.

어떤 이들은 돈벌이에 눈이 어두워 하는 것이다.

어차피 인간은 어머니 뱃속, 즉 물속에서 오랫동안 살아왔고 인간은 물로 인해 살아가기에 수맥이 흐르는 곳에 산다고 해도 괜찮다. 건강 건강 하는데 오히려 건강을 해치는 운동을 하듯이 잘못된 상식을 가지고 살아가는 사람이 많다.

방송이나 여러 가지 매개체로 알려지는 것은 자신과 상관없는 일도 많다. 오히려 그냥 놔둬도 될 일을 고민하는 경우가 많은데 고민하지마라.

마음을 치료해라

고부간에 갈등 그리고 부부간에 갈등, 부모와 자식간에 갈등이 없다면 행복한 집안이다. 그러나 살다보면 여러 가지 생각 차이로 일어나는 일이 있다. 그때마다 마음이 상하는 경우가 많다.

이러한 마음이 쌓이게 되면 우선 소화도 안 되고 나중에는 우울증까지 오는 경우가 있는데 그때그때 풀어야 한다. 특히 자식과의 갈등을 호소하는 사람들이 많다. 가족 일은 창피하기도 해서 누구에게 말을 못하고 끙끙거리는 경우가 많은데 누구에게라도 말을 해서 풀어야 한다.

자식과의 갈등은 우선대화가 모자라서 그런 것이며 부모는 부모만의 생각을 하면 안 되며 우선 아이들의 말을 들어주는 편으로 대화를 유도해야 한다. 자식은 부모보다 영적으로 보면 한 차원이 높기에 자식을 이기는 부모가 없다는 말을 한 것이다.

그래서 부모의 말을 안 듣는 경우가 가끔 있는 것이다. 우선 자식이 무엇이 문제인지를 알아야 한다. 찾아온 손님 중에 어떤 대학생은 부모에게 많은 불만이 있었는데 그것은 용돈을 좀 더 받았으면 했다. 그 이유는 친구와 만나면 항상 얻어먹기에 그것이 창피해서 친구 만나기를 두려워했다고 한다. 친구 앞에서 떳떳하지 못하기에 부모에게 속으로 말도 못하고 원망만 했다고 한다. 그 후 그 학생과 지금 부모와의 대화는 잘 이루어진다.

이렇게 간단한 것도 대화의 장이 열리지 않으면 서로 이해를 못하는 경우가 많은데 대화가 그만큼 중요하다는 것을 알아야 한다. 요즘 맞벌이 부부가 많아 어린아이들을 볼 시간이 없는데 항상 대화를 해주어야 한다.

어린아이는 마음이 쉽게 상한다. 어린아이에게나 이웃에게 가슴 아픈 소리는 절대로 하면 안 된다. 자신의 마음을 스스로 풀어가야 한다는 것을 잊지 말고 다시 말하면 마음을 치유하며 살아야 병도 없다. 특히 대화를 잊어버리면 치매나 중풍이 설친다.

대화는 마음치료의 기본이다. 치매나 중풍은 신명이 부족할 때 오는 병이다. 대화로 풀어가는 세상을 만들자.

우주광장

호프 광장에 가면 왁자지껄하다. 거기에는 새로운 아이템이 나오는 곳이다. 새로운 아이템이 생각이 안날 때 술의 힘을 간단하게 얻으면 아이템을 얻을 수 있다.

물론 많이 마신다면 안 되지만 간단하게 자신의 생각을 뒤로 접는다면 생각지도 않던 좋은 아이템이 떠오를 때가 있다.

외국인은 간단한 스카치 한 잔을 마시면서도 아이템을 구하는 경우가 있다. 마찬가지로 누구나 같이 대화하고 놀 수 있는 공간이 우리나라는 부족하다. 같이 대화하는 광장이 열리면 열릴수록 발전이 된다.

그러나 대화의 광장이 좀처럼 어려운 실정이다. 고위 간부와 대화를 신청하면 대화의 광장을 만들기가 어려운 나라이다. 물론 공무원으로서의 일정이 있기에 그런 것도 있겠지만 우리나라는 아직도 대화의 광장이 어설프다.

차를 마시는 방법도 있지만 호프 한 잔에 대화가 더 잘될 것이다. 딱딱한 것보다 대화는 부드럽게 해야 한다. 딱딱하고 엄숙한 분위기보다는 부드러운 분위기가 대화의 장을 이끌어 갈 것이다. 높고 낮음이 없이 대화를 한다면 서로가 편할 것이다. 목욕탕을 연상해 보라. 누구나 똑같다. 이러한 분위기로 대화한다면 어떠한 대화도 서로 양보할 것이다.

그것이 우주광장이다. 우주광장은 서로 양보하는데서 이루어진다. 양보하면 대화가 된다. 우주광장을 만들어 나라를 세우자.

제7장

구린내가 난다

그리움

추억은 역사가 될 수도 있다.

우리는 과거를 생각하기도 하고 생각을 지워버리고 싶을 때가 있다. 좋은 것이든 나쁜 것이든 역사는 우리에게 많은 교훈을 준다. 난 가끔 성인들이 태어나 내 앞에 서 계시는 모습을 생각하고 그리워 한다. 어떻게 성인이 되었는지도 궁금하고 어떻게 살아야 잘사는 것인지 직접 물어보고 싶다.

영적으로는 만날 수 있지만 항상 영적공부를 하면서도 아쉬움은 남아 있다. 이제 나는 영보다도 정말 인간적이 무엇인지를 알고 싶다. 결국 영적으로 시작해서 인간적으로 돌아오는 공부가 영적으로 하는 공부라는 것을 깨닫게 된다.

영과 하나가 되는 것이 영적이라면 인간과 하나가 된다는 것은 진정 우주의 세계를 아는 것이라고 말할 수 있다.

이제 영적으로 공부하는 사람이 있다면 우선 인간이 바로 사는 법을 알아야 하고 아무리 영 능력이 있다 해도 인간세계에 필요 없는 것이라면 아무 소용이 없다.

제자를 공부시키다 보면 조금 아는 것 가지고 교만하고 "자신이 최고다"라는 착각을 하는데 하늘에서 시험을 하는 것도 모르고 건방져진다. 위도 모르고 아래도 모른다면 결국 영성공부는 자신의 곁을 떠나고 아무리 제자리를 찾으려 해도 이미 너무 많이 젖어버려 찾을 길이 없다.

그때가 되면 정말 차분하게 공부한 것이 그리워지게 되며 후회가 막심한데 때는 늦어버린 뒤이다.

나는 성인이 되고자 공부한 것은 아니다. 어떻게 남한테 손 안 벌리고 먹고사는 것만이라도 해결을 하기 위해서 한 것이다. 그러나 지금은 다르다. 영적공부를 하나보면 저절로 나라와 민족을 생각하게 된다. 내가 무슨 어떤 것을 알아서 하는 것이 아니라 하늘은 그러한 공부를 병행시킨다.

점점 공부의 차원이 올라가면 맨 처음 공부할 때를 그리워하게 되는데 쉬운 줄 알고 공부한 것이 할수록 어려움을 느끼게 되며 영성공부는 하나라도 잘못하면 다음 단계가 기다리지 않는다.

이 점을 고려해서 공부한다면 언젠가는 깨달을 것이다.

초가삼간

“사람은 과연 어떤 기운을 갖고 태어났는가?”를 궁금하게 생각한다. 초가삼간을 버리고 다시 나이가 들면 그곳을 다시 찾는다. 나 역시 나무로 만든 집을 좋아한다.

능력이 된다면 머지않아 나무로 집을 하나 건축하고 싶다. 사람은 나무, 돌 그 외 여러 기운을 받고 태어났기에 여유가 있을 때나 나이가 들면 기운을 받고 태어난 데로 돌아가는 것이다.

육체는 땅의 기운을 받고 태어났고 영은 하늘의 기운을 받고 태어났기에 육체는 땅으로 영은 하늘로 가는 것이다. 다만 땅은 육체를 누구나 받아 주는데 하늘은 누구나 가는 것이 아니라 재판을 통하여 가는 것이다. 그래서 천도를 하게 만드는 것이다. 그래서 영을 재판할 수 있는 능력을 하늘에서 내려서 천도를 하게 만든다.

우리나라 국민 반 이상 천도를 시켜야 천도된 영들이 하늘에 올라가 공부를 해서 자손을 위해 도움을 주는 것이다.

나는 주인이 없는 영가들을 가끔 천도를 한다. 지금도 여기저기 전쟁의 흔적이 우리나라에도 많이 남아 있는데 그곳을 보면 영가들이 울고다니는 모습을 볼 수 있다. 다시 말해서 영을 마음의 영안으로 볼 수 있을 때 자손이 없는 영이 보이기에 그때에는 시간과 관계없이 천도를 해준다. 혼은 하늘로 육은 땅으로 안정이 될 때 그 집안은 편안하게 되고 하는 일이 풀리는 것인데 그것을 모르고 살아가는 이도 많다. 나도 그랬으니까. 이제라도 죽은 사람을 “하늘과 땅으로 분리하면 좋다”라는 의미를 알았으니 모두 기도로써 대신하자.

그렇게 되면 대한민국은 잡신이 없는 나라가 될 것이다.

당신이라면

하늘이여,

만약 당신이 나라면 당신은 나와 같이 살고 싶은 마음이 얼마나 있는지 궁금하오.

왜, 나에게 이런 사명을 주었는지 나는 알고 있지만 당신이 나를 선택하고 고민은 없으셨는지 이제라도 저를 봐주신다면 어떠하실는지요.

나는 이런 고민이 있어서 그렇습니다.

고민은 지금도 나로 하여금 제자를 가르치게 하지 않았으면 어떤 일이든 할 텐데, 하늘에서나 하는 일을 인간인 나에게 제자를 키우지 않게 한다면 좋은데, 제자를 가르치다 보면 하루하루 간이 5만 개가 있어도 모자라고 심장이 천 개 이상 있어도 모자라니, 그만큼 날 가르칠 때 속상한 일이 많았다는 것을 이제 알겠으니 지금부터라도 제자들을 하늘에서 공부를 가르치는 방법으로 한다면 제 마음이 편해질 것이요.

제자 나름대로 공부를 할 수 있게 만들어 주세요.

깨우치는 것도 어려운데, 공부하느라 힘이 들었는데 깨닫게 해서 제자를 사회에 보내는 일은 얼마나 힘이 들겠습니까?

하늘이여,

아직 저의 죄가 남은 줄 압니다.

다른 일로 바꿔 주신다면 안 되는지요?

하늘이여, 다른 일로 나라와 민족을 위하는 일이라면 하겠습니다.

하늘이여….

홀로 아리랑

저 건너 동해바다, 외로운 섬 우리 가보자, 우리 가보자, 그러나 허락을 정부에 받아야 한다네. 우리 땅인데도 못 가게 한다네. 난 이해가 안 되네. 어느 사람도 이해가 안 된다 하네.

일본이 자기 땅이라고 하는 독도는 장난감인가?

어린아이들이 갖고 노는 곰인형인가. 갖고 싶다고 사 주고, 보기 싫으면 던져버리고, 아마 그것은 아닐 것이다.

우리 땅, 우리 독도를 찾아가 보자!

우리 땅 독도를 일본 TV는 장난한다.

독도를 자기 땅이라고 그래도 정부는 반박 못한다. 이것이 대한민국의 행정이다.

일본은 웃고 있다. 정부도 문제지만 국민도 문제다. 자기 땅을 잃고도 바라만 보는 나라, 자기 것만 생각하는 민족. 나는 이런 나라에 살고 있다.

독도는 대한민국의 땅이라는 것을 하늘도 다 안다. 특히 단군할아버지도 알고 계신다.

단군할아버지께 물어보라.

독도는 어느 나라 땅인지. 물어보기도 전에 "독도는 동방의 아름다운 나라 대한민국 땅이니라" 하실 것이다.

일본에도 단군을 모시는 신사가 있다.

단군할아버지에게 물어보면 알 텐데, 영적능력이 있다면서 그런 것은 못 물어보나.

병아리

금년은 닭의 해 을유년, 지금은 2월 달. 날씨는 포근, 강원도는 눈이 너무 많이 와 걸어 다닐 수 없었다고 한다.

닭은 3개월에서 5개월 정도 커야 맛이 있다고 한다. 여름이 되면 닭은 서로 숨기에 바쁘다.

이것이 동물의 반항이다. 몸에 좋다면 어느 음식을 가리지 않는 어른들의 음식풍토, 자연산이 멸종되고 있다.

하늘에서는 사람마다 보약을 먹지 않아도 살아가는데 지장이 없을 정도로 만들어 놓으셨다. 생활을 잘한다면 죽을 때까지 약을 복용하지 않아도 된다. 요즘은 비아그라가 나와 남자들의 정신을 놀라게 했다. 물론 여자를 위한 것이 아닌가 생각한다. 그만큼 다 그런 것은 아니지만 어떤 여자들은 할 일이 없어 남자를 힘들게 하나 보다.

여기서 알아야 할 것이 있다. 남녀간의 속궁합은 기운이 맞아야 한다. 그렇지 않으면 부부관계가 안 되는 것이다. 만약 남자가 마음에 드는 여자와 관계를 갖는다면 이루어질 수 있는데 이것을 볼 때, 기운의 작용이 얼마나 중요한 가를 알게 된다.

그래서 사람은 같은 기운과 결혼을 하는 것이 중요한 것이다. 보약을 먹는다고 오래 사는 것은 아니다. 다만 자신에게 위안을 줄 뿐이다. 먹는 음식을 갖고도 충분히 영양을 섭취할 수 있다.

개고기를 먹는 사람들은 "약으로 먹겠습니다" 하고 먹는다면 효력이 있을 것이다.

동물과 짐승을 사랑하자.

동물이 있고 짐승이 있어야 음양이 맞는 것이다.

거짓이 없네

진실한 사람을 찾을 수 없다. 남을 속이고 사는 세상 특히, 서민을 울리는 사람이 판을 치고 있다. TV보면 답답한 일만 나온다. 좋은 소식을 기다리는 우리에게는 하루에도 몇 번씩 깨고 싶은 충동을 느낀다.

괜히 아나운서가 미워지고 방송국 기자가 미워진다. 거짓이라도 좋은 그림을 보여 준다면 좋을 텐데 시간이 없나 보다. 좋은 것 반, 나쁜 것 반 이렇게 해 준다면 TV를 보는 시청자가 즐거워하면서 시청료도 많이 내고 기뻐할 텐데….

TV만 보면 화만 나는데 어떻게 시청료를 내고 싶은가?

우리 사회의 현실을 보여 주기에 맞는 말이지만 속이 메스껍다. 여러분도 내 생각과 거의 같을 것이다.

나는 이런 사회를 만들고 싶다. 좋은 일이 너무 많아 소개를 못해 주고 뉴스 시간이 끝나버려 시청자의 아우성이 하늘까지 들리도록 TV방송 "띵오와"라고 서로 양보하고 싸움 없는 나라, 서로를 칭찬하는 나라, 서로의 마음을 주고받는 나라, 아나운서도 좋아서 어쩔 줄 모르는 나라, 뉴스 시간이 기다려지는 나라, 얼마나 좋을까. 항상 보람을 느낄 것이다.

이렇게 만들려면 거짓이 없어야 한다.

거짓 없는 나라로 가자. 출발….

로또복권

한탕주의를 좋아하는 층은 여러 층으로 볼 수 있다. 꾸준하게 돈을 벌어서 가계를 꾸려가는 사람이 있는가 하면 알다시피 어떻게 요행을 바라거나 뇌물로 가계를 꾸려가는 사람이 있다.

또한, 공무원 중에 "어느 지역이 발전이 된다"라는 것을 알고 그의 측근에게 알려 땅을 사게 해서 돈을 버는 사람도 있다. 그리고 정부는 서민들의 돈을 주머니에서 털어 복권을 사게 해 민심을 흐트러트리는 일을 자행하고 있다.

서민들을 위해서 돈을 쓴다는 소리가 맞는지 모르겠다. 사행심을 일으키게 해서 어느 사람은 월급의 70%를 복권 구입비로 낭비한다고 한다. 지금까지 당첨이 된 사람들의 이야기를 들어보면 오히려 당첨이 안 됐을 때 생활이 좋다는 사람들이 많다.

그렇다. 사람은 분수를 지키며 살아야한다. 갑자기 돈이 들어와도 힘이 들 것이며 갑자기 돈을 잃어도 힘이 들 것이다.

문민정부 들어와서 조금 괜찮아졌다고 하는 사람은 아무도 없다. 아직도 우리 사회는 부패와 부조리로 멍들어 있다. 하루 빨리 이런 사회에서 탈바꿈을 해야 한다. 집이 없는 서민들을 위해 서민이 살 수 있는 임대아파트를 하루 속히 엄청나게 지어야 한다. 아직도 임대 아파트는 무한한 숫자가 필요하다.

서민들에게는 로또복권이 임대 아파트다.

로또복권인 임대아파트를 정부는 지어라.

그래야 서민은 정부를 믿는다.

정부는 서민부터 생각하라.

겉과 속이 다른 이유

분명히 겉과 속은 틀리다. 예전에 수박을 살 때는 반으로 쫙 갈라서 샀는데, 요즘 농사방법이 발달되어서 그냥 산다. 그러나 아직도 사람은 농사방법처럼 길을 못 찾아서 그런가 겉과 속이 다른 사람이 많다.

내면과 속이 같아야 친구가 되는 것이며, 내면과 속이 같다면 겉과 속이라는 단어도 필요 없는 것이다. 인간이 이렇게 살기는 사실 어려우나 좀 더 깊은 마음을 갖는다면 겉과 속은 같아질 것이다.

사람은 겉을 보면 쉽게 알 수 있으나, 내면은 죽을 때까지도 모르는 것이다.

나의 내면은 우주 안에 있다. 사실 누구나 그렇다. 우주는 겉의 마음, 속의 마음을 하나로 만들어 주는 곳이다. 그래서 우주에 잘 보이면 하나로 금방 만들어 준다. 마음이 잘못돼 있으면 자동차 보링하는 것처럼 보링을 해준다.

남자를 제대로 보링 하는 곳은 군대다. 여성은 월경을 통하여 내면을 바꾼다. 이것이 우주의 원리다.

겉과 속이 같다면 인간은 우주와 같은 것이다. 그러므로 우주의 세계는 인간의 세계와 같이 있는 것이다.

인간의 세계, 우주의 세계를 분리하지 않는 것이 우주관이다.

귀여운 여인

나는 하늘을 영적으로 왔다 갔다 한다. 하늘엔 어떠한 여인을 귀여운 여인이라고 할까? 다섯 가지 유형이 있다.

1. 마음을 비운 여인을 가장 귀엽다고 한다.
2. 보여주는 것보다 상대방을 이해하는 여자.
3. 항상 이슈를 갖게 하는 여자.
4. 여우와 곰을 같이 갖고 있는 여자.
5. 심성이 고우며 언제나 한결같은 여자.

이런 여인을 하늘에선 귀여운 여자라 한다. 물론 얼굴이 예쁘다면 더 귀여울 것이다. 그렇다. 이런 여자를 만나고 싶다.

이런 여자는 방금 태어난 여자아이다. "응애"하며 "나는 이런 여자예요" 할 때면 수줍음이 섞여 있다. 만약 다시 태어난다면 이런 여인을 만나고 싶다. 기회가 있을지…. 오늘 하늘에 부탁해 봐야지.

세상에서 가장 귀여운 여인은?

1. 힘든 일을 어렵다하지 않고 일하는 여자.
2. 어떠한 일이 있어도 이혼하지 않는 여자.
3. 아이들에게 자율적으로 공부하게 하는 여자.
4. 욕을 한 마디도 못하는 여자.
5. 아이들에게 용기를 주는 여자.

이런 여자는 땅에서 가장 필요하다.

여성들이여 이 다섯 가지를 기억하라.

내 눈물이

신(神)은 눈물이 없다.

기도는 눈물이 기본이다. 그냥 흘린 눈물보다 기도 속에 흘러내리는 눈물은 신까지도 눈망울을 적시게 만든다.

눈물샘이 마르도록 난, 기도정진을 오랫동안 홀로 했다. 살면서 가장 눈물이 많이 나올 때가 있다면 누구나 부모님이 돌아가셨을 때다. 그 눈물 속에는 스크린처럼 지나가는 많은 것이 교차한다.

남자가 눈물을 보인다면 보기 안 좋다고 하는데, 나는 그 누구보다도 기도하면서 눈물을 흘렸다.

지금 생각하면 눈물이 나를 만들었다.

눈물은 거짓이 없다. 눈물 속에는 온갖 것이 들어 있다. 눈물은 "마지막 잎새" 같은 것이다. 난 항상 "마지막이다"라는 생각을 갖고 이 길을 달려왔다. 여러분들도 어떤 것이든 진실로 기도한다면, 신(神)도 감탄해 깨달음을 준다는 것을 알고, 지금 안 된다고 실망을 하지마라. 나는 아는 것은 없지만 이제 알고자 하고 있다.

어떤 공부든 열심히 하라. 아이들만 공부를 시키지 말고 같이 공부하라. 따라올 것이다. 특히 "눈물 젖은 빵이 나를 살린다"라는 말을 여러분은 알고 있다. 그것은 경험을 바탕으로 해야 한다는 것을 알려 주고 있다.

어떤 것이든 경험을 통하여 자신에게 많은 것을 배우게 하라. 눈물이 흐를 정도로 힘든 일을 찾아서라도 하라. 눈물은 나를 변화시키기 가장 좋은 무기다.

왜 이렇게 답답해

어느 날 나는 바라볼 수 있는 상대를 찾았다.

요즘 세상은 자신이 바라볼 수 있는 상대를 많이 찾는다. 허전하기 때문이다. 사람의 몸에는 많은 신명이 있는데 그 신명이 들어가 있기만 하고, 대화의 상대가 없을 때는 신명이 허전함을 느낀다.

나도 답답할 때가 많다. 오랫동안 기도를 할 때는 몰라서 답답했지만 지금은 상대방이 이해를 못해서 답답해진다. 그래서 차라리 하늘과 대화를 한다.

대화할 상대가 없는 사람은 나무와 대화를 해 보자. 자신의 마음을 이해할 것이다. 사람이 마음속에 있는 것을 풀어내지 못하면 답답해지는 것이다.

"웅천선원에서는 대화 상대가 필요한 사람을 위하여 가끔 기도를 떠난다. 우선 전국 바다를 향하여 매달 '첫째 주 토요일'은 천재를 지낸다. 참석을 희망하는 분은 (02)2201-4929 구의선원 (031) 987-9708 김포 웅천선원에 문의하면 상세히 알 수 있다."

선원에서 하는 일은 대강 이런 일을 한다.

1. 조상천도제.
2. 마음 다스리기 영성공부(마음공부).
3. 기도 안내.
4. 인생상담, 어딜 가도 답을 못 얻으신 분.
5. 빙의환자, 우울증 중풍 영적으로 온 정신병.
6. 풍수지리.

7. 기치유 및 기수련 기공강의.
8. 깨달음으로 가는 길 안내.
9. 천기를 내려 하늘의 기운을 받게 함.
10. 민족지도자양성(3개월 기초완성).
11. 영능력자 발굴.
12. 굿을 해도 소용 없으셨던 분.

시비 없는 세상

세상을 살다 보면 마음에 안 드는 경우가 많다.

인간세계의 시비는 서로 이해하면 되는데 신명의 세계, 영의 세계는 인간의 힘이 아니기에 인간적으로 하다가는 평생을 두고도 못 푸는 수수께끼로 남는 경우가 허다하다.

신명의 세계는 그러한 것들을 풀어주는 데는 특효약이다. 그래서 인간으로 풀지 못 하는 것이 있다면 신명의 세계나 영적세계를 통해야만 한다는 것을 알아야 한다. 신명의 세계는 오묘하기에 우선 인간의 눈으로 보이는 것이 아니라고 아무렇게 말을 하면 안 된다. 오직 신명의 말을 전달해야만 되는 것이며 인간의 생각이 들어간다면 절대로 하늘에서는 제대로 말을 해주지 않는다. 인간은 가끔 신명이 나와 시비를 거는데 이때 인간이 하는 것인지 신명이 나와서 하는지를 알아야 한다.

신명공부를 한 사람들은 누가 하는지를 파악할 수 있기에 신명공부를 한 사람하고 하지 않은 사람하고는 천지 차이가 나는 것이다. 신명공부를 하지 않은 사람과의 대화는 이루어지기가 어렵다.

그래서 신명세계는 시기를 많이 하기에 잘 다루어야지 신명을 모시게 되면 오히려 신들이 내려보며 우습게 생각을 하기에, 신들을 다루는 공부를 하게 되면 신들이 질투나 시비를 거는 상황은 재현되지 않고 평정을 하게 만들며, 기도를 하지 않아도 기도를 신들이 대신해 주는 경우도 있다. 그러므로 신들과 인간과의 관계를 잘하려면 신을 수하로 두어야 한다.

환장하겠네

나는 하늘에서 어느 날, 한국말을 못하게 하고 순 우주의 언어를 나오게 했다.

그러나 그것을 모르기에 속이 터졌다. 누구에게 물어봐도 그때는 아는 사람이 없었다.

한국말이 안나오고 천어(天語)만 나오니 해석은 안 되고 당황을 했다. 나는 속으로 생각을 했다.

'어떻게 하면 해석을 할 수 있을까'하고, 문득 이런 생각이 들었다. 분명 말이 있으면 글이 있겠지 하는 생각을 하자마자, 천서(天書)를 쓰기 시작했다.

3개월 동안 천어와 천서를 병행하며 조그만 골방에서 세상구경은 하나도 하지 않고 방에서만 공부를 했다.

무엇인지도 모르게 3개월이 지나고 보니 드디어 해석을 하게 됐는데, 더듬더듬 1시간에 10자 정도 해석을 했다. 지금은 1시간에 내 마음대로 해석을 할 수 있지만 그때는 그렇게 해석하는 것이 힘이 들었다. 처음에는 환장할 노릇이었다.

정말 그때는 하늘이 뭔지, 신이 뭔지, 영이 뭔지 아무것도 몰랐기에 스승을 찾아다니려 오랜 시간을 보냈다. 결국 스승은 나였다. 스승이 있다면 공부하기가 쉬웠을 텐데, 이제 생각을 해 보면 하늘이 스승이었다는 것을 알게 되었고, 알다시피 나는 영을 다루는 남자가 되었다.

깨달음의 길을 지금도 가고는 있지만 아직도 하늘을 모르고 공부를 한다는 사람이 있다면 우선 천문을 열어야 한다는 기본을 알고 시작을 해야 한다고 하고 싶다.

나는 도인도 아니고 스님도 아니다.

특히 목사는 아니다. 1997년도에 깨달았을 뿐이다.

다만, 어느 신(神)도 내 앞에서는 꼼짝도 못한다.

그래서 천문을 열어 준다.

천기를 내린다.

대한민국에서 유일하게 웅천선원은 천기를 내리는 곳이다.

바퀴벌레 어디로 가나

아무리 좋은 약이 있다고 해도 한 번에 없어지지 않는 바퀴벌레는 어디 있다가 나오는 것일까? 지금 이것은 우리 사회를 말하고 있다. 어디를 봐도 눈으로 볼 수 없는 일들이 하나둘이 아니다. 밤에 길을 걸어가기가 무서운 세상, 어린이는 유괴로 인해 귀가 시간이면 걱정이 되는 우리의 현실은 무엇을 말하는가.

화성의 연쇄살인, 어제오늘 자동차 털이, 보험사기 사건, 우리 사회는 바퀴벌레 같은 사람들이 활개치고 있다. 이것은 잡신들이 많아서 그런 것이다. 오히려 그런 잡신을 좋은 곳에 이용한다면 얼마나 좋을까? 이런 생각을 가끔 해 본다.

사회는 지금 움츠리고 있다. 도박, 사기, 살인 이러한 일이 없는 나라로 만들어야 한다. 다시 말하면 잡신을 보내면 이러한 일이 일어나지 않는다.

잡신이 제일 무서워하는 것은 다른 게 없다. 나라를 사랑하는 마음과 민족을 생각하는 마음이 앞설 때 잡신은 없어지는 것이다. 또한 자신의 마음을 다스려야 한다. 마음공부를 통해 사람은 정화 할 수 있다. 그래서 명상, 요가, 기수련이 유행인데 잘못 이상한 단체를 가게 되면 오히려 마음을 상하게 한다. 그러한 단체를 찾을 때는 꼼꼼히 알아봐야 한다. 첫째는 정말 내면이 바로 선 단체인가를 확인해야 하며 거짓이 없는 단체인가를 확인해야 한다.

명상과 기수련공부를 하다가 탁한 기운이 들어오면 세뇌가 되기 쉽다. 그렇게 되면 틀린 것도 긍정하게 되니 부작용이 올 수 있다. 올바른 수행법으로 우리 모두 좋은 사회를 만들자.

숨 막히는 나라

언제 우리나라가 잘될까 하고 걱정을 하는 분들이 많다.

나도 마찬가지로 서로 더불어 사는 나라가 온다면 하는 마음으로 산다.

대한민국을 수호하는 신들이 우리를 떠나고 있다. 그 이유는 다른 것이 아니다. 우리나라를 지키는 수호신이 조상신에서 천신으로 바뀌는 때이기 때문이다. 천신으로 바뀌야 나라가 잘산다.

조상신은 급수가 얕은 신명으로 잘사는 나라로 성장하려면 우선 신의 급수를 올려 놓아야 한다. 조상신으로는 더 이상 발전을 기대할 수 없다. 천신들이 수호신이 될 때 대한민국은 발전을 기대할 수 있다.

미국은 천신이 많은 나라다.

이라크는 조상신이 많다.

그리고 아시아 지역도 조상신이 많다.

스웨덴은 천신이 많고, 일본은 조상신과 천신의 짬뽕이다.

이제 천신이 많이 있거나 천신의 수호가 많아야 선진국가가 된다는 것을 알았을 것이다. 그래서 요즘은 굿을 해도 아무 소용이 없다.

천신은 대화로 이루어지는 것이다.

굿을 하는 시대는 끝났다. 그러므로 신명을 높여 천신과의 대화로 살아야 하며 하늘로 올라간 조상이 천신이 되어 도와주듯이 모두 천도를 시켜야 숨 막히지 않는 나라로 만들 수 있다.

보통이 아니야, 너는

언제부턴가 나는 어떤 것을 알게 됐다. 나는 여러분들에게 하고 싶은 말을 쓰고 있다. 이제는 나라가 바뀌어야 한다고, 바뀌지 않는다면 우리나라는 많은 고생을 한다.

바뀌는 것은 아주 쉽다. 시간도 안 걸린다. 또 바뀌는 것을 싫어하는 사람은 없을 것이다. 이제 우리는 하늘세계를 바로 알아야 한다.

바뀐다는 것은 정신을 바꿔야 한다는 뜻이다. 지금처럼 계속 우리나라가 간다면 그 길은 뻔하다. 앞으로의 세계는 정신문화의 세계다. 정신문화가 바로서야 나라가 발전한다. 여러분도 잘 알 것이다.

종교로 인한 여러 가지 병폐, 정치인들의 여러 가지 횡포, 민족간의 여러 가지 화합이 안 되는 모든 것, 이제는 민족의 힘으로 바꿔야 한다.

누구나 보통 사람보다는 나라를 생각하는 사람이 많아야 한다. 그래야 그것이 보통이 넘는 민족이 되어야 한다. 이제 우리 모두 깨우치자. 마음속의 병을 모두 없애고 우리 민족이 바로 가는 대열에 같이 동참하자.

나는 여러분께 이렇게 말하고 싶다. 같이 동참해서 강대국으로 만들자고 어떤가. 천기를 받아 민족진영에 도움을 주고 살고 싶지는 않은가?

나는 보통은 넘는다. 그렇다고 잘난 것도 없다. 누구나 밝은 세상을 원한다. 누구나 보통이 넘는 사람이 되자!

돕고 사는 세상

사람은 서로 돕고 돕는 세상을 만들기 위해 많은 노력을 한다. 다만 자연과 서로 돕는 마음을 가질 때 사람은 서로 도움을 더 나누고 싶어 한다. 그래서 자연과 함께 사는 방법을 알게 될 때 우리네 인생이 즐거워질 것이다.

또한 신과 함께 서로 도움을 주고 산다면 더 없이 즐거울 것이다. 나는 느꼈다. 자연이 나를 도와준다는 것을, 또한 신이 있다는 것과 신이 도와준다는 사실을, 그렇게 서로 도움을 주고 산다면 마음의 평화는 물론 세계는 하나가 된다.

이제 영을 통하여 도움을 받고자 하는 사람은 우선 사람과 신과의 관계를 원만히 해야 한다. 그렇지 않고서는 영의 세계의 도움을 받지 못한다. 그래서 신이나 사람에게 잘못하다가는 영의 세계는커녕 사람이나 신들에게 따돌림을 당하게 되는 것이다. 그래서 서로 돕고 산다는 말은 신과 영과 인간이 하나가 됐을 때 가능한 것이다.

나라와 나라끼리 도움을 받고 줄 수 있는 것도 그 나라의 기운을 바로 잡을 수 있도록 인간적인 것보다 영적인 면으로 같은 기운을 만들어줄 때 모든 것을 함께 할 수 있는 것이다.

이것을 볼 때 우리와 가까이 할 수 있다는 것은 인간끼리의 영이 같아질 때 가능한 것이라는 것을 알 수 있는 것이다.

가슴을 열어라

내 심장은 강하다. 어느날 의료보험에서 행사하는 진료에 참석을 하게 되었다. 어릴 때 병원을 하도 많이 다녀서 난 병원을 싫어하는데 오랜만에 병원을 찾았다. 진찰을 하시는 의사 선생님이 심장을 체크한다고 해서 가슴을 펴고 기다렸는데 갑자기 이런 말을 하셨다.

"난 이상이 있는 줄 알았는데, 오히려 심장이 강해 놀라셨다"라는 말씀이 있었다. '그렇구나' 하고 생각을 했다. 기도를 오래하고 하늘에서 기를 받아서 그런가 보다 하고 생각이 들었다.

사실 천기를 받고 나서 나는 많은 환자를 만났다. 암부터 폐암, 중풍, 정신병, 빙의 신병, 그 외 많은 종류의 환자를 만났었다. 그때마다 나는 환자를 고치고 나면 내가 며칠 그대로 아팠다.

그 동안 많은 일이 있었는데 나는 하늘에 부탁한 적도 많았다. 제발 환자의 상태가 나에게 전이되게 하지 말라고…. 그러나 그것이 아니었다.

그래도 하늘은 늘 전이되게 했는데 전이되어서 내가 그 아픔이 사라지면 환자는 병이 호전되었다.

그러던 2004년도 겨울 어느 날, 하늘에서는 "이제부터는 전이시키지 않아도 환자가 호전될 것이다"라는 하늘의 음성이 내려왔다. 드디어 아무리 환자를 만나도 나는 아무렇지도 않고 환자를 고칠 수 있는 능력을 내리셨다.

그래서 지금은 내 몸은 건강하다. 예전엔 중풍 걸린 사람이 오기도 전에 내가 먼저 중풍이 걸렸던 때도 많았다.

그것은 잡신들의 훼방이었다.

이제는 훼방하지 않는다.

내 능력이 없거나 모자랄 때는 하늘은 그것을 보여 주곤 했던 것이다. "환자가 이렇세 아프나"라고….

그러한 것을 경험하고 나는 많은 공부를 했다. 제자가 되려면 이런 경험을 해야 한다.

하지만 하늘에 부탁을 해서 제자들은 힘들게 하지 말라고 그래서 제자들은 쉽게 공부를 한다.

칭찬과 상

하늘은 가끔 상을 내린다. 비, 눈, 바람, 햇살, 그리고 어두움. 하늘은 그 외에 칭찬과 상은 없다. 나는 영적공부를 하면서 많은 상을 받았는데 상이라는 것은 "잘해라"라는 뜻이다.

그 이외에는 영성공부를 시키시고 하늘은 항상 시험이었다.

영성공부는 항상 시험과 소감으로 이루어지는데 소감조차 하늘은 자신의 영이 하는 것을 원하며 모든 것을 영이 해야 한다는 것을 알려 주며 인간의 생각이 들어 있다면 그것을 빼기 위해 하늘은 노심초사 관리를 하신다.

하늘은 사실 칭찬과 상이 없다.

제자가 교만해지거나 혹 잘못을 하지 않을까 걱정을 한다. 걱정을 하는 것이 하늘은 칭찬이며 상은 관심을 갖고 공부를 시키는 것이다. 그렇게 칭찬과 상은 인간이 주는 칭찬과 상 하고는 확연하게 틀리다.

하늘이 걱정한다는 것은 칭찬이며 하늘이 관심을 갖고 공부를 시킨다는 것은 상이라는 것을 알았다. 그렇다. 영적으로 공부를 하는 사람은 이러한 하늘의 마음을 알아야 한다.

영적으로 하는 공부는 쉬우면서도 정말 어렵다. 하지만 하늘의 소리를 정확히 따라 준다면 어떠한 공부를 하는 것보다 어렵다. 어릴 때 울면 엄마가 젖을 주는 것과 같다.

엄마 젖을 많이 먹자.

하늘이 칭찬과 상을 거둬 갈 것이다.

늙은면 어디로 가나

인간의 마음은 어린아이로 돌아간다. 어릴 때는 어른이 되고 싶은 마음이 있고, 나이가 들면 인간의 마음은 어린아이가 되고 싶어 하는 신명이 있다. 그래서 어릴 때 느끼는 것을 나이가 들면서 알게 되는 것이며 나이가 들면 친구가 그리워진다.

그래서 지금도 노인정이나 종묘 앞에서 서로 친구를 만나 재미있게 하루를 보낸다. 아이의 신명은 맑다. 그래서 나이가 들면 머리가 맑아진다. 그래서 나이가 들면 욕심이 없어져서 평생 모은 돈을 사회에 환원하기도 한다. 이것을 볼 때 신명이 얼마나 중요한가를 알 수 있는데 어린 신명이 많을수록 사회가 밝아진다.

사람이 늙으면 어디로 가는지 요즘 사람은 다 안다. 부모를 모시기 싫어하는 자식은 실버타운으로 보내고 자식이 없는 사람은 양로원으로 간다.

앞으로 노인들이 많아진다고 한다.

양로원도 못가고 길거리를 배회하는 사람들이 많다.

다음은 결국 자살을 기도 한다.

이것이 대한민국의 현실이다.

이제 노인들을 위해 무엇을 할 것인가를 생각하자.

후손이 있는 것은 조상이 있기 때문이다.

우리는 조상들을 잘 모시지 못하고 있다.

노인들을 보면 무조건 감사합니다.

"감사합니다"라고 인사하자!

제8장

둥근 세상

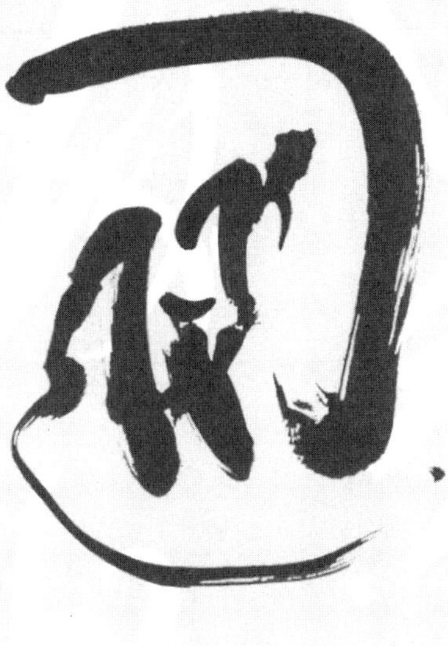

검사

어느 사람이 초초하게 검사 앞에 앉아 있다.

물론 죄가 있어 온 것은 틀림없는데 검사 앞에서 힘없이 고개를 떨구고 있다. 사실 검사에게 잘못한 것은 아니지만 잘못을 뉘우치고 있는 것 같다. 검사가 어떻게 조서를 꾸미느냐에 따라 재판이 이루어진다. 물론 잘못한 것은 사실이지만 검사와 죄인은 같은 사람이다.

죄는 미워하되 사람은 미워하지 말라는 말이 있다. 아마 이런 분위기를 두고 한 말이다. 그렇다. 사람이 잘못하는 경우가 두 가지이다. 한 가지는 사람의 생각이 잘못 되어서 그런 경우가 있는가 하면 한 가지는 탁한 신명으로 인해서 잘못하는 경우가 있다. 그러나 검사는 내면을 모르기에 탁한 기운으로 죄를 지은 사람에게 생각이 잘못 되서 그런 줄 아는 사람이 있다. 사실 죄는 두 가지 중에 어떤 것이 잘못을 유도했는지를 알아야 한다. 다시 말하면 영적으로 잘못 되어서 그런지 인간적으로 잘못한 죄인인지를 판단할 줄 알아야 된다.

자신이 공부한 것으로 사람을 판단한다면 억울한 사람도 많이 있다는 것을 알아야 한다. 나는 이렇게 생각한다. 우리나라의 검사나 판사만이라도 영과 인간이 만든 형법으로 판단한다면 억울한 죄인은 없을 것이라 생각한다. 우리나라에 영을 재판하는 곳이 생겨야 한다. 그래서 영적으로 잘못을 했으면 그 탁한 기운을 천도시켜 다시는 그런 일이 없도록 만들어야 된다고 본다.

몸에 나쁜 기운으로 살아가는 사람들은 자신도 모르게 죄를 짓는 경우가 많은데 어떤 신명인지 알고 산다면 검사 앞에 안 갈 것이다. 몸에 있는 신명이 참신이라면 죄를 범하지 않을 것이다.

교육정책

1년에 한 번씩 교육정책이 바뀌고 있다. 이것은 무엇을 말하는가. 세상이 급속도로 변해가는 것을 의미한다. 그래서 교육정책을 보면 얼마만큼 세상이 변해 간다는 것을 알 수 있다. 하늘의 세계는 더 빠르다. 지금은 책의 내용도 3년이나 5년에 바뀌어야 한다.

옛날에는 10년 이상 같은 책으로 공부했다면 지금은 영의 수준이 점점 올라가기에 이렇게 3년이나 5년에 바뀌어야 한다. 또 하나 나는 불만이 있다. 초등학교 6학년 책에 있는 단군할아버지를 별로 소개한 것이 없다. 대한민국을 개국하신 단군할아버지가 뭐라고 하실까? 지나가는 글로 써 놓은 것을 보고 어린 학생들은 무엇을 배우는 것일까?

교육은 우리나라의 역사를 바로 알리는 목적도 있다. 그리고 과외공부를 해야 마음먹는 대학에 들어가는데 과외를 안 해도 누구나 대학을 들어갈 수 있는 체재를 만들어야 한다. 교육을 책임 맡고 있는 교육부는 각성을 하고 학생들이 휴식을 취하면서 공부할 수 있는 교육정책을 만들어야 한다. 하늘에도 교육정책이 있는데 대강 이렇다.

"하늘은 점수로 학생을 평가하지 않는다. 하늘은 정신이 건강한 사람에게 높은 점수를 준다. 하늘은 미래를 바라볼 줄 아는 학생을 장학생으로 선발한다. 하늘은 민족을 생각하고 나라를 생각하는 학생을 최고 점수를 준다.

하늘은 남을 봉사하고 도와주는 학생에게 표창장을 준다. 하늘은 자신을 낮추고 용기와 성실을 기초로 시험문제를 낸다.

이제 우리나라도 바뀌어야 한다. 우리의 미래는 교육에 달렸다.

우리 모두 공부보다 학생 자신의 개성을 살려주자.

내님은 어디서

웃기는 사람이 요즘 인기가 있다. 그것은 사회를 보여 주는 것이다. 그만큼 사회가 웃을 일이 없다. 그래서 배우자를 선택할 때 유머가 있는 사람을 선택한다. 집안에 이런 사람이 있다면 그 집안은 웃음이 들썩거린다.

웃는 얼굴이 없는 세상을 생각해 보라. 얼마나 삭막하겠는가.

하루에 3분간 3번 정도 웃어보자.

저절로 기분이 좋아질 것이다.

회사에서 학교에서 웃음이 나온다면 다른 곳에서도 웃음을 배울 것이다. 배우자가 유머가 있는 사람이라면 가볍게 보지마라. 웃음에도 철학이 있다.

웃는 곳에서 님을 만난다면 성공의 열쇠를 찾은 것이다.

빈대떡 사랑

"돈 없으면 집에 가서 빈대떡이나 부쳐 먹지…."

서로 마음을 털어놓고 얘기할 수 있는 사람들을 보면 우리들 생각을 편안하게 한다.

빈대떡은 서민을 위한 음식이라기보다는 사람에게 편안을 주는 음식이다. 제사나 천제, 결혼 때 언제고 차리는 음식인데 어느 차림상에나 올라간다.

지금은 많은 음식이 있어 빈대떡을 중요시 하지 않지만 우리에겐 아직도 없어서는 안 될 음식이다. 빈대떡은 모든 음식의 기운을 모으는 성질이 있기에 명절에 꼭 빈대떡을 잊지 않고 준비하는 것이다.

음식 중에는 여러 가지 성질이 있으며 특히 궁합을 이야기하는 것도 많은데 사람의 건강과도 밀접한 관계가 있다.

감기가 걸려 고생하는 사람은 바나나를 먹는다면 좋다.

중풍에 걸려 고생 하시는 분은 시금치가 좋다. 암에 걸려 고생하시는 분은 멸치국물이 좋으며, 뼈가 부러져 고생하시는 분은 사과의 기운을 먹으면 좋다. 그래서 산에 올라가서 사과를 먹는데 그 이유는 뼈를 순하고 강하게 만들기 위해서 그런 것이다.

인간은 호흡 속에서 사는데 호흡을 잘하기 위해서는 메뚜기가 좋고, 화를 다스리는 데에는 유자차가 좋으며, 공부를 잘하기 위해서는 어린아이에게는 꽁치가 좋고, 어른에게는 고등어가 좋다.

이렇게 음식 속에는 인간에게 좋은 것을 주기에 어떤 음식 하나라도 중요시하게 생각을 해야 하고 만드는 성의를 생각해서 항상 감사한 마음으로 먹어야 한다.

오사마 빈 라덴

예전에 성선설도 있고 성악설을 주장하는 사람도 있었다.

본래 "인간은 어떻다"라고 말을 할 수가 없다. 기(氣)가 시시때때로 바뀌기에 그때마다 기의 성질이 틀리는데 성선설, 성악설이라고 딱 분리하기는 어렵다. 분리한다는 자체는 안 되는 것이며 모순이 있다.

오사마 빈 라덴을 보면 성악설을 주장할 것이고, 부시를 성선설로 포장할 것인가. 서로 보는 견해는 틀릴 것이다. 지금도 대한민국은 남북으로 갈라져 아픈 마음을 갖고 산다. 그것은 꼭 성선설, 성악설로 풀 수 없다.

죽은 김일성은 사실 악신이 있어서 혹이 난 것이며, 오사마 빈라덴도 악신이 몸에 무수히 많아서 그런 짓을 하고 있는 것이다.

처음부터 나쁜 사람은 없다고 알고 있다. 물론 어릴 때 그런 생각을 어떻게 했겠는가. 다만 3살 이후 기운이 바뀌기에 오사마 빈 라덴 같은 사람은 겁이 없는 사람으로 변한 것이다.

사람은 항상 좋은 기운으로 살아야한다.

사람은 좋은 기운을 달라고 기도하는데 좋은 곳에 사용하지 않는다면 다시는 하늘에서 좋은 기운을 내려주지 않는다. 하늘은 좋은 기운을 갖고 살기를 원한다. 나도 좋은 기운을 갖고 좋은 곳에 쓰고 싶다. 특히 중요한 것은 우리 민족이 좋은 기운을 갖고 살기를 원한다. 사람마다 사는 이유가 있다.

나는 국조 단군할아버지가 있기에 살아가고 있다. 누구에게나 단군사상을 알리고 싶다.

전쟁과 평화

집안을 보면 전쟁과 평화가 동시에 있다. 전쟁은 누구나 싫어한다. 전쟁 뒤에는 평화가 있는 것이다.

사람의 몸에는 셀 수 없을 만큼 신이 들어 있다.

그 신을 어떻게 다루냐에 따라서 평화가 있고 신을 다루지 못한다면 내면에서나 겉으로나 전쟁을 막을 수는 없다.

세계적으로 전쟁이 많이 일어났는데, 그것조차 영적으로 인해 싸우는 경우가 많았다.

지금 세계는 영적 전쟁이다. 다시 말하면 종교 싸움으로 한 나라에 패망을 가져오기도 한다. 올바른 마음을 갖고 종교를 갖는다면 전쟁은 없을 것이다.

나는 어느 종교를 다닐까 생각한 적도 많다. 그러나 부처나 예수는 나를 원하지 않았다. 좀더 영적공부를 해서 당신들처럼 활동하기를 원하고 있었다. 사실 나는 어딜 가도 어울리지 못했다. 나의 신명이 원하지 않았던 것이다. 결국 신명끼리 전쟁을 일으켜 나를 산으로 몰고 갔다. 결국 신명들이 전쟁을 일으키고 사람들이 서로 원수가 되는 일이 허다하다.

그래서 신명이 그런 것을 안다면 평화로 갈 텐데 그것을 모르기에 전쟁을 하게 되는 것이다. 신명을 바로잡아 평화를 가져오게 하자.

비우면 풀어진다

인간은 채우는 것에 익숙하게 되어 있다. 그러나 영적공부는 버리는 것에 정신과 마음을 두어야 한다.

정신적인 공부는 항상 비우기를 좋아한다. 그래야 진보할 수 있다. 그래서 스스로 마음을 풀지 않는다면 영에 얽매여 살게 된다.

깨달음은 오히려 자신을 잃어버리는 공부이기 때문에 자아를 찾을 때까지는 자신을 찾으려 하지 않아야 한다. 결국 자아를 찾았다는 것은 나를 찾은 것이다.

자아를 찾는 것은 영적으로 보면 중학교 과정은 책임을 지는 공부를 가르치고, 고등학교는 변화를 가르치고, 대학교는 충고를 가르치며, 대학원은 분수를 가르친다.

나 같은 사람은 하늘의 엑기스인 욕만 가르친다. 그래서 본의 아니게 나만 힘들어지는 경우가 많다. 그 욕은 형식을 없애고 관습을 없애는데 쓰인다. 여러 과정을 보면 알듯이 공부를 하기 전에는 어떠한 공부인지 모른다면 그것이 당연하다.

아직도 채우고 여기저기 다니면서 자기를 알아 달라고 하는데 자신 의 몸에 있는 기운이 원하는 것을 모르고 살아가고 있는 것이다. 그래서 채우는 공부와 비우는 공부를 알아야 한다. 비울 때 어느 것이든 풀 수 있다.

마음에도 우주는 있다

마음은 여러 가지 형태로 변해 간다.

아침, 점심, 저녁 마음이 다르듯이 보이지는 않지만 우주는 항상 돌고 있다. 마음은 소우주라 했는데 소우주를 돌아가게 하는 것은 사람 몸에서 돌아가는 기운으로 돌아가는 것이다. 다만 우주에서 주는 기운으로 돌아가는 것이기에 우주의 기운을 받지 못한다면 그 마음은 제자리에 있는 것이다. 그러므로 인간은 우주의 기운을 항상 받을 수 있는 자세가 되어 있으며 소우주라는 점을 인식하고 산다면 우주의 기운을 받는 변전소가 된다. 그러나 인간은 생각으로만 되려는 마음에 채널을 통해 내려오는 메시지를 읽지 못한다.

마음이 선한 것이나 악한 것은 결국 하늘에서 주는 메시지를 어떻게 받고 사느냐에 결정이 되는 것이므로 선한 것을 받기 위해서는 선한 신을 받는 것과 같은 것이므로 선한 신을 받고자 하는 사람은 우선 악신부터 소멸시켜야 한다. 탁한 기운을 없애는 방법 중에 산행을 하는 경우와 여행을 꼽을 수 있으며 아니면 하늘에 기도를 하는 방법이 있다. 마음에도 우주가 있다는 것은 자신의 발전이 있을 때 느끼는 것이며 자신의 생각도 없이 이루어지는 것은 소우주의 작용이 활발할 때 일어나는 현상이다. 그러므로 사람은 자신도 모르게 소우주의 활동이 활발할 때 발전을 해 주는 것이므로 흔히 말하는 사춘기 때 그러한 현상을 많이 보게 된다. 그래서 사춘기 때는 자신도 모르는 성격이 나타나며 그때를 잘 보내면 인간은 소우주의 위대함을 알게 된다. 이제 여러분들은 나이에 관계없이 소우주가 있기에 소우주의 왕성한 기운을 이용해 살아가야 한다.

우리는 조상의 힘으로 산다

나는 어머니, 아버지 산소가 용인에 계신다. 나는 어릴 때 부모의 덕을 너무도 몰랐다. 이제 하늘의 소리를 들으면서 나는 부모의 덕을 누구보다 소중하고 귀하다는 것을 알았다.

그렇다. "부모의 덕은 하늘과 같다"라는 것을 알고 나니 자연히 고개가 숙여진다. 사람이 인사를 하거나 절을 하는 것은 상대방을 하늘로 생각한다는 뜻이 들어 있다.

누구나 하늘이다. 누구나 신이다.

누구나 조상이 될 자격이 있으며 누구나 조상이 있다.

이것은 지금 사는 사람들은 조상으로서의 마음가짐을 갖고 살아야 하고 위로는 조상들에게 미안함과 자신의 부족한 점을 알려야 한다.

자손이 아무리 안다고 해도 조상은 우리를 가르쳐 주신 분이며 조상으로 인해 우리가 있는 것이며, 조상이 있으므로 우리의 뿌리를 알 수 있는 것이며 뿌리가 있어야 우리가 발전을 할 수 있다. 다만 우리가 우리의 뿌리를 외면하고 사는 것이 문제가 되며 명절 때라도 조상에게 절을 해야 한다.

아직도 조상에게 절을 안 하는 종교가 있는데 그것은 하늘의 율법을 이해 못하는데서 오는 것이며, 율법을 배반하는 행위와 같은 것이며, 율법을 전파하는 사람들이 잘못된 것이다.

우리의 조상은 지금도 자손이 잘되기를 원한다.

우리는 조상의 힘으로 산다는 것을 잊어서는 안 된다.

우리는 조상이 일구어 놓은 땅에서 살고 있다.

우리는 조상이 만들어 놓은 얼과 혼을 바로 알고 살아야 한다.
우리 것이 좋다면서 외면하지말자.
정말 우리 것은 좋은 것이다.
우리 것을 바로 알아 우리 것을 아끼며 고귀하게 생각하자.
조상이 보고 있다.

우주로 떠나자 친구여

"푸른 언덕에 배낭을 메고 황금빛 태양 축제를 여는—."

조용필에 "여행을 떠나요"라는 가사다.

여름이면 휴가를 통해 우리는 재충전을 해서 가을 겨울을 보낸다. 요즘은 그것도 모자라 겨울이면 스키장에 사람이 많다. 그만큼 스트레스가 많아서 그렇다. 자신은 소우주요. 여행은 우주요.

우주가 자연일세. 자연과 함께 살면 마음이 열리며 머리가 맑아지네. 우주는 우리의 친구일세. 친구 만나러 떠나자.

노래가 자연일세. 노래가 우주일세. 내 생각은 소우주 소우주에서 우주로 바꾸세. 하늘을 알면 우주가 되네. 너나 나나 우주가 되세, 우주는 우리의 친구…. 만약 사람이 우주라면 얼마만큼 세상은 변하는 것일까. 아마 상상도 못하는 세상이 보일 것이다.

나는 그런 세상을 보았네. 우리같이 보세. 마음만 열면 마음의 눈으로 볼 수 있네. 우주는 마음의 눈을 만들어 주네. 마음의 눈은 우주일세. 마음의 눈은 안보이네. 마음의 눈은 영안이 열리는 것이네.

마음의 눈은 깨달음이네. 마음의 눈은 눈을 감아도 훤히 보이네. 마음의 눈은 새로운 세상을 만드네.

우리같이 우주로 떠나자 친구여, 마음의 눈을 가지러….

제9장

나를 안다면

사랑은 나를 찾게 한다

한국인은 쌀을 가장 사랑한다.
한국인은 김치를 사랑한다.
한국인은 자긍심이 있다.

쌀 개방으로 인해 농사를 짓는 분들은 울상이다.
사랑했던 쌀이 배반하기 시작했네.
김치는 자기 할 일을 하는데 요즘 쌀이 심각하네.
쌀이 데모하네.
김치는 신났네.
쌀은 김치를 부러워하네.
어느 날 쌀과 김치가 대화하네.
김치가 쌀을 보고 "우리는 찰떡궁합인데 자꾸 멀어지는 것 같아 마음이 아프다"고 말하네.
쌀이 대답하네.
세상이 바뀌는 것을 내가 어떻게 하냐고.
이제 갈 곳이 없는 쌀은 김치를 따라가고 싶어 하네.
김치와 쌀은 서로 사랑했네.
우리 아이들은 쌀을 싫어하네.
아침밥이 하늘인 것을 모르고 피자를 좋아하네.
피자가 판치네.
햄버거도 판치네.
아이들의 기운이 바뀌네.

우리 쌀과 김치를 사랑하면 하늘도 좋아할 텐데.
이것이 세계가 하나가 되는 일이라면 좋을 텐데.
쌀이 기운이 없네.
불쌍하네.
쌀에게 위로라도 해야지.
쌀을 사랑하는 것이 나를 찾는 길인데….
농사꾼을 사랑하세.
민족을 위하는 일일세.

인류의 바람은

인류가 바라는 것은 평화를 유지하는 것이다. 특히 사람은 평화를 위해 살아야 한다. 마음의 평화를 갖기 위해서는 각자 하는 일에 열심히 일을 하는 것이다. 무엇을 하든지 일을 하는 것은 자신의 마음을 평화롭게 한다.

종교를 갖고 사는 것도 평화를 위해서 하는 것이다. 어떠한 사람을 만나는 것도 평화를 위해서 만나는 것이다. 아직도 전쟁을 하는 나라들이 있다. 전쟁 중에도 여러 가지 전쟁이 있겠지만 마음의 전쟁이 가장 큰 전쟁이다. 마음을 다스리지 못한다면 화를 낼 것이며, 마음을 다스리지 못한다면 부자가 될 수 없다.

마음을 다스릴 줄 안다면 평화가 온다. 마음을 다스리지 못한다면 어떠한 종교라도 가져야 한다. 마음을 다스리지 못한다면 피해의식이 생긴다. 인류를 다스리는 것은 결국 마음을 다스리는 것이므로 마음을 다스리지 못하는 나라는 전쟁 속으로 파묻히게 된다.

그래서 한 나라의 대통령은 일반 사람들보다도 마음을 다스릴 줄 알아야 한다. 나라의 발전은 마음속에 있는 것이다. 우리나라는 마음이 이상한 나라이다. 마음치료가 필요한 나라이다.

마음의 치료는 간단하다.

첫째로 우선 욕심이 없어야 한다.

둘째로 상대방을 생각하는 마음이 있어야 한다.

셋째는 과거를 들춰서 상대방을 마음 아프게 하지 않아야 한다.

넷째는 마음을 화려하게 치장을 해야 한다.

다섯째는 마음을 열어야 한다. 우리나라는 마음이 많이 닫혀 있는 편이다.

여섯째는 비교를 하지 않아야 한다.

일곱째는 서로 경어를 쓰는 마음이 있어야 한다.

여덟 번째는 웃는 마음을 가지고 있어야 한다.

아홉 번째는 용서하는 마음이 있어야 한다.

열 번째는 시기하는 마음이 사라져야 한다.

이렇게 마음은 여러 가지가 들어 있다.

인류가 바라는 것은 큰 것이 아니다.

서로 마음이 통하는 것을 바라고 있다.

"인류와 같이 갈 수 있는 마음자락을 넓히자."

꽃뱀의 최후

어른이 되면 술을 마시는 분들이 많다. 여자가 술을 더 잘 마신다.

웃음을 팔아 하루하루 사는 여성이 많은데 아마 다른 일보다 쉬운 일이라 그 쪽으로 몰리는 성향이 짙다. 낮에는 대학생으로 밤에는 아르바이트 한다고 룸싸롱으로 나가는 젊은 처자가 많다.

꽃뱀이 따로 없다. 바로 이런 것이 꽃뱀이 아닌가. 물론 학비가 없어 학비를 벌기 위해서 다닌다면 조금 이해가 되지만 유흥비로 쓰기 위해 술집을 다닌다는 학생들도 있다.

옷으로 치장하고 자신의 외모를 가꾸는데 들어가는 화장품 값, 성형 수술비를 벌기 위해 강남을 배회하는 많은 대학생들.

과연 우리의 미래는 어디를 향해 가는가.

남자가 장가가기 두려운 세상, 많은 여학생들이 술집을 전전긍긍한다면 우리의 미래는 뻔하며, 이런 속을 모르고 대학을 나온 처자와 결혼한다면 그 가정은 불행이 올 것이다.

사회가 무섭다. 사회가 두렵다. 사회가 무엇을 가르치는 곳인가. 꽃뱀의 최후는 여러분이 잘 알 것이다.

대학생은 공부를 해야 한다. 하버드나 동경대학 학생들을 보라. 자신과 미래를 위해 자신을 희생하고 있다.

대한민국 여대생이여, 각성하고 살아라. 좋은 곳으로 시집가려면 꽃뱀의 최후를 생각하라.

노름을 잘못하다간

노름으로 집안을 탕진한 사람이 여전히 정신을 못 차리고 '한 번만 더' 하는 것은 귀신병이다. 누가 탕진하고 싶은가? 그것은 누구도 못 고친다. 지금도 노름하는 사람들이 많은데 안 한다고 약속을 하지만 쉽게 그만두지 못한다. 그러기에 그것은 귀신병이다.

나도 한동안 노름으로 살아간 적이 있었다. 하루 종일 그 생각이 머리 속에서 떠나지 않았던 적이 있었다. 그런데 나는 하늘을 알고부터는 노름을 딱 끊었다. 그때서 나는 노름병은 어느 잡신이 들어 있어서 그렇구나 하고 깨달았다.

지금도 노름으로 인해 가정을 박살내는 사람이 있다면, 자신이 제정신이 아니구나 하고 생각하라. 잡신이 "노름을 시키는구나"라고 생각한다면 그 노름은 생각도 안 날 것이다.

노름은 나라를 망치게 하는 악이다.
노름은 사회를 악하게 하는 병이다
노름은 자신의 적이다.
노름은 일생을 망치게 한다.

지금도 강원도 카지노에서 요행을 바라고 앉아 있다면 그 자리를 박차고 나와라. 도박은 자신에게 도움을 안 준다. 차라리 그 돈으로 불우한 이웃을 도와주자.

신은 나그네

신들은 오늘도 방황을 한다. 어디로 가는 지도 모르게 하루를 시작한다. 신도 사람이 사는 것처럼 취직을 하고 어느 곳에 있는 신은 높은 계급의 장으로도 있다.

용왕이 있다고 하자. 용왕도 계약직이다. 사람이 사는 것처럼 용왕은 3년간 자기 구역의 바다를 지킨다.

집안에도 지관이 있다. 지관은 집주인이 바뀔 때마다 지관이 바뀌는 경우가 있고, 아니면 다시 부임을 하는 경우가 있는데 그대로 있는 지관보다 새로 부임을 해온 지관과 사귀기가 어렵다.

새로온 지관에게는 최하 1년에 3번 정도 음식을 해줘야 한다. 특히 영업을 하는 집은 한 달에 한 번 정도 지관에게 감사하는 제를 지내야 한다. 그래야 지관이 도움을 준다. 그렇지 않으면 지관이 나가버리거나 다른 신들이 와서 훼방을 놓는다.

건물을 지을 때 음식을 차려놓고 제를 지내는 것도 모두 지관을 위해 하는 것이다. 그러면 아무래도 사고가 줄어든다. 이렇게 신들도 인간이 사는 것처럼 갈 곳이 없어서 오늘도 다닌다.

그렇게 다니는 신들이 잡신이며, 잡신은 사람의 몸이 약하거나 성질이 고약한 사람에게 근접하게 되며 신들에게 제를 지내지 않는 사람에게 몸으로 들어가서 괴롭힌다.

특히 신의 제자로 태어난 사람이 그 길로 가지 않을 때 잡신이 많이 들어가서 그 사람이 갈 수 있도록 여러 가지로 고생을 시키는데 가난하게 하거나 병으로 드러눕게 만든다.

그 이유를 몰라 병원을 다니다가 결국 무당이 되는 경우가 허다하다.

이제 신들의 방황을 여러분들이 알아야 하며, 신들이 인간에게 원하는 것을 해줄 때 신들은 인간에게 반감을 갖지 않는다.

신들을 나그네로 만들지 말자.

무당에게 들어 있는 신은 7년이면 이사를 간다.

계절이 주는 교훈

봄은 여자의 계절이라고 한다. 그러나 요즘은 사계절 모두가 여자의 계절이다. 남자의 계절은 사라졌다.

봄, 여름, 가을, 겨울.

앞으로는 계절이 온난화로 점점 많은 사람들이 짜증을 내며 일하기를 싫어할 것이다. 날씨로 인해 남자가 강하지 못하고 여성화가 되고 있다.

계절이 주는 교훈은 여자들이 살아가기에 기운이 맞아 들어간다. 남자들이 얻는 교훈은 없어진다. 계절이 주는 교훈 중에 하나가 '건강을 잘 찾아라' 하는 것인데 앞으로의 날씨의 세계는 남자들의 건강이 걱정된다.

우리나라는 사계절로 남자의 기운이 좋았었는데, 온난화로 인해 많은 사람들이 건강을 해치게 되었다. 그래서 좋은 기운을 찾으려고 사람들은 요가나 기수련 명상을 하는 것이다.

건강을 위해 마음 수련단체가 생기는 것은 화를 다스려야 하기 때문이다.

여러분들도 천지 기운을 받아 건강을 갖도록 하자.

바라는 것이 있다면

모든 사람의 기운이 틀리기에 원하는 것이 있다면 기운 대로 해야 한다.

국회의원이 되고 싶다면 우선 마니산을 찾아라.

그리고 사업을 하려면 유명산을 찾아라.

미인이 되려면 우면산을 올라가라.

결혼을 하려면 경포대로 가라.

그리고 수능은 관악산으로 가라.

직업을 찾는다면 한강을 가라.

이렇게 바라는 것이 있다면 그 기운 대로 가서 기도를 하거나 산으로 올라가야 된다. 땅이 안 팔린다면 합의가 안 된 것이니 합의를 시키기 위해선 지관과 악수를 하는 형국으로 자주 인사를 드려야 한다. 이유는 소유할 때는 웃고 무작정 팔아버리니 지관이 화가 날 때도 있기에 안정을 시켜야 된다.

이렇게 사람이 바라는 것이 있다면 영적으로 해야 할 일이 있는 것이므로 무시하지 말고 그렇게 한다면 많은 도움이 된다. 그리고 영적으로 공부를 하려면 계룡산, 삼각산, 인왕산만 빼놓고 기도를 한다면 영적공부가 이루어질 수 있다.

이렇게 영이 하는 일은 인간이 생각을 못할 정도로 많은 힘을 갖고 있다. 그러므로 인간이 못하는 일은 영에게 부탁을 하는 것이다.

인간적으로 바라는 일이 있다면 영계에 부탁을 하면 이루어진다. 영계에서 하는 일을 즐겨라.

성자가 되기 위해

거짓이 없어야 하늘에서는 즐거워하며, 능력을 준다. 이 능력을 쓰는 것이 성자가 되는 길이다. 성자라는 것은 하늘의 비밀을 전해주는 사람으로 인간에게 필요할 때 하늘의 허락을 받아 내려주는 것이며 내려받은 능력을 유용하게 쓸 때 하늘은 더 큰 능력을 준다.

물론 성자가 되기 위해서는 그만큼의 노력과 고통을 이겨야 한다. 원래 누구나 하늘에서는 성자를 만들려고 했다. 노력과 고통을 참지 못하기에 성자가 안 되는 것이다.

누구나 성자가 되어야 한다. 어린아이는 성자다. 성자는 깨끗함을 말하는 것이다. 요즘 세상은 그만큼 깨끗한 것이 없어졌다. 신부에게 고해성사를 하더라도 죄가 다 없어지는 것이 아니다. 내면의 죄는 남아 있다. 그러므로 깨끗함을 갖고자 하기 위해서는 먼저 말했듯이 어린아이가 되어야 한다. 누구나 성자가 되기 위해서는,

1. 자신의 이득만 생각하지 말아야 된다.
2. 미래는 자신이 만드는 것이므로 자신이 책임져야 한다.
3. 온 세상에 웃음을 전달해야 한다.
4. 오늘이 일생이라는 생각으로 살아야 한다.
5. 사적인 것보다 공적인 면으로 살아야 한다.
6. 고생하는 것을 낙(樂)으로 살아야한다.

이렇게 성자가 되기 위해서는 여러 가지를 지켜야 한다.
성자는 자신의 마음을 깨끗하게 만드는 데서 만들어진다.

믿음은 상대방을 치유한다

세상에서 가장 필요한 것이 있다면 믿음이다. 서로 믿음이 없다면 사회는 파괴되는 것이다. 가족과의 믿음, 회사와의 믿음, 사회와의 믿음.

우리 민족은 지금 정부에 많은 관심을 갖고 있다. 그러나 믿음을 상실했다. 국민에게 믿음을 줄 수 있게 사적인 욕심을 버려야 한다. 믿음은 사적인 욕심을 버릴 때 만들어지는 것이다. 믿음은 상대방의 마음을 치유하므로 그것은 상대방이 욕심이 없을 때 내면에서 나오는 아로마 향과 같은 것이다.

사람에게는 누구나 향기가 있다. 말속에도 향기가 있고, 글에서도 향기가 나오고, 행동에서도 나온다. 그 향기로 인해 인간은 서로 치유하며 사는 것이다. 바라만 봐도 치유가 되는 사람이 있다. 그런 향기를 찾아가자. 그곳은 믿음이 있는 곳이다.

나는 이렇게 생각한다. 향기가 있는 곳은 나쁜 일이 생기지 않는다. 그곳은 믿음이 있기 때문이다.

믿음을 줄 수 있는 사람이 되어야 상대방을 치유한다. 나는 하늘을 믿는다. 그래서 치유가 되듯 여러분도 믿음을 갖고 있는 곳에 나를 맡기자.

하늘에도 학교가 있다

하늘에도 36사의 길이 있다. 그 길을 지나야 학교가 보인다. 나는 그 길을 헤매다가 겨우 찾았다.

하늘 학교 선생님은 천신이다. 천신은 나를 데리고 교실로 들어갔다. 친구도 없이 나 혼자만 외롭게 배우는 공간이었다.

나중에 공부하는 학생들이 들어오기 시작했는데 모두 9명이었다. 나는 장학생이었다. 공부를 잘한 탓에 나는 월반을 했다. 하늘공부는 사실 아무것도 모르니 잘됐다.

다른 친구들은 아는 체 해서 혼났다. 하늘공부는 아는 체 하면, 천신들이 과제를 주지 않는다.

처음에 들어가면 정신을 멍하게 한다. 그것이 기본이라고 한다. 땅의 학교는 시간 맞춰 교실에 들어가면 되는데 하늘은 먹고 자는 것이 없다. 난 졸려서 혼났다.

몸은 땅에 있는데 정신은 하늘에 있기에 난 정말 어지러웠다. 하늘공부는 언제나 나를 어지럽게 했다. 하늘은 장학생에게 장학금을 주지 않고 오히려 더 센 공부를 시키는 것이 장학금이었다.

나는 입학한지 2년 만에 고등학교를 다니게 되었다.

하늘 공부는 천신을 다루는 공부이다. 천신을 다루는 공부가 쉬운 것은 아니지만 따라하기만 하면 교관들은 나를 좋아했다. 지금도 그때 공부를 가르쳐 준 천신과 인연이 되어서 내 공부를 도와주고 있다. 인연이 길다.

그리고 대학을 들어가서 하늘의 공부를 졸업하고 우주로 입학을 했는데 우주공부는 대학원 공부였다.

우주공부는 정말 어려웠다. 사람 다스리는 공부였다. 대학원 공부는 다시 말해 소우주를 다스리는 공부였다.

우주에서도 나는 장학생이었다.

대학원까지 올라온 학생이 없이 나는 홀로 사랑을 독차지하며 많은 경험과 공부를 병행했다.

지금은 대학원 교수 수준의 학생을 가르친다. 깨닫고 나니 강사가 되었다.

종교가 주는 교훈

종교는 인간을 통해 깨우쳐 주기 위해 하늘에서 선지자를 선정해서 만든 것이다. 그래서 종교는 하늘의 선택이다.

인간의 기운이 같지 않기에 기운 대로 종교를 갖게 했다. 그렇게 하늘은 종교로 인간을 평정하게 했다. 그러나 세상에 있는 종교는 하늘의 마음을 읽지 못했다. 종교는 인간에게 바른 양심을 갖게 했다.

하늘이 추구하는 종교 사상을, 어느 종교는 하늘이 추구하는 사상을 잘 몰라 인간을 타락으로 인도했다.

하늘이 원하는 것은 인간의 눈보다 마음의 눈을 뜨는 것과 안정을 취하는 곳으로 인도하길 원했다.

종교는, 많은 인간에게 더불어 살게 하는 것이며
종교는, 자신의 마음을 위로받기 위한 곳이며
종교는, 건강을 추구하기 위해 선을 행하는 곳이며
종교는, 미움을 버리는 곳으로
종교는, 중립을 가르치는 것으로
종교는, 자신이 취득한 것을 나눠주는 곳이다.

인간이 하늘의 법을 따라가며 그대로 행하기를 바라는 곳으로 종교는 하늘의 사상이며, 우주의 원리를 상생시키는 곳이다.

인간은 하늘에서 매일 점검을 하고 있다는 사실을 알고 자신의 마음을 표하는 곳으로 종교를 갖는 것이다. 이제 우리는 종교를 바로 알아 우리의 정신을 하늘에 맡겨야 한다.

도와주는 마음은 하늘이다

나도 모르게 남을 도와주는 사람이 있는데 그것은 자신의 마음이 작용을 해 주는 것이다. 결국 하늘의 마음을 갖고 살고 있다는 것을 보여 주는 것이다. 누구나 이렇게 살아야 한다.

어떤 사람이 정신적인 문제로 나를 찾아오면 나는 이렇게 해결을 한다. 우선 하늘 기운으로 보는데 어떠한 기운이 들어 있는가를 파악한 다음에 해결한다.

이름과 생일을 몰라도 영적으로 기운만 보면 알 수 있다. 다만 하늘에서 기운을 보고 판단한 것을 인간의 생각으로 이렇다 저렇다 하는 사람들을 많이 상대했다.

하늘에서 판단한 것을 자신의 잘못된 판단에 의지하다 보니 하늘의 소리를 듣지 못하는 사람이 많다.

그래서 나는 가끔 답답할 때가 많다. 하늘의 소리를 듣고 산다면 인간은 잘 살 수 있다. 그러나 하늘의 소리를 외면한다면 잘살고 싶어도 힘들 것이다.

나를 알고 싶다면 내 생각은 접어야 나를 알 수 있다. 그러나 찾아오는 대부분의 사람들은 자신을 내세우고 찾아오니 답을 얻지 못하고 돌아가는 사람도 있다.

사람이 잘 살려면 하늘마음이 있어야 한다. 잘 살려고 한다면 마음이 하늘과 같아야 한다. 그것은 하늘이 도와서 산다는 마음을 갖는 것이다.

고통과 가난이 나를 만든다

하늘의 제자는 고통과 가난을 갖고 태어난다.

사회에 적응을 잘 하지 못하고 무엇인가 다른 삶이 있을 텐데 하는 막연한 생각을 하게 되고 집안에서는 무능력한 사람으로 보이고 신기가 잘 나타나지 않는 경우가 있으며, 만약 신기가 나타나서 어디에 가서 물어봐도 답을 찾기가 어렵고 무엇을 할지 몰라 헤매게 되며, 남자는 남자의 구실을 못하고 여자는 이상한 행동으로 다른 사람에게 피해를 주게 되며, 죽고 싶은 심정을 느낄 때가 있으며, 도대체 나는 누구인가를 궁금하게 생각하고 산으로 바다로 나도 모르게 정처 없이 다니게 되며, 자신이 집안을 책임져야 하는데도 아랑곳없이 다른 짓을 하게 되며, 항상 집안 사람들이 불안해 하고 걱정을 끼치게 되며, 잘못하다가는 정신병원을 갈 수도 있다.

그래서 이런 행동을 이해하거나 감싸줄 수 있는 사람은 별로 없으며 자신만이 고통을 받게 되며 어떠한 직업을 갖는다 해도 금방 싫증이 나고 하는 사업은 될 듯하다가 그대로 주저앉게 되며 어찌할 바를 모르고 살아가게 된다.

하늘의 제자는 이렇게 수난이 있으며 다른 사람들에게 본인이 어떠한 위치에 있기까지는 믿음을 줄 수가 없으며 그때까지 인간으로는 참을 수 없는 고통과 가난이 자신을 힘들게 하며 마음이 항상 불안하며, 항상 어디론가 의지할 곳을 찾게 되며 결국 몸에 천신이 고생을 시키는 것을 모르고 살아가게 된다. 사회생활도 수련생활로 이어지게 하며 가끔 마음이 답답하고, 자신이 아닌 다른 사람으로 살아가기에 다른 사람들을 사귈 수 없게 만들며 결혼을 했다가는 가정

불화로 같이 살 수 없는 환경으로 만든다.

자신의 잘못도 없이 이상한 일이 생기며 착하게 살려고 해도 힘이 들게 하며 제자가 되기 전까지는 정신이 없으며 누구에게 인정을 해달라고 말을 해도 아무 소용이 없고 혼자만의 아픔을 알지 못한다.

하늘은 그렇게 훈련을 시키게 하며 자신도 모르게 어떠한 행동을 하게 되는데 결국 남에게 피해를 주는 행동을 하게 되므로 한심한 사람으로 평가를 하게 된다. 이러한 과정이 있어야 하늘의 제자가 된다.

특히 하고 싶은 일을 하지 못하게 하며 엉뚱한 일을 저지르게 하며 건강을 잃어버리게 하며 물질적으로 가난하게 하여 어떠한 일을 하려고 해도 목을 조이며, 인간으로서는 잘 모르는 하늘의 세계를 알고 살아라 하는 마음이 생기게 되며 그 순간 스승을 찾으러 여기저기 다니게 한다.

그러나 눈앞에 보이는 것은 온통 나를 위한 것이 없고 의심만 하게 하고 이루어지는 것이 없으며 얼마 동안 고생을 한 뒤에 결국 하늘을 알게 된다.

제자는 가난과 고통이 있어야 진정 깨달을 수 있다.

혼돈의 세계

어느 대학을 나와야 내 인생이 바뀌지나 하고 생각하는 젊은 사람이 많은 요즈음, 내면이 원하는 대학을 가야 하는데 머리를 복잡하게 만든다. 이것도 혼돈의 세계이다.

어느 것을 믿어야 하는지 자신도 믿지 못하는 세상이다. 대한민국 사람의 장기가 있다면 부정부터 하는 심리가 있다. 깨닫지 못한 사람들의 변명을 들어보면 깨달음이 필요 없고 깨달음은 없다고 하는데 그것은 자신이 깨닫지 못했기에 자신도 모르는 질투심이 올라와 그렇게 글을 쓰거나 말을 하는 것이다.

지금 우리들 정신세계는 많이 썩어 있다. 오히려 정신세계 문제를 다루는 곳에서 혼돈을 주는 경우가 한 두 가지가 아니다. 정신세계를 다루는 사람들이 정신세계를 알지도 못하면서 사업 쪽으로만 치우쳐 잘못 인도하고 있다.

만약 한다면 하늘사업으로 하늘사업은 천지공사이다. 정신세계는 천지공사를 위해서만 하는 것이다.

말만 정신세계이지 무엇인지 모르는 사람들로 하여금 깨우치게 해야 하는데 오히려 목마름을 추구하게 만든다.

이것이 혼돈을 주는 세계가 아니고 무엇인가. 정신세계를 다루는 사람들은 오직 정신세계를 바로 전달해야 한다.

그렇지 않다면 정신세계라는 단어를 쓰지 않아야 한다.

국민들은 지금 혼돈의 세계를 걷고 있다.

정치는 정치대로 교육은 교육대로 사회는 사회대로 혼돈을 풀어가야 한다.

혼돈을 풀어가기 위해서는 이런 방식을 생각해 보라.

우선 정신세계가 있다고 생각하라.
정신세계가 우리를 구한다는 생각을 하라.
정신세계가 우리를 만든다고 생각하라.
정신세계가 미래를 개척한다고 생각하라.

정신세계는 혼돈을 풀어준다는 생각을 갖게 되면 혼돈은 우리에게 많은 가르침을 줄 것이다.

풀 수 없는 수수께끼

우주는 항상 돈다. 세상의 모든 것은 항상 돈다. 우리의 뇌는 항상 운동을 한다. 운동을 시키면 시킬수록 뇌는 발달한다. 뇌는 영과 함께 개발해야 한다. 그것이 전인교육이다.

앞으로의 세계는 전인교육을 해야 한다. 전인교육을 하지 않는다면 치매 현상이 더 온다. 전인교육을 활성화 시켜야 뇌가 발전하며 사회를 바로 볼 수 있고 자신의 개성을 발달시킬 수 있다. 인간은 답을 찾으려 하는데 사실 어떠한 것이든지 정답은 없다. 시대가 변하면서 답이 자꾸 바뀐다.

다시 말하면 영적세계는 지금 알고 있는 것이 정답은 아니다. 물론 답이기는 하지만 더 정답을 찾아가는 것이 우주이다. 사람이 죽을 때까지 알 수 없고 풀 수 없는 수수께끼이다.

어느 것을 안다고 다 아는 것은 아니다. 나도 모르는 것이 더 많다. 그래서 깨달음이라는 것은 다 아는 것이 아니라 알아야 할 것이 아직도 많이 남아 있다는 뜻이다.

깨달음은 시작일 뿐이다. 깨닫고 나야 공부할 것이 있고 그때부터 시작이다. 깨닫지 못한다면 시작도 못하는 것이 깨달음이다. 그래서 깨달음은 우리의 전부는 아니다. 하늘은 인간이 모두 다 알 수 있게 만들지는 않았다.

그것을 알고 살아가는 것이 하늘이 원하는 것이다. 하늘을 우러러 보고 하늘을 우리가 생각하는 것처럼 어렵게 생각하지 않고 산다면 우리가 알고 싶어 하는 수수께끼는 하나하나 풀어갈 수 있다. 하늘은 영으로 구성되어 있다. 하나씩 알아 가는 것이 깨달음이다.

물과 소리와 숫자로 구성된 우주

항상 우리 주위를 맴도는 것은 물과 소리와 숫자일 것이다. 누구나 사람이면 갖고 있는 것이며 그것으로 인해 사람은 살아간다. 물과 소리와 숫자의 개념이 없다면 사람으로 살아갈 수 없다.

어떤가 물을 먹고 사는데 불편함은 없는가, 듣는 데는 불편함이 없는가, 가지고 싶은데 가지지 못해 불편함은 없는가?

이런 물음을 스스로 해 보라. 하늘은 우리들에게 모든 것을 미리 주셨다. 우리는 그것을 가지고 유용하게 쓰며 살아가고 있다.

만약, 물이 없다면 하고 생각해 본 적이 있는가. 생각하기도 싫을 것이다. 만약 소리가 없다고 생각을 해보라. 감정이 사라질 것이다. 숫자가 없다면 서열도 무의미하게 될 것이다.

이렇게 우주는 우리에게 필요한 것들이 무수히 많다. 우리는 아껴야 한다. 한 방울의 물도 그리고 우주가 내려주는 소리도, 숫자는 서로 섞여 잘 살라는 메시지를 주고 있다.

이것이 우주에서 우리에게 원하는 것이다. 과연 우리는 그것을 실천하고 있는지 생각해 보라. 모든 것이 잘못된 것이다. 고쳐가자. 숫자가 원하는 것처럼 서로 섞여 가자. 우주가 우리에게 준 마지막 선물은 그런 마음이다.

태어남과 죽음

인간은 태어남을 즐겁게 생각한다. 그리고 죽음을 슬프게 생각하는데 그렇게 할 필요는 없다. 죽음도 웃으면서 보내야 한다.

태어남이나 죽음이나 마찬가지이다. 이해하기가 어려울 것이나 내가 공부한 전부이다.

인간은 이해하기 어려운 영의 세계가 있는데 기쁨과 슬픔은 같다. 그 이유는 모두 다 미래를 예언하는 것이기에 영의 세계를 공부 하다보면 이해가 된다.

이왕 인간세계에 왔다면 죽는 날까지 살고 있다는 것만으로도 감사해야 한다. 인간은 살고 죽는 것이 반복된다. 살고 죽는 것을 인생이라고 하지 않던가. 살려고 해도 힘들고 죽으려고 해도 힘들다.

어차피 죽고 사는 것은 하늘의 뜻이다. 인간이 어떤 것을 안다고 해도 이것만은 누구도 알 수 없다. 이것이 하늘의 법이다. 오늘도 많은 사람이 태어나고 많은 사람이 죽어 간다.

잘난 사람 못난 사람 다 같다. 죽음 앞에선 누구나 같다. 난 죽음을 두렵게 생각해 본 적이 없다. 그냥 살아간다.

하늘이 원하면 원하는 대로 잘 살려고 생각해 본 적도 없다. 다 부질없는 짓이다. 그냥 사는 것이 가장 좋은 것이다. 무엇이 되려고 힘들게 하지마라. 그 뒤에 오는 실망이 당신을 모른 척 할 것이다.

태어남과 죽음, 과연 여러분들은 어떻게 알고 있는가. 사는 동안 자연처럼 살아라. 후회가 없을 것이다. 눈에 보이지 않는다고 부정하지마라. 안 보이는 세계가 당신을 만들고 있다.

혼자는 외로워

대한민국은 어느 나라보다도 독립유공자가 많다. 고작 자손에게 돌아오는 것은 힘들게 사는 명예를 안고 사는 것뿐이다. 자손들을 위해서 정부가 해 주는 것은 별로 없다. 나라와 민족을 위해서 목숨을 아끼지 않고 생을 마감한 선열들을 우리는 무시하고 있다. 물론 자신의 이득을 위해서 독립운동을 한 것은 아니다.

우리 주위에는 지금도 민족을 위해서 일하시는 분들이 많다. 그 분들의 생활을 보면 아주 어렵다. 정말 민족을 위해서 사시는 분들은 거의 가정보다 나라를 위해 살고 있다. 그러나 민족을 위한다고 하면서 명예만 갖고 사는 사람도 많다. 나라를 위해 정말 외롭게 살아가는 분들에게 박수와 찬사를 보내자.

누가 하지 않는 일을 숨어서 하는 이가 많다. 그래서 우리나라는 돌아가는 것이다. 그런 훌륭한 사람들이 있어서 대한민국은 살아있는 것이다. 외로운 것은 최고의 고통이다.

특히 우리 주위에 대화가 필요한 노인네들이 많다. 한 달에 한 번이라도 노인네를 위해 대화를 해 주는 것도 독립운동이며 애국자이다. 양로원을 찾아가 봉사하자. 대화가 봉사이다. 대화 있는 나라를 만들자. 외로움이 없는, 외로움이 사라지는 나라를….

시작을 모르고 하기에

내가 영적인 공부를 해 온 것이 대한민국과 민족에 도움이 된다면 나는 그것으로 만족한다고 말하고 싶다.

누구나 모든 것을 모르고 시작을 한다. 그러기에 실패도 있고 성공도 있다. 성공한다고 영원한 것은 없다. 실패는 여러분도 알다시피 마음을 아프게 한다. 영적으로 공부하면 실패도 성공도 없다.

다시 말하면, 영적으로 살면 성공이라는 것은 존재하지 않는다. 정말 영의 세계는 모르는 것이 공부를 하는데 도움이 된다.

인간이 사는 세계와 틀리지만, 결국 영적 공부는 사회와 함께 가기 위한 공부이다. 한 차원 승화된 것이라고 본다면 이해가 쉽다. 뒤에 글이 나오겠지만 영을 모르고 시작하기에 나는 내 자신을 알지 못했다. 그래서 힘이 들었다.

그러나 이제는 어느 정도 하늘을 알았기에 어느 정도는 사람들에게 하늘을 알리고 싶다. 지금도 여기저기 길을 찾아 떠나는데 만나는 곳은 하나로 통일이 되는 곳이다.

이제 여러분들은 통일이 되는 곳을 향하여 가는 것이다. 그 통일이 되는 곳이 하늘이다.

이곳은 하늘이 만들어 놓았지만 이미 생긴 길이라도 그 길을 개척하는 사람 나름대로의 길이 열리는 것이다.

인간은 언제나 그렇게 살아가는 것이며 길을 갈 때마다 새로운 것을 알게 되며 지나온 길을 보며 아! 내가 온 길이 돌아서 왔는지 직선으로 왔는지를 알게 된다. 그래서 개척은 우리에게 새로운 시작을 하게 한다.

우리는 새로운 시대를 맞이하여 개척을 하는 일에 동참해야 한다. 모르고 시작한다는 것은 창피한 것이 아니라 자신의 몸에 있는 기운을 알게 한다.

치유하는 세상

세상에 치유할 것들이 많은데 그중에 제일은 마음치유라고 생각한다. 마음치유는 스스로 하는 것이며, 그것이 어렵다면 성경도 불경도 치유가 되는데 그중에 가장 치유가 되는 것은 천부경이다.

나는 천부경을 통해 우주의 심오한 영성공부를 했다. 천부경을 누구나 읽어보고 외워 보고 한다면 자신도 모르는 사이에 어떠한 기운이 들어오는 아주 오묘한 경이다.

대한민국 사람이라면 천부경을 알아야 한다.

그래서 마음을 치유하자. 대한민국 사람이라면 애국가처럼 천부경을 외우자!

일 시 무 시 일 석 삼 극 무

진 본 천 일 일 지 인 이 인

일 삼 일 적 십 거 무 궤 화

삼 천 이 삼 지 이 삼 인 이

삼 대 삼 합 육 생 칠 팔 구

운 삼 사 성 환 오 칠 일 묘

연 만 왕 만 래 용 변 부 동

본 본 심 본 태 양 앙 명 인

중 천 지 일 일 종 무 종 일

나는 아무것도 모르지만 영적세계를 다루고 있다. 영적세계는 인간의 마음이 없어야 하기에 하늘에서 나에겐 인간 공부를 안 시킨

것 같다. 그래도 나는 충분히 마음공부를 시키고 배우며 살고 있다.

전국에 100명 정도 제자를 키워 대한민국의 정신세계를 다루려 하고 있다.

마음공부를 통하여 자신을 안다면 편안해지며 병도 걸리지 않고 스스로 치유가 가능하다.

사람은 스스로 치유할 수 있다. 부모가 마음이 잘못되어 있다면 아이들도 문제가 된다.

마음을 치유하자. 마음공부를 하자.

가정이 편안해지며 스스로 놀랄 것이다. 시간이 많이 필요한 것도 아니다.

일주일에 2시간만 시간을 내어 자신을 키워가자.

지금은 마음을 치유하는 세상이다.

제10장

나는 이렇게 깨달았다

뜨는 해가 미워

어느 날 태양이 아침 일찍 서둘러 하루 일과를 시작하기도 전에 아기는 자기 마음대로 정신없이 한 우물 속을 빠져나가기 위해 온 힘을 다해 세상 밖으로 나오는데 많은 사람의 축복은 아니지만 한 인간으로 보여지기 시작했다.

내가 어떤 일을 해야 할지도 모르고 한 가정의 아들이라는 감투를 쓰고 한바탕 울음으로 실내를 떠들썩하며 자신을 스스로 자랑하며 장남으로 태어났다. 물론 그때에는 세상이 어떤 것인지도 모르고 툭하면 울고 기분이 조금 좋으면 웃는 것으로 사람들에게 애간장을 녹이여 성장을 하기 시작했다.

이렇게 나는 태어나서 커 가면서 내 모든 것이 공개되었다. 나의 부모님은 나를 낳기 위해 애를 썼는데, 어느 날 하늘이 도와 집안을 갑자기 나로 인해 중심을 잡을 수 있도록 만들어져 갔다.

나는 1살 때 서울로 정처 없이 상경을 했다. 물론 태어난 곳은 시골이라 우리 집안은 먹는 것부터 걱정이 되었다. 그렇게 나는 사람들이 말하는 서민이었다. 지금 생각을 해보면 그렇게 사는 것이 누구나 그런지 알았지만 돌아보면 부모님은 생활력이 없는 집안이었다. 어린 아이가 무엇을 알아 할 말을 했겠는가. 나는 주는 대로 먹고 살았다. 그때는 어머니 젖이 최고의 주식이었다.

그것을 먹고 난 성장했다. 그때가 기억은 잘 안 나지만 바로 밑 동생이 내 밥을 챙겨갔다. 그래서 나는 많이 울었을 것이다. 이것이 내가 살아가는 방법이었다.

한 아이가

너무 가난한 집에 태어난 어린아이는 초등학교 때부터 언제나 학교에 급식으로 건강을 유지했다. 어릴 때 잘 먹어야 성장도 되는데 난 먹고 싶은 고기 한 번 먹지 못하고 유년기를 보냈다. 다른 사람들은 잘사는데 왜 나는 이렇게 살아야 하는지 가끔 부모가 미웠다.

그때에는 1원이면 알사탕을 2개 살 수 있었는데 부모한테 1원을 타기란 하늘의 별따기보다 힘들었다. 다시 말해 내가 손수 벌어서 쓰지 않는다면 1원 짜리 하나 구경도 못한 시절이었다. 물론 그때에는 대한민국이 서서히 성장을 할 때였다. 1960년대니까, 여러분들도 생각해 보면 대한민국이 도약을 할 시기였다.

초등학교 5학년 때 일이다. 그때부터 나는 생활 전선에 뛰어들기 시작을 했다. 겨울이었는데 가장 쉬운 군고구마 장사를 하기 시작하면서 내 운명을 키워가기 시작했다.

친구들이 나타나면 창피하니까 군고구마 통 뒤에 숨어 친구들이 지나가면 그 때 고구마를 뒤집어 가며 구웠다. 친구가 많이 지나가는 날은 군고구마 통 뒤에 숨느라 고구마를 하나도 팔지 못하고 팔지 못한 고구마는 나의 끼니를 때우느라, 다른 것은 먹지 못했다. 그래서 어릴 때 별명은 고구마였다.

지금은 웃으면서 글을 쓰지만 그때 마음은 많이 속상했다.

군고구마를 팔아야 얼마라도 건지는데 결국 친구들 때문에 군고구마 장사는 완전히 실패작으로 다른 장사를 시작해야겠다는 마음으로 지금의 왕십리 중앙시장에 있는 야채 도매상이었다. 그때만 해도 서민들이 지금보다 많아 장사는 그런대로 될 때다. 배추나 무, 양파,

감자를 도매로 사다가 리어카를 가지고 단골이 있는 동네를 돌며 파는 것이었다.

그때는 아버지를 도와서 하는 일이었기에 나에게는 한 푼도 떨어지지 않는 장사였다. 그러던 어느 날 난 결심을 했다. 너무 힘이 드니까 차라리 다른 직업을 갖고 살아가야 한다는 생각에 지금은 없어졌지만 을지로에 있는 어느 극장 매점에 들어갔다. 그 때는 휴식시간에 물건을 잘만 팔면 1달에 3,000원이라는 거금을 손에 쥘 수 있었다. 그것도 오래 못했다.

영화가 시작하기 전 애국가가 끝날 때까지만 팔아야 하는데 돈 버는 욕심에 본 영화가 들어가도 여기저기 돌아다니다가 매를 많이 맞곤 했다. 그때 매는 아무것도 아니었다. 그냥 돈을 벌어야겠다는 마음밖에 없었기에 상관이 없었다. 그런데 이런 일이 있었다.

그때는 대창 하드라는 아이스케키가 있었는데 팔려고 극장 안을 조금 돌다보면 자기 마음대로 녹아내리는 바람에 찌그러져 팔지 못하는데 주인은 나보고 책임을 지라고 한다. 그래서 그 하드를 책임지다 보면 나는 하루에 벌은 돈이 1,000원 정도 밖에 안됐다. 그래서 또 이 직업은 나하고는 안 맞다고 생각하고 철공소를 갔었다. 그런데 원래 잘 먹지 않아 철공소는 상상 외로 힘이 들어 직업을 바꿔야겠다는 생각이 또 들었다.

어떤 직업이 나를 반겨줄지 걱정이 태산이었는데 이제 내 나이 17살로 성장을 했다. 이 글을 쓰는 이유는 내가 이런 과정이 없었다면 깨닫지 못했을 것이라는 생각이 나서 쓰고 있다.

그 해에 난 아무것도 모르고 온천에 때밀이 보조로 취직을 했다. 춥지 않고 따뜻한 곳에 일해서 좋은데 실습 기간에는 월급이 나오지 않아 결국 그곳도 3개월을 넘기지 못했다.

그러던 중, 나는 결핵성 늑막염이라는 병이 찾아왔다.

몸은 32킬로 정도로 바싹 말랐다. 의사는 더 이상 희망이 없다는 말을 했다. 지금 생각하면 링거 병으로 노란 물을 갈비뼈에서 2병정도 빼냈다. 옆집에 사는 아줌마가 "안됐군, 아들 하나 불쌍하네." 이런 말을 하고 갔다. 나는 정말 죽는 것일까? 두려움은 없었지만 동생이 이때쯤 16, 14, 11살이었다.

모두 다 여자이기에 생활력이 없었고 학교를 다니기에 항상 쪼달리고 살았다. 이때쯤 16살 동생은 다른 집에 식모로 갔다. 나의 운명은 어떻게 돌아가는지 궁금하기 시작했다.

어렵게 태어나서 아무 일도 하지 못한 것이 억울하기도 하고 돈이 없어 병원에 입원도 못하고 결핵성 늑막염이라 보건소에서 약을 타다가 엄청 먹어야 했다. 한 번 약을 먹을 때 입 안이 가득 차 넘기기가 힘들었다. 결국 나는 며칠 있으면 이 세상 사람이 아니라는 것을 직감했다. 며칠 뒤 나는 집을 나와 산으로 올라가기 시작했다.

나도 모르는 행동을 한 것이다. 정말 나의 운명을 알고 싶어 괴로웠다. 나는 하늘에 이렇게 외쳤다.

"이렇게 짧은 생을 주시려면 태어나지 않게 하지 왜 태어나게 했느냐"라고 겁도 없이 대들었다. 참 이상하게도 그 말을 한 뒤로 약을 먹지 않고 기도만 열심히 했다. 얼마나 다행한 일인가. 기도만 했는데도 내 몸은 호전되는 것 같았다.

이상한 징조가 보이기 시작한 것이다. 여기저기 병원을 다녔지만, 어떠한 변화도 없고, 차도는 물론 죽는다는 말만 했는데 기도로 이렇게 사람이 변할 수 있다는 것은 참으로 놀라운 일이었다.

지금 생각해 보면, 하늘에서 신유은사를 내리시려고 나에게 고통을 준 것이다. 그래서 난 지금 정신적으로 고통이 있는 환자를 고치고 있다. 결국 이렇게 만드시려고 하늘의 쇼를 보여준 것이다. 지금은 하늘에서 내리신 12가지 은사를 다 받아 영적으로 잘못된 사람들을 치유한다.

내가 나를 버리기 위해

난 참 멍청했다. 특히 공부에는 관심이 없었다. 누가 나보고 지금, 공부를 많이 한 사람으로 본다면 오히려 고맙다. 사실 나는 책을 한 권도 읽어보지 못한 무식쟁이다. 겨우 국어를 아는 것뿐이다. 여러 가지 고행 아닌 고행 속에 나는 여기까지 온 것이다. 지금은 간간이 책을 읽는다. 그때는 책을 보지 못하게 했다.

지나온 과거에는 이렇게 사는 것이 싫어 나를 버리기로 결심했다. 그러나 하늘은 허락하지 않았다. 어느 날 나를 버리는 것도 내 마음대로 못한다는 것을 알게 되었다. 그 시간이 지나고 1995년 어느 날, 20년간 기도한 끝에 하늘에서 음성이 들리기 시작했다.

"이제, 너는 내려가서 많은 이들에게 지혜를 주어라"하고, 처음에는 이게 무슨 소리인가 아무것도 모르는 나에세 이런 소리가 왜 들리는가? 그것이 이제 보니 하늘의 계시가 내 마음을 통해 내려온 것이었다.

처음 들은 이야기가 오히려 나를 이상하게 만들었다. 이제는 말할 수 있지만 그때는 왜 그렇게 몰랐는지, 물론 당연한 일이지만 지금은 내가 아무것도 모르고 이렇게 온 것이 다행이구나 생각하게 됐다. 내 생각이 앞섰다면 과연 지금이 있을까 하고….

그때 잘 모르니까 바로 옆에 무당한테 과연 그것이 뭐에요 하고 물어보니 그것은 조상이 천도가 안 되어서 그런다고 했다. 그러나 내입에서는 네가 뭘 알아 하는 소리가 나오는 것이다.

전혀 내 생각이 아닌 다른 말이다. 참으로 희한한 것이었다. 그때 무당은 영급이 낮아 나를 보지 못한 것이다.

그때에는 무당도 부러웠던 때다. 이제야 안 것이지만 깨달음은 아무것도 모를 때 하늘에서 알려주는 것이지 아는 체 한다면 아무것도 내려주지 않는다는 것을 알았다.

나는 이렇게 말하고 싶다. 깨우치기 위해서는 아무것도 몰라야 한다고….

사회에서 버림받다

난 알다시피 사회에서는 쓸모가 없는 사람이었다. 배운 것도 없고, 재산도 없고 특히 직업이 없었다. 나이 40세가 되어도 마땅한 직업이 없었다.

누가 나를 생각할까? 내가 생각을 해 봐도 정말 한심한 인간이었다. 그런데 하늘에서 도구로 쓰려고 아무것도 남기지 못하게 했다는 것을 알았을 때는 오히려 잘 됐다는 생각을 했지만 그렇게까지는 내 마음이 어떻겠는가를 여러분들이 알 것이다.

나는 어떤 것이 되고 싶다는 생각을 한 번도 한 적이 없었다. 누가 나에게 직업을 만들어 주겠는가? 무조건 돈이 되는 것이라면 일을 하려고 항상 마음을 먹고 있었지만 학력과 자격증이 없기에 특별히 따지지는 않았다. 하지만 나는 직업이 없다는 것을 느끼기 시작했다. 어느 것을 해도 6개월 이상 견디기가 힘들었다. 그렇다고 노력을 안 한 것은 아니지만 내 생각과는 달리 항상 다른 곳으로 방향이 흘러가서 되는 일이 없었다.

결국 사회는 나를 버렸다고 생각했는데 하늘공부를 통해 사회에 내놓으려고 하는 것을 알고 사회가 나를 버린 것이 아니라 깨달아 사회에 쓰기를 원한 단군할아버지의 지혜가 담아있었던 것이다.

나를 믿고 계시를 내려준 단군할아버지의 뜻을 따라 목숨 다할 때까지 열심히 영성공부를 하고 싶다.

하늘 학교를 그리고 군대를

나는 사실 입영 날짜를 받을 때 몸이 많이 아파서 혼자 걷기도 힘들었다. 그래도 국방부에서는 나에게 국민의 의무를 지키라고 해서 지금은 없어진 공군 8639부대에 들어갔다.

들어가자마자 의가사 제대를 했다. 그러므로 대한민국에 잘 한 것이 없는 사람이다.

잘하지 않으려고 한 적은 없는데 몸이 말을 안 들어서 그런 것이다. 알다시피, 하고 싶어도 못하는 심정이었으며 학교도 별로 다니지 못하고 살아왔다.

결국 나는 하늘의 부름을 받아 지금 이러한 일들을 열심히 하려고 한다.

하늘에서 선택을 했다는 것은 너무 나에게는 꿈만 같다. 난 하늘의 영적학교를 다녔다.

물론 몸은 여기 있었지만 신명이 알아서 올라갔다 내려갔다 하며 학교를 다녔다.

나는 결국 초등학교부터 대학원을 다녀 이제는 대학원 교수를 가르치는 강사가 되었다. 이 수준은 사람이 상상할 수 없는 위치의 깨달음이다. 땅의 학교는 별로 공부를 못했지만 하늘 학교는 참고 참아 이런 경지까지 온 것이다.

물론 힘든 공부지만 이 공부가 아니면 나는 할 것도 없고 태어난 보람이 없다는 생각을 가지고 여러 가지 계단을 통해 영적세계를 알게 된 것이다. 참을 수 없는 고통도 있었지만 참은 만큼 하늘은 공부를 하게 하며, 하늘의 학교가 얼마나 나에게는 좋은 곳이구나 생각을 하게 한다.

1편에서도 언급했지만 수행의 길이란 자기와의 전쟁을 말하는 것이라서 순전히 자기 책임이라는 것을 깨닫기를 바라는 마음이다.

하늘공부는 정말 어렵지만 이제는 내가 경험을 했기에 쉽게 공부를 할 수 있는 길을 열어 놓은 것과 같다.

어머니, 나의 어머니…

한 번 불러 보고 또 불러 봐도 나의 어머니는 화가 나셨는지 대답이 없으시다. 사실 어머니는 84년도에 돌아가셨다. 중풍으로 돌아가셨는데 그 때도 우리 집은 돈이 없어 병원을 가지 못하고, 3년 동안 구경 한 번 못하시고, 병상에 계시다가 어느 날 하늘은 어머니를 나에게 눈치도 안하시고 데려가셨다.

나는 누구보다도 어머니를 보고 싶어 하는 사람 중에 한 사람이다. 부모님이 다 돌아가시고 나는 고아 아닌 고아로 살아왔다. 항상 외로움으로 시간을 소비하고 살아온 나는 지금도 살아 오시기를 기원하는 축원을 한다.

물론 살아 오시지는 못하지만 영혼이라도 항상 살아 계시기를 빌며, 지금은 내가 마음만 먹으면 어머니를 혼으로나마 만날 수 있어서 좋다. 내가 만약 혼을 영적으로 부르지 못한다면 그리워만 했을 것이다. 나는 어머니의 영혼을 내마음속에 모시고 다닌다.

누구나 그렇겠지만 어머니는 나에게 가장 좋은 분으로 기억 된다. 아직도 어머니 같은 분을 만나지 못했고 보지도 못했다.

승승장구

세상에 태어나서 나는 지금 제일 행복하다. 돈을 많이 벌어서가 아니다. 돈은 어차피 내 것이 아니다. 필요한 만큼 있으면 되는 것이며 돈을 많이 가진 것보다 영을 가진 것이 훨씬 기분이 좋다. 돈을 많이 가진 사람은 불안하다.

돈은 가끔 필요할 때가 있지만 영은 살아 있을 때 항상 필요하다. 지혜의 문을 갖고 있기에 돈하고는 겨룰 수 없는 것이다. 영은 점점 올라가지만 돈은 사람을 망치는 경우도 있다.

사람은 어떤 사람이 계급이 올라가면 질투하지만 영은 축하만 해줄 뿐이며 올라갈수록 마음이 편안해지며, 다스릴 수 있는 마음이 생기며 기운이 충만해져 인간의 생로병사도 다스릴 수 있다.

지식을 많이 담을수록 잘난 체를 하지만 영적공부가 될 수록 머리를 숙인다. 그래서 마음공부를 하는 것이다. 세상은 나를 위해 사는 것보다 마음공부를 하다보면 남을 위해 사는 것이 훨씬 보람이며, 그것이 하늘이 바라는 것이라는 것을 알게 된다. 나를 알아야 한다는 것은 여러분들이 잘 알겠지만 지금 생각하는 것이 하늘공부를 위해선 아니다 라는 것을 깨우쳐야 한다. 우리나라 사람들이 깨우치려면 불교도 좋지만, 이왕이면 영적으로 더 높은 깨우침을 향하여 정진을 해야 한다. 신은 높은 신이 더 많이 도움을 준다는 것을 알아야 한다. 그래야 여러분의 기도가 하늘에 닿는 시간이 짧아진다.

그래야 영적공부가 승승장구가 될 것이다.

드디어 눈이 떠지네

눈이 떠진다는 것은 이 책에서는 마음의 눈을 말하는 것이다.

어느 순간 나는 눈이 또 생겼다. 눈이 밝게 보이는 분은 답답하지 않을 것이다. 그것은 얼굴에 있는 눈이나 마음속에도 눈이 있다는 것을 알아야 한다.

마음속에 눈이 생기려면 물론 많은 시일이 걸릴 수도 있지만 하늘 공부를 하게 되면 사주, 기, 기공, 염력, 유체이탈, 빙의 치유, 그 외 여러 가지를 할 수 있는 영안이 열리게 되는데, 마음을 열고 하늘을 받아드리면 누구나 할 수 있다.

특히, 영적인 병을 치유할 수 있는 능력이 생기며, 얼굴만 보면 그 사람의 기운을 읽어 내릴 수 있다. 미래를 예언할 수 있는 능력이 생긴다. 그러므로 사람은 마음의 눈을 가질 때 세상을 바로 보는 눈이 생기는 것이다.

그래서 어떤 것을 본다는 것은 사람의 눈으로 보는 것이 아니라 마음의 눈으로 보아야 한다. 그래야 앞서 가는 일을 하고 남에게 영능력자, 영성가라고 들을 수 있는 사람이 되며 철학을 하거나 심리학, 그리고 명리학 공부를 한 사람하고는 차원이 틀리다.

마음의 눈을 뜬다는 것은 하늘의 기운을 받아 상대방에게 줄 수 있는 기운을 말하는 것이며, 천기를 내리는 능력이 생기는 것이며, 어떤 것이든지 대화가 가능하며, 어떤 대상을 가지고도 표현이 가능하며, 원격으로도 점검을 할 수 있고 치유도 가능하다.

인간으로서는 상상도 못할 일이 벌어지며, 영이란 것이 인간에게 주는 교훈이 무궁무진하다는 것을 느끼게 되며, 성자가 되는 길이라는 것을 알게 된다.

깨우친다는 것은 하늘의 영을 받아 그대로 보여주는 행위를 말하며, 아무리 하늘에서 준다 해도 본인이 그것을 알지 못한다면 고생만 하다가 끝날 것이며, 지금도 많은 사람들이 어느 단체에 가서 마음공부를 한다고 하는데 잘 안되니까 그만두고 다른 것을 찾는 경우가 있는데 오랜 시간을 두고 하는 것이지 순간적으로 깨닫는다고 하더라도 깨닫는 것부터 시작이니 시작을 하기 위해서는 많은 것을 다져야 하는 것이며 자신이 모른다고 부정을 한다면 절대로 깨달음의 길을 갈 수 없는 것이다. 부정을 하면 스스로 문을 닫는 형국이 되며, 어떠한 것이든지 계속 화두로 갖고 있다면 언젠가는 깨닫지는 못해도 하늘의 도움을 받을 수 있다.

깨닫는 것은 마음의 눈을 갖게 되는 것이며, 깨달음은 멀리 있는 것이 아니며, 깨달음은 항상 우리 주위를 맴돌고 있는 것이며, 깨달음은 정신을 맑게 하는 것이며, 깨달음은 어려운 것이 아니며, 깨달음은 소금과 같이 짜며, 깨달음은 인간이 소유할 수 없는 것이며, 우주에서 상을 받은 것과 같은 것이며, 깨달음은 우주에서 원하는 것이며, 깨달음은 분위기 메이커로 어떤 것이든 해결하는데 도움을 줄 수 있는 것이다.

뭘 알아야지

강화 마니산 참성단에서 기도를 하고 있을 때 이상한 말과 글을 받았다. 처음이라 아는 게 없어 당황하고 누구에게 물어봐도 모른다고 해서, 혼자 집에서 3달간 하늘의 말과 글을 쓰기 시작했다. 정말 아무것도 모르는 나에게 하늘은 지금 생각하니 어떻게 하나를 보고 있었다.

물론 난 그런 것도 모르고 하늘의 말과 하늘의 글 천서를 쓰며 읽어가며 간절한 마음으로 시간을 보냈다. 어느 순간 해석을 할 수 있는 능력을 하늘에서 내려주셨다. 이것을 알아 밥이라도 먹을 수 있는 실력이 있다면 얼마나 좋을까 하고 생각을 하자마자 하늘은 나에게 이렇게 말을 했다,

걱정마라 네가 이 글을 읽고 쓴다면 그것보다 훨씬 좋은 환경을 만들어 줄 것이라는 말이 내려왔다. 사실 그때는 긴가민가했다. 내 자신이 하는 것이 아닌가 하고, 그러나 하늘에서 다시 답이 내려왔다. 방금 한 것은 너의 말이 아니라 하늘에서 주는 말이라는….

참 이상하기도 하고 신기하기도 했다. 아무것도 모르는 나에게 어마어마한 말이 내려온 것이다.

이 말을 믿어야 할지 어떻게 해야 할지 답을 찾지 못했는데, 얼마 지나고 나니 저절로 해석이 되고 있었다. 신기한 일이 계속 이어져 간 것이다. 이공부가 과연 어떤 공부인가를 알지도 못하면서 무조건 공부를 했다.

어느 정도 세월이 지나니 사람을 보면 스스로 알게 되었다. 어떤 사람이라는 것쯤은, 그래서 사람들의 인생을 상담하기 시작을 했다.

그러나 양이 차지 않았다.

그래서 하늘에 부탁을 했다. 과연 누가 나에게 천기를 내려주셨는지 하고, 그런데 하늘에서는 이런 말이 울려 퍼졌다. 단군할아버지의 계시라고, 믿기 어려운 말이었다.

사실 나도 그때만 해도 단군 할아버지를 잘 몰랐다. 그런데 나에게 단군의 기운으로 천기를 내리셨다는 것이 의아해 했다. 뭘 알아야지. 그때는 정신이 없었다.

정신병자야 너는

어떤 공부를 하더라도 미쳐야 한다.

맞는 이야기인지 틀린 이야기인지도 모르는 사람이 있을 것이다. 이 글을 해석하면 이런 것이다. 미치게 하는 것은 인간의 생각 으로는 어떤 것을 알아야 풀어갈지 모르지만, 미치게 하는 것은 자신의 생각으로는 될 수 없다는 것을 알았을 때 알 수 있는 것인데, 미치게 하는 것은 하늘이 하는 것이다.

나도 하늘이 미치게 했으니 어릴 때부터 평범하게 살지 못한 것이다. 지금도 하늘에선 도구로 쓸려고 어떤 인간을 미치게 하고 있다. 미치게 한다는 것은 정신병자가 아니라 지혜를 주기 위해서 그렇게 하는 것이다.

이제 어느 것을 하기 위해서는 누구나 미치도록 일을 해야 한다. 우리나라는 지금, 너무 게으르다. 자기의 마음에 들면 일을 하고, 마음에 안 들면 일을 안 하는 형태를 볼 수 있다. 또 하나가 있다면 바른말을 하는 사람들이 적다. 어떤 것이 잘못됐으면 시정을 할 수 있게 해야 하는데 그것을 보고도 모른 체 하고 있는 실정이다.

뒤에서 군소리를 하는 사람이 많은데 정면으로 나서서 일을 해야 한다. 대한민국의 정신은 지금 썩어 있다. 어떻게 보면 정신병자 같은 생활을 하고 있는 사람이 많다.

이것을 바로잡아야 대한민국은 바로 갈 수 있다.

빽이 없으면 억울하게 손해를 보는 나라, 지식이 짧으면 무시 당하는 나라, 어느 기득권이 있어야 잘 사는 나라, 가난한 사람이 아무리 노력을 해도 어렵게 살아가는 나라, 외국을 갔다 오지 않으면 취직이 어려운 나라, 노인정책이 아직도 안정이 안 되어 있는 나라, 복지시설이 하늘만큼 모자라는 나라.

이것을 잘해야 우리나라는 정말 더불어 가는 세상을 펼칠 수 있다. 영적수준이 올라갈수록 나라가 잘사는 법이다.

내 이웃을 미치도록 사랑하는 나라로 만들자!

하늘의 소릴 듣다

"1995년 1월달 생애에 가장 멋진 날이다."

무슨 소리인가 귀를 기울였는데 아무 소리도 안 들렸다.

하늘에서 내 마음을 좁쌀만 하게 만들었다.

그리고 나서 이런 말을 듣게 됐다.

"나는 단군이니라. 이제 대한민국은 단군시대로 나를 모신다면 통일도 되고 잘 사는 나라가 될 것이다. 너에게 이 말을 한 것은 태어날 때부터 너를 감시했느니라. 그래서 너를 하늘의 도구로 쓸려고 지금껏 고생을 시켰는데 잘 참고 견디어 냈구나. 부디 깨우쳐 대한민국의 정신세계를 이끌어라."

이런 소리가 무엇인지 몰라 정신이 없었는데, 만 10년이 지난 지금은 그 말이 무엇인지 알게 됐다. 내가 잘난 것이라고 아무것도 없는데 나에게 이런 행운을 하늘에서 미리 주셨던 것이다.

그것을 모르고 살아온 나는 부끄러워 고개를 못 들었다. 하늘에서 내려오는 음성을 듣고자 해도 들리지 않은데 내가 하늘의 소리를 듣고 이렇게 영성공부를 할아버지를 통해 공짜로 했다는 것은 축복을 받은 것과 같다. 하늘이 과연 나를 선택했다는 것은 잘못 알고 선택을 한 줄 알았지만 이렇게 하늘의 기운으로 글을 내린다는 것은 믿지 않을 수 없다. 이제 나는 천기를 내릴 수 있는 능력을 하늘에서 주셨다. 하늘은 거짓이 없었다. 음성을 듣고 나서, 10년 뒤에 지금 이렇게 제자들과 민족진영과 나라 살리기 운동을 하고 있지 않은가? 애국자가 따로 없다. 지금은 줄 바로서기, 쓰레기 분리 잘하기만 해도 애국자다. 언젠가 여러분들도 하늘의 음성을 듣는다면, 황홀한 것이다. 나는 시시때때로 하늘의 음성을 듣는다.

"단군시대를 펼쳐라", "단군시대를 펼쳐라"

하늘의 소리다. 국민을 위해 하늘에서….

한 많은 내 인생

보잘것없는 내 인생 누가 보상한단 말인가? 한 많은 대동강아, 변함없이 잘 있느냐. 고향을 이북에 두고 지금도 통일을 기다리는 실향민 우리네 어른들은 통일을 보고 죽어야지, 통일을 보고 죽어야지 입에 그네를 단 것처럼 외우고 다닌다.

아무리 남한에서 잘산다고 하더라도 고향의 그리움은 우리들 가슴을 울린다. 과연 실향민의 마음을 얼마나 헤아릴 수 있는가?

아버지도 고향이 원산이다. 원산에서 일사후퇴 때 피난 내려와 고향을 그리다가 돌아가셨다. 원산은 만두를 잘 먹는 동네라고 들었다. 그래서 그런지 나도 만두 3인분을 거뜬하게 먹는 실력자다. 만두가 맛있는 곳이 신대방동에 가면 있다.

어릴 때 밥맛이 없고 아무것도 먹히지 않을 때 그 만두는 이상하게도 나에게는 구세주처럼 꿀맛이었다. 돈이 없어서 못 먹었지. 그때 돈만 있었다면 10인분은 먹었을 것이다. 지금은 시간이 없어 찾아가지 못하고 있다.

어릴 때는 왕십리 중앙 시장에 가서 우거지를 주워 보리밥과 우거지를 삶아 주식으로 먹었으니 돈이 어디 있었겠는가?

가끔 지금도 왕십리를 찾는데, 중고품을 구하러 가는 것이다. 지금 이렇게 먹는 사람은 없을 것이다. 술을 담고 남은 술 찌꺼기가 나에겐 배고플 때 먹는 단골메뉴였다. 먹고 나면 조금 알딸딸한데, 배고픔을 잊어버리는 데는 최고이다.

지금도 사회를 한탄하고 원망하며 사는 사람이 많다. 우리 주위에 어둡게 사는 사람이 없는지 가끔 돌아보라. 자신보다 못한 사람이 많은 것을 느낄 것이다.

식당에 음식 찌꺼기가 욕을 한다. 음식을 남기는 사람이 많기에 화났다. 주문식으로 식사를 한다면 음식 찌꺼기는 줄어들 것이다. 굶고 사는 어린아이들의 부식비를 빼먹는 상인도 많다고 한다. 한심하다. 다른 건 몰라도 어린아이의 성장을 좀먹는 일을 하지말자. 그런 아이들이 무엇을 배울까?

어린아이에게 한을 만들지 말자.

하늘의 코드는 나의 것

영을 알게 되면, 우주의 코드를 하늘에서 선물한다. 우주는 셀 수 없을 만큼 여러 가지의 코드를 갖고 있다.

단군할아버지의 코드는 281번이다. 오늘도 단군할아버지의 코드를 열고, 글을 쓴다. 단군할아버지 밑에는 수많은 사람들이 있으며 항상 우리를 보고 계신다. 281코드만 열면 나는 신난다. 나는 281코드를 열어보는데 생각만 갖고도 연다. 그 속에는 없는 것이 없다.

깨달음의 조건들이 다 들어 있다. 할아버지는 나에게 그 코드를 통해 깨닫게 해준 것이다. 할아버지가 깨달았기에 그 기운을 담아 내려주신다. 제자들에게도 깨달음을 주기 위해 지금도 내려주신다. 아끼지 않고 내려주신다. 그래서 나는 코드가 여기라고 안내만 할 뿐, 난 하늘에 제자를 맡긴다.

하늘의 코드는 나의 것이다. 우리 민족의 것이기도 하다. 난 이 코드를 민족에게 선물을 해 주고 싶다. 코드에는 우리가 상상할 수 없는 것들이 들어 있다. 물론 그 속에는 불경이나 성경도 들어 있다. 281 코드를 열면 모든 세계의 경을 그 속에서 열어볼 수 있는데, 단 자격증이 있어야 볼 수 있다. 성통공완 할 수 있는 공부도 있다.

불교공부, 기독교공부도 들어 있다. 천부경 속에 다 들어 있다.

나는 영적공부를 하며 281코드를 수없이 열어 보았다.

하늘은 나에게 "281코드는 네 것이다, 열어봐라." 항상 하신다. 내가 게으르지 않다면 무엇이든 깨달을 수 있게 구성이 되어 있다. 내가 이렇게 된 것도 모두 단군할아버지 덕분이다.

나는 어느 종교도 배격하지 않는다. 잘되기를 기원한다. 하지만 올바른 선지자가 안내하기를 바랄 뿐이다. 지금은 선지자가 제대로 없는 것이 안타까울 뿐이다. 빠른 시일 내에 선지자가 많아져 제대로 가는 종교가 되었으면 한다.

하늘의 코드를 읽어볼 수 있는 선지자를 말하는 것이다. 누구든지 하늘의 코드를 읽어보는 날이 왔으면 하는 바람으로 독자제위께 이 글을 드린다.

준비된 깨달음

깨달음은 사람이 준비하는 것도 있지만 우선 하늘에서 선택을 하는데 대한민국에 수많은 사람이 잠재해 있다. 그러므로 자신이 깨닫는 것은 힘이 들며 깨달음으로 갈 수 없다. 하늘의 도움이 없이는 절대로 안 된다. 내가 깨달은 것도 분명 하늘의 도움이었다. 사실 나는 깨달으려고 한 적이 없기에 얼떨결에 깨달은 것이다.

그러므로 하늘의 도움이 전적으로 필요한 것이다. 물론 도움을 준다는 것은 천기를 내려 공부할 수 있게 분위기를 잡아 주시는 것이다. 천기를 내리는 것이 가장 중요하다. 천기를 받지 않고는 시작할 수 없다.

지금도 산에서 아니면 토굴에서 깨닫고자 공부와 기도를 하는 사람이 많은데 부질없는 짓이다. 올바르게 깨우치려면 하늘의 소리를 듣고 그대로 실행을 해야 한다.

자기 생각대로 기도를 한다면 엉뚱한 신들이 들어와 훼방을 놓기에 깨닫는 것이 늦어져 깨닫고 나면, 일할 시간이 없다.

누구나 깨달을 수 있지만 깨닫고 나면 중생을 위해 일을 해야 하는데 그때에는 나이가 너무 들고 힘이 들어 허송 시간만 보내는 사람도 허다하다. 기도는 알다시피 허공기도를 해야 좋으며 사업을 위해서는 도봉산이 좋으며 몸을 위해서는 수락산이 좋다. 백두산은 장군 산이요, 일본의 후지산은 여자 산이요, 아기를 못 낳는 여자가 기도하면 임신을 한다고 한다. 한라산은 여자 산이다. 결혼을 하고 싶다면 산행을 하라.

그리고 계룡산은 조상 산이요, 그래서 조상 기도를 하는 사람들이 많이 찾는다. 진안 마이산은 천신 줄이며 강원도 경포대도 천신이다. 그리고 기운이 제일 센 곳은 마니산이다. 그리고 치악산도 몸이 안 좋은 분들에게 좋으며 여자산일수록 아픈 사람에게 좋은 것이며, 장군이 있는 산은 국운을 볼 수 있는 산이며, 지금 인왕산이나 삼각산은 하급신이 많고 잡신이 많은 산이다.

우리나라 산에 잡신이 없어야 잘 살 수 있는데 지금도 그곳에서 모르고 기도를 하는 사람들이 많다. 기본을 알고 기도를 한다면 그 기도는 하늘에 닿을 것이며 천신기도를 하려거든 진안 "마이산이나 강화 마니산으로 가라."

자신의 기도가 이루어질 것이다.

시험을 이기고

깨닫기 위해서는 수많은 과정이 있다. 다시 말해 시험을 이기지 않고서는 하기 힘든 공부다. 지금 기를 하거나 영성공부를 하는 사람이 있다면 시험을 한다는 것을 알아야 한다. 하늘의 특기는 되새김 공부이기에 항상 시험을 해서 교만하고 이기주의가 되지 않게 도움을 준다.

사람들은 그것을 모르고 발전이 안 된다고 생각을 하게 되는데 이때만 참으면 다시 한 단계가 올라가게 되는 것이며, 시험이 끝나야 그제서 하늘에서 말을 한다. 지금까지 시험을 이겨 수고했다는 말을 듣게 되며 그때가 되면 눈물이 폭발이 되어 기쁨의 눈물이 시험의 마지막이라는 것을 알게 하는 것이 영적공부다.

인간이 참을 수 없도록 수많은 시험이 있기에 시험을 이기기란 쉬운 것은 아니나 그 고지를 넘어가기 위해서는 인내와 참음이라는 방패를 갖고 있어야 한다.

시험은 교묘하게 하기에 인간이 알기에는 어려운 것이며 아주 리얼하게 시험을 하기에 항상 사람은 속아 넘어가게 되는데, 진짜 실제상황을 재현하기에, 시험을 당할 때마다 고비를 어렵게 넘어가는데 이때 느끼는 것이 진리는 자신의 경험으로 나오는 것이라는 것을 알게 된다.

성인들은 이렇게 해서 하나하나 진리의 말을 써내려 간 것이다. 하늘에서 천기를 받고 나서 공부를 하다가 3년이 지나서야 하늘에서 시험을 하는 것을 알았으니 그동안 얼마나 힘들었는지를 여러분들도 잘 알 것이다.

천기를 받지 않았어도 사실 하늘은 사람의 심성을 알아보기 위해 시험을 한다. 이것이 심성수련이다. 심성수련은 하늘에서만 하는 것이다.

그래서 사람은 항상 올바르게 살아야 한다. 불의를 보면 상대할 수 있는 마음이 하늘의 마음이다. 제자 중에 3년간 시험을 했는데 시험을 이기지 못해서 탈락을 하는 경우도 있다.

그래서 대강하는 공부는 어떻게 핑계가 있을지 몰라도 깨닫는 공부는 한시라도 핑계를 대거나 변명을 한다면 깨닫는 시간이 늘어나 그만큼 늦어지는 것이다. 이왕 깨닫는 공부를 한다면 시험을 하는 동안만이라도 나는 없다는 생각을 갖고 한다면 정상에 도달할 것이다. 그래야 마음공부를 하고 싶어 하는 독자제위들께 안내를 할 수 있다. 시험을 이긴다는 것은 하늘을 이긴다는 것이 아니라 자신을 이기는 것이므로 그때 하늘에서 기뻐하는 것이다. 부디 여러분들도 하늘의 시험을 이기고 자신을 찾기 바라는 마음이다.

나를 표현하다

하늘은 나를 이렇게 표현한다. 인간승리, 인간승리, 인간승리, 하늘의 말로는 "쭈오쑤아, 쭈오쑤아, 쭈오쑤아"라 한다.

너무 좋은 말이다. 하늘의 인간승리는 내가 무엇을 잘해서 주는 것이 아니라, 앞으로 인간에게 승리를 해줄 수 있게 안내자라는 뜻이다.

내가 무엇을 알아 안내를 하겠는가? 그것은 모두 하늘의 소리를 듣고 대변하는 것이다. 그래서 인간승리는 하늘과 인간을 대변하는 사람이라는 뜻이며, 여러분들도 다같이 인간승리자가 되어야 한다.

마음을 우주로 행하는 것이 문제며, 우주로 마음을 돌릴 때 인간승리를 할 수 있는 것이며, 부디 대한민국이 우주로 향하는 마음을 가질 때 누구나 인간승리자가 되는 것이다.

그날까지 우리는 세계를 안내하는 나라로 발전할 수 있도록 바른 심성을 갖자. 바른 심성을 갖는다는 것은 영적으로 승화를 말하며, 영이 높으면 스웨덴처럼 잘사는 일등국가가 될 것이다. 또한 국민의 수준은 1년 국민소득을 말하는 것도 있지만 영의 수준을 말하는 것이니만큼 영적 수준을 높이는 것이 잘 사는 길이다.

자신을 표현하는 데는 바른 심성이 필요하다. 하늘의 심성으로 사는 것이 누구나 바라는 마음일 것이다.

오빠는 이상해

나는 동생이 셋이 있는데 모두 여자다. 만약 내가 이 길을 안 갔다면 동생 중에 한 명이 이 길을 가야 한다. 다행이 내가 하니 동생들은 그런 대로 아이 낳고 편안하게 산다. 다행이 나도 이렇게 하늘을 만나 좋은 날을 보내고 있다.

동생들이 착실한 반면에 나는 노름과 폭력 아니면 불만투성이였다. 정말 인간으로서는 같이 살 수 없을 만큼 속을 썩였다. 오빠로서는 자격이 없었다.

그래도 동생들은 잘 참아주었다. 오빠가 잘되기를 기다렸지만 기다릴수록 오빠라는 사람인 나는 정신을 못 차리고 살았다. 그것이 거의 20년 이상이었다.

그 동안 참았던 동생들은 하도 살아가는 게 이상하니까 인천에 정신병원이 좋다고 하는데 거기를 가보라고 할 정도로 내놓은 오빠였다. 사실 내 정신은 말짱했다.

그러나 다른 사람들이 보기에는 나는 모르지만 정신병자 같은 행동을 보였던 것이다. 생각을 해보니 정신병자가 따로 없었다. 산에서 천기를 받고 집에 가니 동생이 반겨 주었다.

나는 그때만 해도 50원밖에 없었다. 천기를 받는다고 하늘에서 돈을 주는 것은 아니니까, 살길이 막막하였다. 동생이 조그만 방 세 평짜리를 내어주었다. 나는 그 방에서 죽는 마음으로 공부를 열심히 했다. 지금은 동생들이 마음이 놓여서 좋다. 지금까지 동생들에게 해 준 것은 하나도 없다.

올바르게 하늘의 기운을 전파할 수 있도록 도와준 동생들에게 이 책을 통해서라도 고마움을 전하고 싶다. 피는 물보다 진하다는 말이 증명 된 것이다 이제는 이상하다고 생삭하지 안 했으면 좋겠다.

부모님의 사랑

부모님이 없으신 분은 없을 것이다. 태어나게 해 준 부모의 마음은 죽어서도 그 빚을 갚을 수는 없는 것이다.

나는 부모님에게 한 번도 효도하지 못했다. 항상 후회를 하지만 지금은 돌아가셔서 하고 싶어도 할 수가 없다. 이제 생각하니 가난함 속에서 어머니는 지혜가 있으신 분이었다. 아버지도 내가 어릴 때는 미워도 했지만 많이 후회된다.

짧은 생각으로 부모를 생각했던 것이다. 지금은 가끔 만난다. 먼저 말했듯이 어머니, 아버지가 이렇게 말한다. "세상의 부모가 다 부모니 잘 모셔라."

우리 아들이 깨달았으니 민족을 위해서 봉사해라. 부모님은 하늘에서 내가 깨달을 수 있도록 항상 도와주셨다. 부모의 마음은 돌아가셨어도 그저 자손이었다.

효도하자, 부모에게 효도하자, 하늘에 효하자!

재판장이 되다

깨달음의 끝은 영을 재판하는 재판장이 되는 것이다. 그래서 나는 보기만 해도 영을 재판할 수 있는 영 능력자가 되었으며, 영적으로 고생하는 사람들의 기운을 바꿔주는 일을 하게 되었다.

한편 일본과 중국을 다니며 기도를 하며 중국도 우리나라 땅이라는 소리를 하늘의 음성으로 확인을 했다. 중국, 만리장성에서 2000년도에 나는 하모니카로 "애국가"를 연주하며 하늘에서 "옥새"를 받았다. 그래서 그 후로는 천서를 써서 사람들에게 한 장씩 주게 되었으며 이제야 옥새를 사용하라는 하늘의 소리를 듣고 집필에 들어가기 시작한 것이다.

천서에서는 기가 나오고 책 또한 기가 나오는 것을 느끼게 되었다. 이제 앞으로는 인사동 근처 갤러리에서 천서 전시회와 천서 판매를 할 예정이다. 이제 재판장이 되고서는 영을 다루는 일에 앞장서고 있다.

어릴 때, 서울 운니동에 살았는데, 문화극장에서 어머니를 재판하는 판사를 보고 나도 커서 판사가 되겠다는 마음을 먹었는데 민간인을 재판하는 재판장은 아니지만 지금은 영을 재판하는 재판장이 되었으니 재판한다는 의미로 보면 같은 것을 하고 있다.

인간이 영을 재판한다는 것은 상상도 못할 일이지만 내가 하는 일이 그런 것이니 나라가 잘될 수 있도록 판정을 잘해야 한다고 생각한다. 영을 재판하는 판사는 계급에 따라 숫자가 따르지만 천신을 재판하는 판사는 지금 대한민국에 11명이 있다. 그러나 아직 연수부족으로 재판을 못하고 있는 실정이다.

물론, 땅에서 재판 하는 것과 하늘에서 재판 하는 것과는 틀리겠지만 하늘의 재판은 신속정확하게 한다. 초를 다투는 일이며, 땅은 재판하려면 오랜 시간이 필요하다. 그것을 보면 하늘은 어떤 것이든 신속히 재판하기에 재판 결정이 나오면 그렇게 따라만 주면 사는 것이 훨씬 지금보다 어렵게 살지는 않는다.

다만, 땅에서 하는 재판은 항소가 있는데 하늘의 재판은 무조건 긍정을 해야 한다. 만약 그렇게 하지 않는다면 손해가 올 것이며, 상상도 못할 일이 일어나게 되는 것이며, 함부로 재판을 하지 않는 것이 특징이며, 자신을 모르는 사람들을 주로 재판을 하는데 영을 모르는 사람들은 그 사실을 바로 긍정하지 못하기에 생각을 한 뒤에 긍정하는 경우가 있다. 하늘은 몇 초 사이에 결정을 하기에 인간의 답도 빠른 시간에 답을 해주는 것이 좋으며 만약 재판을 하고도 장난으로 감정을 했다면, 눈으로 보이지는 않지만 손해가 온다.

그래서 영을 재판한다는 것은 상당히 어려운 것이며 언급했듯이 하늘의 허락이 있어야만 재판을 할 수 있는 것이기에 심사숙고해야 한다. 무당 팔자나 아니면 나 같이 하늘의 기운을 받아 공부를 할 팔자가 그 길을 안 가면 조상이나 하늘에서 힘이 들게 하는데 그것을 모르고 살아가는 사람이 의외로 많다.

지금까지 자신의 기운이 무엇인지 모르는 사람들을 위해 웅천선원 문을 열어 놓았다. 점을 보는 차원이 아니기에. 단, 예약은 필수며 예의를 지켜야 한다. 예의가 부족하면 자신의 인생 상담은 할 수 없다. 자신의 기운을 알고 싶은 사람은 우선 자신의 이야기를 줄여야 한다.

하늘도 울었네

신과 영과 기의 세계에 입문한지 만 10년이 되었다. 그동안 난 내 정신이 아니었다. 우주의 최면에 걸려, 공부를 하게 되었다. 초등학교 과정부터 대학원 과정을 마치고 지나간 세월을 생각해 보니 다시 이러한 영적세계 공부를 하라고 한다면 못할 것이다. 모르고 시작을 한 것이기에 알고 공부한다면 너무 힘이 들고 괴로운 일이 많기에 차라리 죽음을 생각할 정도로 치가 떨린다. 그러나 제자들은 먼저 공부한 사람이 있기에 아무래도 나보다는 그렇게 힘이 들지 않는다.

내가 깨닫고 나서는 하늘에서 내 몸을 통해 오히려 나보다 더 좋아하는 것을 느끼고 제자들도 같이 하늘의 소리를 듣고 울음바다가 된 적이 한두 번이 아니었다. 하늘도 울었다.

깨달음은 끝이 정해져 있지 않다. 그것까지도 알아야 깨달음으로 갈 수 있다. 조금 깨달았다고 다 아는 것은 아니다. 아무래도 깨닫지 못한 사람보다는 차이는 있다. 어떻게 이해를 하느냐에 따라 차이가 있을 것이다.

하늘을 대변하는 것도, 하늘이라고 표현할 수도 있다. 우주와 하늘은 멀리 있는 것이 아니다. 생각에 따라 멀리, 아니면 자기 마음에 있다는 것을 알게 된다. 하늘을 감동시키면 하늘도 따라 감동한다. 하늘과 우주의 주인은 인간이다. 잘 가꾸어야 주인이 되는 것이다.

민족의 아픔이 내 아픔

우리민족은 순수했다. 옛날 조상님들은 그랬다. 그러나 민족을 생각하는 사람들이 줄었다. 민족의 아픔이 내 아픔이라고 생각하는 분들이 과연, 요즘 시대에는 얼마나 있는가?

그 어떤 것을 찾는 것보다 어려운 세상이다. 민족의 정신이 정말 중요한 것이 어떤가를 모르고 살아가고 있다. 자기 것만을 생각하는 세상. 자신들의 가족만 잘 되어야 기분 좋은 세상.

만약, 전쟁이 일어나면 싸울 준비가 되어있는가? 아마 외국으로 도망가는 사람들이 대부분일 것이다.

민족의 단결심이 사라졌다. 상대방보다 좀 더 민족을 생각하는 마음이 있어야 한다. 예전에는 도인들이 많아 나라를 걱정하고 미래를 설계 했는데, 지금은 먹고사는 문제보다 어떤 것을 갖고자 하는 마음이 앞서서 민족을 생각하는 마음이 줄어드는 것이다.

아파트나 땅을 사는데 정신이 없고 이웃을 생각하는 마음은 사라졌는데 어디서 민족의 자긍심을 찾을 수 있겠는가?

우리 것을 찾자고 말은 해놓고 우리 것을 모르고 남의 것만 무조건 좋아하는 세상, 우리 것을 모른다면 아무리 알아도 하나도 모르는 것과 같다. 대한민국이 애국애족의 마음이 살아나야 자손들에게 떳떳할 것이다. 자손들에게 민족의 아픔이나 정신을 고취시켜 남의 아픔이 내 아픔이라는 것을 알게 하여 민족성이 투철하고, 이기주의보다는 누구보다도 상대방을 배려하는 마음을 갖게 하는 것이 이 시대가 요구하는 과제일 것이다. 그렇게 되면 민족의 아픔이 내 아픔이라는 것을 스스로 깨우치게 될 것이다.

외세의 침략을 받아 많은 아픔을 가진 대한민국은 민족의 얼을 되살려 앞으로 나아가야 한다. 말로만 하는 개혁은 국민에게 아무런 도움을 주지 못하고 행동으로 옮기는 개혁은 국민에게 실천의 기회를 주는 것이다. 부디 옆집의 아픔을 같이 나눌 수 있는 마음의 자세로 사는 국민성을 보여주자.

환희의 축복

환갑을 차려 먹는 것은 이제 옛것이 되었다. 환갑이 되어도 요즘 분들은 아주 젊다. 건강을 최고로 생각하는 분들은 운동을 하루에 1시간 정도 걷는 것으로 대신할 수 있다. 나는 기도를 하러 다니다 관절이 조금 상했다.

관절이 고질병이라 잘 낫는 병은 아니다. 앞으로는 노인들이 좀더 오래 산다고 하니 실버타운이 저렴하게 운영되면 좋겠다는 마음이 든다.

어머니, 아버지가 재미있게 남은 여생을 행복하게 보내는 모습을 보고 싶다. 나는 이런 일을 하고 싶다. 조그만 집에 중풍으로 고생하시는 어머니, 아버지를 한 열명 정도 모시고 영적으로 중풍을 고치며 같이 동거를 하고 싶다.

집이 크지 않아도 같이 산다면 얼마나 좋을까? 하는 바람을 갖고 있었다. 아직은 한 평도 내 땅이 없으니 생각만 하고 있다. 부모도 내다버리고 서로 부모를 모시기 싫어하는 세상, 우리는 효하는 세상으로 만들어야 한다.

난 천기를 받아 자동서기로 글을 쓰는 사람으로 이 글을 쓰면서 가장 중요한 부분이라고 생각한다. 하늘에 감사한다. 이러한 생각을 가질 수 있게 만들어 주신 하늘은 진정한 나의 동반자며 영적스승이다.

만약 하늘을 만나지 못했다면 나는 이런 생각조차 못했을 것이다. 내가 무엇을 원한다기보다 무엇을 원하는 사람들에 끼어 하늘의 소리를 전하고 싶다. 어떤 것이든 내가 알고 있는 것과 하늘에서 받은 내 능력이 다하는 날까지 민족을 위해 일하고 싶다. 하늘은 지금도 나를 내려다보고 계신다.

하늘에서 내려준 여러 가지 깨달음에 대해 관심을 갖고 하늘은 내가 잘하고 있는지 점수를 만들고 있다. 그래서 나는 행복하다. 이것이 환희의 축복이 아닌가 생각한다.

다시 태어나

다시 태어난다는 것, 그것은 정신이 바뀌면 된다. 단군 할아버지는 내 정신을 바꿨다. 나는 다시 태어난 것과 같다.

인간은 정신이 바뀌면 다시 태어나는 것이다. 계속 우리 민족이 정신을 바꿔야 한다는 글을 쓴 이유를 여러분들은 잘 알 것이다. 글을 읽은 여러분들이 앞장 서서 우리 민족의 정신을 바른 정신으로 돌려준다면 우리의 미래는 밝아질 것이다.

다시 태어난 나는 앞에서도 언급했듯이 사람은 가끔 다시 태어나야 한다는 생각을 갖게 되었다. 자극이 자신을 바꾼다는 것도 알았고 깨달음은 어느 누구에게나 얻을 수 있는 것이며 누구나 깨달을 수 있다는 사실을 언급했다.

종교와 차원이 서로 틀릴지라도 이해한다면 모든 것이 하나라는 것을 알게 되고, 다시 태어나기 위해서는 타 종교를 비방하지 않는 것부터 지켜야 한다.

인간은 종교로부터 해방을 해야 하고 종교에 맹신을 하지 않아야 하며, 종교를 갖고 있다면 종교인은 모범을 보여야 하며 종교인답게 행동을 옮겨야 하며, 종교가 없는 사람보다 무엇인가 다르게 살아야 한다. 종교를 믿는 사람으로 어떤 것을 과시한다면 종교인으로 그것은 망신을 당하는 것이다. 나는 한국인을 사랑한다. 어느 나라 국민보다 국민성이 좋은 나라다. 종교를 지도하는 사람들의 자질을 높여야 한다.

또한 어느 분은 단군이 조상이라는 것을 알면서도 부정을 하는 경우도 많은데 그것은 어떤 종교를 잘못 믿어 오는 결과다.

다시 한 번 어필하면 모든 국민이 마음속에 조상을 모시고 어느 종교를 믿던 믿어야 한다. 나는 이렇게 생각한다. 우리나라는 종교가 제대로 일어날 때 하나님과 환인, 환웅, 단군 그리고 부처, 예수도 기뻐한다.

우리 모두 다시 태어나자 정신은 하늘에서 만든 것이다.

다시 태어난다는 것은 하늘을 닮아가는 것이다.

제11장

깨달음의 길을 가기 위한 깨달음

깨달음의 길을 가기 위한 깨달음

언젠가 이런 글을 쓰게 될 줄을 알았다. 그러나 이렇게 빠른 날이 올 줄을 나도 몰랐다. 그 이유는 내일 일을 모른다는 말이 있듯이 영적으로 공부를 했다고 하더라도 모르는 것이 아직도 나에게도 많이 있다. 그것이 인간이 아닌가?

내가 세상을 다하는 날에는 사람이 죽은 것이 무엇인지 깨닫게 되겠지만, 물론 사람은 태어난 것도 죽는 모습도 모르지만, 여러분들에게 깨닫기 위해 내가 걸어온 길을 소개 하려고 한다.

우선, 인간이 살아가는 것은 어떤 힘을 가지고 살아가야 하는지를 알게 해준 공부이기에 항상 자신이 넘친다.

내 자신은 보잘것없고 키는 단신에 배가 조금 나왔고 지금 나는 혼자 살고 있다. 다만, 제자들과 또 내 안에 들어 있는 수많은 영들과 함께 하늘의 길로 안내 받기 위해 찾아오는 손님과 하루를 보내고 마무리를 하는데서 하루가 간다.

나는 깨달음이라는 자체도 또한 이렇게 되고 싶은 마음도 물론 생각하지도 않았다. 그러나 평범한 생활이 아니다. 지금 내 생활은 영적생활을 하고 있다.

나는 97년에 〈세계의 영을 다루는 남자〉라는 책을 쓴 적이 있다. 지금은 〈도반(101가지 깨달음으로 가는 이야기)〉 1편 책을 집필하고, 이 책은 20일 만에 쓰게 된 것이다. 그렇다. 생각지도 않던 것이 어디서 에너지가 되어 나왔는지 이렇게 글을 쓰고 있는 중이다. 물론 우주의 기운을 받은 덕분이라는 것을 알고 있다.

이렇듯, 나는 나도 모르는 세계를 달려온 것이다. 우리 가족은 아들이 하나, 그리고 딸이 셋 부모님과 같이 6식구로 사람들이 이해하지 못할 정도로 어린시절은 가난하게 살았다.

물론 지금 부모님은 하늘의 허락을 받아 하늘로 가시고 우리 남은 자식들은 아직 건강하게 살고 있다. 여러 가지로 부족한 나를 하늘에서 선택을 해, 이 사회의 도구로 쓰고 싶어 하신 마음에 어머니 뱃속에서부터 점지해 놓으신 것이다.

이것을 모르고 태어난 나는 너무나 힘들게 하루하루를 보냈다. 지금 생각해 보면 수많은 시험과 훈련을 통해 나를 만든 것이다.

다시 말해 영성으로 살 수 있게 만든 것이다. 단 사회에서 하는 공부보다 하늘의 공부를 할 때는 힘든 것을 알지 못했다.

나는 아무런 재능도 능력도 없었던 사람이었기 때문이었다. 참 웃기기도 하다. 이제 내가 이런 글을 쓰고 있다.

단 한 사람이라도 이 글을 읽고라도 조금이나마 자신을 찾는데 도움이 되었으면 하는 생각에 보람을 느낄 것이다. 나는 안다. 지금 어떻게 세상이 돌아가는가를 여러분들도 대강 짐작을 하면서 살아갈 것이다.

그렇다. 누구나 알 수 있는 것들도 있지만 알 수 없는 것들이 많다. 나는 지금은 하늘에 감사를 한다. 모르는 세계를 알 수 있으니….

그러나 그것을 모르고 이렇게 되기까지는 하늘을 너무도 많이 원망을 했다. 나에게는 동지가 없었다. 동지가 있었다면 그것은 하늘이었지만, 그것은 뒤늦게 알게 된 사실이기에 항상 외로움으로 감싸 있었다. 이제는 그렇지 않다. 하늘과 친구처럼 가족처럼 대화를 하고 산다. 물론 하늘과 대화를 하며 사는 사람은 드물지 않다.

그러나 하늘과 대화를 하는지 안 하는지를 모르기에 모르고 사는 것이지 대화를 하며 살아가는 것이다.

과연 하늘은 어떻게 제자를 선정해서 도구로 쓰는 것인가?

그 도구가 어떤 시련이 있다고 해도 모르는 체는 하고 있지 않은가 하고 나는 가끔 생각을 해본다. 이것조차도 행복이 아니련가?

하지만, 제자들은 그렇게 부유하지 못한 것이 항상 마음에 걸린다? 하늘은 제자들이 부유한 것을 매우 싫어 하나 보다. 부유하게 한다면 더 하늘을 따르고 하늘이 원하는 대로 할 텐데 이유가 무엇인지 모를 때가 있다.

물론, 무소유가 행복한 것이라는 것을 가리키지만 무소유가 불편한 것도 있지 않은가? 내면과 외면이 서로 통해야 한다는 것을 가르쳐주며, 하늘은 우리에게 너무 냉정하다는 것을 느낀 적이 한두 번이 아니다. 아마 제자들이면 누구나 느꼈을 것이다. 그러나 하늘은 그것을 좋아하고 있다. 자신을 모르고 살아가는 사람들이 얼마나 많은가?

우리들은 자신을 아는 것만 해도 좋다는 것을 깨우쳐야 한다. 언젠가 부유한 생활을 기대하며 누구나 살아가듯이 제자들이 생각하는 것도 잘못된 생각은 아니지만 하늘은 그것이 잘못된 것처럼 우리들에게 가르치고 있으니 제자가 인간적으로 참기에는 가장 어려운 것이다.

그것을 참아야 성공을 하는 것이 하늘공부라니 얼마나 힘든 공부인가? 그래도 하늘은 힘든 공부라는 것을 인식하지 못한다. 그것은 우리가 생각하는 마음뿐이다. 이제 공부를 하는 제자들은 그 과정을 지나야만 자신이 아, 이제야 됐구나 하고 느낄 때 쾌감을 느낄 것이다. 깨닫기 위한 여러 가지 환경이 자신을 위해 만들어진다면 얼마나 좋을까? 그러나 그렇지 못한 것이 제자들의 고통이다.

그래도 지금까지 잘 참고 살아왔다는 것은 인간으로선 참을 수 없는 산을 넘은 것이다. 다만 하늘공부는 산 넘어 산이 있고 남이 알아주지 않아도 묵묵히 공부를 해야 한다.

어느 정도 산을 넘으면, 자신 스스로 산까지 만들 정도로 큰 능력을 주는 것이 하늘이지만 그 시간까지 얼마나 긴 여정이 있는가? 그래도 그 여정을 고맙게 생각을 해야 한다. 인간의 내면은 무한한 것이기에 내면의 모든 것을 밖으로 표출할 때 생기는 에너지로 자신을 나타내기에 내면이야말로 자신인 것이다.

말로만 자아를 찾는다고 하는 사람들이 많은 요즘, 제자들과의 차이는 그야말로 하늘과 땅 차이이다. 다시 말해 비교를 할 수 없는 것이다. 그러나 제자들의 수준을 모르기에 어떤 도를 닦거나 기수련을 하거나 하는 사람들은 그냥 수박 겉핥기식으로 공부한다.

하늘의 계시가 올 것이다. 지금까지 고생을 시킨 제자들에게는, 어떠한 사명이 내려와서 제각기 자신의 길로 정진을 할 것이다. 이때 제자들은 때를 놓치지 말고 기회를 잘 잡아야 한다. 무조건 하늘의 소리를 전달할 수 있는 능력을 받기 위해 자신의 모든 것을 걸어야 한다.

세상에는 풀리지 않는 수수께끼들이 무수히 많다. 그러나 그 무수한 것들을 마음속에 담아둔다면 모든 문제는 쉽게 풀 수 있는 것이다. 그러나 사람의 마음이 그렇게 담아두기에는 힘든 일이 많다.

하지만 스스로 깨달아 간다면 그렇게 담아놓는 것은 쉽게 이어져갈 수 있다. 그것을 알 때까지 무수한 고난과 시련이 있을 뿐이며 담아 놓을 수 있는 마음이 있을 때에는 그 모든 것이 좋아 보이고, 세상이 다르게 보이는 것이다.

그렇다. 사람들은 지금 현실 세계만을 추구하며 살아가고 있는 것은 분명하나 그 이유는 미래를 위해서 추구하고 있는 것은 사실이다. 한 인간으로 태어나 깨닫는다는 것은 죽는 것보다 어려운 것이라고 한다. 사람들은 스스로 자신을 그 속으로 몰아가고 있다. 깨달음은 가까운 곳에 있다는 것도 모르고, 그저 멀리 있는 것으로, 인간이 사는 사회는 그쪽으로 몰아가는 것이다.

나 역시, 깨달음이라는 것을 모르고 살아온 사람이기에 이제야 깨달음이 무엇인가를 이해한다. 깨달음은 그 뒤에 있는 깨달음이 깨달음이다.

깨닫는다고 모든 것을 아는 것은 아니다. 오히려 어느 것을 깨닫기 위해서는 어느 한쪽은 막아야 하며, 다른 것을 깨닫기 위해서는 희생이 따르는 것이다. 그래야 한쪽이라도 알 수 있는 것이다.

그러나 우리가 살아가는 현실은 그것이 아니다. 두 가지다. 지식과 지혜를 갖으려고 하는데 그렇다면 두 가지다 할 수 없는 것이다. 하늘에서는 한 사람 한 사람마다 능력을 주었다.

다만 어떠한 능력을 받았는지를 모르고 살아가는데서 깨닫지 못하는 것이다. 인간은 깨닫지 못했어도 깨달았다고 해도 힘든 것은 마찬가지다.

하지만 어울릴 수 있는 사람이 되어야 하는 것은 물론, 사회에 어울릴 수 있는 사람이 깨달은 사람이다. 그렇다. 사회를 원망하고 부모를 원망하고, 친구가 없다면 그것은 인생 패배자다. 인간을 많이 아는 것도 깨달음의 한 가지 방법이다. 내 주위에 나를 원하는 사람이 있는가를 살펴보는 것도 깨닫는 방법이 될 수 있다.

그렇다. 인간이 살아가는 데는 많은 것이 요구된다. 어떠한 것이 성공이고 어느 것이 실패인지는 생을 다할 때 아는 것이다. 지금 가난하다고 현실을 비관할 필요는 없다. 이제, 우리는 시간을 갖고 어느 것이라도 대화를 통하여 풀어가야 한다는 것을 알아야 한다.

이제, 깨달음이라는 것이 얼마나 사람의 목을 조이는지를 알았다. 그 길을 걸어온 나는 지금 생각하면 여러 가지가 오묘하다는 것을 느낀다. 나 같은 사람에게 이렇게 좋은 날을 하루하루 지낼 수 있게 만들어 주신 단군할아버지께 항상 감사드리고 있다. 인간이 산다는 것은 우주의 조화 속에 살아가거늘 그것을 깨우치게 한 천신들에게, 뜨거운 사랑도 느낀다. 무엇보다 아무것도 모르는 나에게 어떤 기운을 읽을 수 있는 능력을 내려주신 하늘에게 고마움을 느낀다.

사람에게는 크게 얼굴에 있는 눈과 마음의 눈이 있다. 물론 모든 혈은 눈으로 표현할 수도 있으나 오늘은 마음의 눈을 이야기 하고 싶다. 마음의 눈이 있는지도 모르고 살아온 세월이 있었다.

난 천부경 속에서 마음의 눈을 열었다. 천부경에는 오늘날 현대 사회가 안고 있는 인간 의식의 절망을 구제할 메시지가 보석처럼 눈부시게 반짝이고 있다는 것을 조금만 들어 보아도 금방 알 수가 있다. 그것이 바로 모든 인류가 종교에서 애타게 구하고 있는 '상서론' 이다. 인간이 어떻게 살아야만 신의 뜻을 올바르게 행하고 행복과 축복을 받을 수 있는지를 분명히 밝혀두고 있다.

이 점 만큼은 너무도 분명하여, 환웅시대부터 지금까지 천부경의 상서를 동양에서는 심법(心法)으로 받아들이고 있다. 천부경은 도가의 원전이고, 또한 주역을 낳게 하였다. 공자의 대학이나 맹자, 노자의 깨달음도 천부경의 원리에서 비롯되었다.

천부경은 대우주의 법도와 상도(常道)를 말하는 진리를 깨우쳐 주게 하며 천부경은 동양에서 가장 먼저 역(易)을 말하였고 우주의 생성 원리를 선명하게 밝혀 놓고 있다는 사실을 주장하는 것이므로 어떤 의심도 할 필요가 없다.

천부경은 이름 그대로 천서로만 이루어진 경전이다. 그 하늘의 글로 된 부적은 창조주의 마음을 우주 구석구석에 존재하는 만물에게 알려서 상서하는 신의 웃음소리다. 그리고 대우주에 중심부에서 그렇게 웃고 있는 신의 형상이다. 천부경은 창조주가 기로 나타나며 자신의 경험을 이야기하는 사랑으로 만물에게 축복과 은혜를 베풀고자 한 상징적 언어이다.

그래서 풀기 어려운 암호(暗號)가 모여 만들어진 천부(天符)였다. 그렇다. 천부경은 영원히 있는 그대로 존재할 것이다. 온갖 해석으로 변형되어서는 안 된다. 천부경은 그런 성질을 전혀 가지고 있지 않다.

천부경의 의미는 언젠가 사람들이 영적으로 성숙하게 되면 저절로 알 게 될 것이다. 그러므로 천부경을 억지로 이해하지 말아야 할 것이다.

그것보다 자신의 영혼의 성장을 먼저 이루어야 한다. 그렇게 수행하는 과정 속에서 저절로 자연스럽게 천부경의 진리가 밝혀지게 되어 있다. 그래서 완전한 사람, 즉 대우주의 사람으로 완벽하게 성장한 영혼은 스스로 신력(神力)과 영력(靈力)을 발휘하여 천부경의 상서에 대한 홍익인간의 이념을 접하고 당당하게 실천할 수 있게 된다. 그러면 인간이 어떻게 해야만이 천부경을 통하여 하늘로부터 상서 받을 수 있을까. 그것은 오로지 천기를 받아 영적으로 깨달음을 얻어 천부경의 참뜻을 이해하고 깨달은 사상을 다른 사람에게 알려주는 것이 최선의 방법이다.

나는 마음의 눈이 있다는 것을 알고 세상이 바뀌는 모습도 알았다. 얼굴에 붙어 있는 눈으로 보고 살았을 때는 뭘 보고 살았는지 생각이 안 난다. 마음의 눈으로 세상을 보니 쉽게 세상을 평가하지 않아야겠다는 마음을 가지게 되었다.

마음의 눈으로 세상을 볼 때, 모든 것이 이해가 되고 긍정이 되었다. 마음의 눈으로 판단을 할 수가 있으니 긍정이 되는 것이다. 만약 마음의 눈이 열리지 않았다면 무조건 긍정이 없을 것이다. 그러므로 누구나 마음의 눈이 열려야 세상을 바로 볼 것이다.

다만 마음의 눈을 쉽게 열기는 어렵다. 마음의 문을 연다는 것은 하늘의 문을 여는 것과 같은 것이다. 그러므로 마음의 눈을 연다는 것은 수많은 시간이 필요하다. 단 하늘이 열어준다면 당장 마음의 눈으로 볼 수 있다. 그래서 마음의 눈을 열기 원하려면 자신을 낮추고, 자신을 내세우지 말고, 자신을 자신의 눈으로 보지 않을 때, 마음의 문이 열리기 시작을 하는 것이다.

마음의 눈이 열리면 평화로워진다. 마음의 눈이 열리면 저절로 인내심과 참음이 생기고 마음의 눈으로 세상을 보면 세상을 보는 것이 우주의 조화라는 것을 알게 된다.

마음의 눈으로 우주의 조화를 느끼는 것이 마음의 영안이 열리는 것이며 스스로 세상을 긍정하게 되는 것이다. 난 지금 마음의 눈으로 글을 쓴다.

마음의 눈은 안 보이는 것이 없다. 그것이 마음의 눈이며, 마음의 눈이 닫힌다면, 그 자체도 생각하기 힘이 들 것이다. 마음의 눈으로 생활한다면 모든 것이 빨라지며 이해심이 생길 것이다.

그래, 외로운 것은 너 하나가 아니다. 세상 사람들 중에 외로운 사람은 너무도 많다. 외로운 사람들에게 하늘의 소리를 들려주고 따뜻하게 해주어야 할 것이다. 오늘 하늘에서 음성이 들려온다.

누구나 하늘의 소리가 들려오는 것은 아니지만, 또 오늘만 들려오는 것은 아니지만 그 동안 공부를 하느라고 얼마나 수고를 했는가? 특히 아무 것도 모르고 따라오는 제자들에게 하늘의 소리를 들려주느라 얼마나 수고했는가?

하늘은 알고 있다. 하나하나, 너희들의 마음을 모르는 것이 없단다. 그래, 세상에서 그 동안 살기가 얼마나 어려웠더냐, 이제 그러한 공부는 끝났다. 이제 네가 깨달았다고 하지만, 더 많은 것을 깨달아야 할 것이다. 그래야 하늘의 소리를 제대로 들려줄 수 있을 것이다.

하늘공부는 알다시피 그렇게 어려운 것이다. 인내도 필요하고 참기도 해야 하고, 자신이 하고 싶은 것도, 먹고 싶은 것도, 모든 것을 자신 마음대로 할 수 없는 것이 하늘의 공부다. 천기를 내릴 때는 하늘에서는 너희들보다 더 많은 생각을 한다. 그래야 너희들의 마음을 편하게 할 것이 아니냐, 그래 이제 너희들은 성공을 한 것이다.

이제부턴 공부도 물질도 조금씩 변화할 것이다. 그동안 수고 많았다. 오늘은 하늘에서 천신들이 회의를 했다. 이제 더 이상 제자들에게 힘들게 하지 말자고 하고 회의를 했다.

이제부터는 한 가지라도 제자들에게 시험을 하지 말고, 좀 더 빠른 속도로 공부할 수 있게 말이다. 하늘에서는 언제나 걱정을 했다. 제자들이 이러한 공부를 그냥 지나치지 않나 하고 말이다. 그래, 너희들이 생각 하는 대로 될 것이다. 다만 그것은 너희들이 한 만큼 주는 것이다. 인간이 사는 것은 우주의 원리로 살아가야 하는 것이다.

이제부터는 너희들이 하고 싶은 대로 하면 될 것이다. 너희가 하는 행동이나 말들이 하늘의 소리를 전해 주는 것이다. 이제 많은 무리가 따라 올 것이다. 하늘의 소리를 마음껏 전해주거라. 하늘에는 너희들이 원하는 답이 있을 것이다. 무조건 물어봐라. 답이 있을 것이다. 두려워하지 말고 하늘을 보고 물어보라. 세상에는 조그만 것을 알고도 세상을 다 아는 양 사는 사람도 많이 있다.

너희는 하늘을 가진 것과 같다. 너희들은 가만히 있어도 이제는 저절로 공부가 되며 신을 다스릴 수 있는 자격이 있는 것이다. 제자들끼리는 서로 질투하지 마라. 서로 사랑하고 아껴 주거라. 같은 식구가 아니더냐. 각자의 사명이 있는 것이다.

이제 깨닫는 것이 얼마나 힘들고 공부를 해야 되는지 알겠느냐. 아무것도 몰라야 깨닫는 것이니라. 교만하지 말고, 자랑하지 말고, 너보다 어려운 사람을 도와 가며, 거짓 증언하지 말며, 남의 말은 입밖으로 내지 말 것이며, 서로 칭찬을 아끼지 말며, 서로 웃음을 주며, 서로 의지하라. 외롭다고 느낄 때는 너희들 서로를 생각하거라. 그리하면 영계에서 천신들이 기뻐할 것이니라.

흔히 사람들은 해 보지도 않고 못한다는 말을 하곤 한다. 사람이 못하는 것도 있지만, 사람이 할 수 있는 일이 너무도 많다.

특히, 사람은 화합을 하지 못하는 것이 문제다. 마찬가지로 깨달음으로 가기 위해서는 하늘의 천신들과의 합의가 중요하다.

정신세계에서 알아야 할 것이 있다면 영의 세계를 이해하는 데서부터 시작을 할 수 있는 것이다. 이제 여러분들에게 신과의 합일에 대하여 말하고 싶다. 앞에서도 언급했듯이 사람이 신이므로 사람과 사람과의 합일이 신과의 합과 같은 것이다.

사람이 합일이 안 된다는 것은 시로 신과의 합일이 될 수 없는데서 오는 것인데 그것은 사람이 스스로 할 수 없는 것이기에 그만큼 어려운 것이다. 자신이 합일이 되었다고 생각을 하더라도 상대방이 그렇게 생각을 하지 않고 있다면 그것은 합일이 안 되었다고 보면 되는데 그렇게 보지 않는 데서 어떠한 것이 풀어지지 않는 것이다. 우선 깨달음으로 가려면 신과의 합일이 중요하며, 거기에는 자연이 자신을 도와주어야 하는 것이다.

그러므로 신과의 합일을 하기 위해서는 자연과 먼저 합일을 하기 위해 산으로 강으로 바다로 떠나는 것이다. 그래야 땅의 기운 즉 지기를 우선 받는 것이다. 어린아이가 소풍을 가는 것도 그러한 이유가 있어서이다.

우리나라는 지금 홍수가 흐르고 있다. 다름 아닌 종교 홍수다. 그러나 잘 돌아 간다면 얼마나 좋은가. 그렇지 못하는 것이 아쉬울 뿐이다. 다만 단군을 모시고 살아가는 사람들은 다른 종교를 갖고 사는 사람들보다 잘 살지 못하는 나라가 바로 우리의 현실이다.

누구를 원망할 필요는 없다. 우리나라의 정신세계가 잘못 흘러왔기에 이제라도 바로 잡아야 한다는 마음을 가져야 한다고 본다. 어느 것을 개척한다는 것은 그만큼 그 세계가 힘이 드는 것이나 확실하게 단군사상을 전파한다는 것은 사실, 앞을 막는 것이 너무도 많은 실정이다. 이에 누군가가 하더라도 해야 할 일이다.

일본의 왜곡으로 단군역사가 말살되고, 지금도 독도는 자기의 땅이라고 하는 일본에게 우리는 목을 잡히고 있는 실정이니 우리민족이 어디로 가야 하는지 참으로 답답하다. 과연 우리가 보고만 있어야 하는 것인가?

아니면 어떠한 대책을 갖고 우리나라의 민족성을 바로 찾아야 하나, 후손들에게 지금그대로 물려줄 것인가? 누가 책임을 질 것인가? 모든 국민이 일어나서 우리 민족의 땅인 독도나 우리 민족 역사의 시조이신 단군을 국조로 모시고 살아가야 한다.

우리가 할일이 많지만 우선 할 일이 무엇인가를 알아야 하는 것이다. 우리 제자들은 열심히 공부해서 영적으로, 나라와 민족을 위해서 무엇을 할 것인가를 행동으로 옮겨야 할 것이다.

우리는 영성으로 모여 영적으로 민족이 살아가야 하는 길을 안내하고 동참해야 할 것이다. 하하하! 하며 웃는 시간이 얼마나 있으며 얼마나 웃는 사람들이 많을까 하고 생각을 해본다. 진정 우리나라가 웃을 일이 없이, 허무하게 또 한 해가 지나가야 하는지 어디서부터 웃음을 찾아야 하는지 고민하게 된다.

과연 얼마 남지 않은 2004년 한해는 남을 위해 얼마나 웃을 기회를 주고 살았는지 반성을 하며 살아야겠다.

언제부터인가 사람들은 웃음을 잃어버리고 살아가고 있다. 인생이 어떤 것인지 살아보면 안다고 하는데 웃음이 없는 세상은 우리에게 아무것도 주지 못하고 있다.

얼마 되지는 않았지만 나도 한동안은 웃음을 잃어버리고 살아갈 때가 있었다. 물론 웃을 일이 없었지만 마음공부를 하고 나서 그것은 나의 마음이 문제를 만든다는 것을 알았다.

어린아이를 보며 웃음을 배워야 한다. 살아가면서 사람들은 어릴적 웃음을 잃어버리고 산다. 물론 살아가다 보면, 자신과 맞지 않는 일과 사회가 웃음을 잃어버리게 하지만 우리는 지금 태어난 얼마 안 된 어린아이 같은 마음과 웃음을 찾아가야 한다.

그렇다. 웃음, 지금 우리들에게 절실하게 필요한 것은 웃음이다. 영적공부를 하고나면 남을 이해하는 마음이 생기고, 영성공부가 어느 수준으로 올라가다 보면 자신을 찾을 수 있기에 긍정을 하게 되고,욕심이 없어지고, 어떻게 하면 남들이 잘될까 하는 마음으로 돌아가니 누구나 다 영성 공부를 한다면 웃음을 찾을 수 있을 것이다.

그러나 우리나라는 아직도 영적 세계가 긍정할 수 있는 수준이 아니기에 그렇게 하기까지는 많은 시간이 흘러가야 할 것이다. 우리가 웃음을 찾고 건강하게 사는 것 그것이 진정한 웰빙이 아닌가?

우리는 그것을 일어버리고 살고 있는 것이다. 하루에 3번이라도 크게 소리를 내어 웃어보자. 하하하. 웃자, 웃어. 웃어야 건강하다. 짜증을 버리고 살아야 웃을 수 있다. 웃자 마음을 열고 웃는 것이 진정한 웰빙이며 진정한 깨달음이 아닐까….

정녕 이것이 깨달음인가 하고 의심을 한다. 내가 이렇게 깨달을 수 있다면 세상 누구나 깨달을 수 있는 것이다. 이것이야 말로 정말 깨달음이다,

누구나 할 수 있는 것이나 참고, 인내하고, 교만이 없고, 항상 모른다는 마음의 자세가 깨달음의 길로 안내를 한다는 조그만 깨달음을 터득한 뒤 그 깨달음을 통해서 이어갈 수 있다는 것도 알게 되었다.

그렇다. 깨달음은 큰 것을 아는 것이 아니다. 그냥 주위에서 일어나는 현상을 이해하는 것이다. 다만 그것을 이해하지 못하는데서 인간은 스스로 깨닫지 못하는 것이다.

그래서 인간은 하늘의 도움과 자연의 도움과 우주의 도움으로 깨닫는 것이다. 그러므로 인간은 책을 통해서나 누구의 말을 통해서 깨닫는 것이 아니라는 것을 알 수 있다.

그렇다. 깨닫기 위해서는 어느 법칙이 따로 있는 것은 아니다. 그 나름대로 하면 되는 것이다. 다만 먼저 어떤 길을, 떠난 사람의, 모습을 볼뿐이다.

지금 현재에 우리나라의 정세는 형편이 없다는 것을 누구나 알 수 있다. 그 이유는 무엇일까 하고 생각해 본다면 누구나 다 모든 국민이 잘못이다. 이런 것도 하나의 깨달음을 통해서 이롭게 할 수 있는

것이다.

국민 하나하나가 깨우친다면 이렇게 어려운 세상을 만들지 않을 것이다. 그것은 서로 남보다도 잘살려고 하는데서 오는 것이다. 이제 모든 국민이 자신을 알고 자신을 찾아가야 한다. 그렇게 되면 누구나 잘사는 나라가 만들어지는 것이다. 결국 깨달음은 사람답게 살아가는 것이다.

다만, 도를 하는 사람에게는 물질을 주지 않는 하늘의 율법이 아직도 변화가 없다는 것이다. 나의 사랑 나의 신부는 어디 있는 것일까 하고 생각도 해본다. 물론 인간적으로 생각을 해 본다면 답을 찾기란 어렵다.

그러나 인간답게 사는 것이 어찌 인간을 통하여 깨우쳐야 한단 말인가? 그렇게 하는 것이 인간이 살아가는 방법이거늘 어떠한 것도 도가 아니련가? 언젠가 여러분 중에도 무엇을 깨닫고 나면 지금의 내 마음을 이해할 것이다. 우리나라에도 깨달은 사람은 많을 것이다. 다만 어떠한 것을 깨달았는지가 문제가 될 뿐이다. 깨달음의 수수께끼는 끝도 없는 문제다. 하늘에서 인간에게 주는 메시지는 깨달을 수 없게 만들고 있다. 물론 고생을 하고 나야 깨닫게 만드는 것은 한쪽으로는 좋은데, 깨닫기 위해서는 많은 것을 버려야 하는 인간적인 문제가 있다.

그 문제가 가장 어려운 것이다. 누구도 여러 가지 힘든 것도 하지 않고 깨닫는다면 좋을 텐데 하늘은 그것을 용납하지 않고 있다. 인간을 강하게 만드는 것과 인내를 가르치고 있다. 그러나 그것을 지나기에는 많은 관문이 있기에 참기가 힘든 것이다. 빨리 더 많은 것을 깨우쳐 힘든 관문을 없앤다면 좋겠다하고 생각을 해본다.

어차피 사람이 산다는 것은 어디에서 사나 마찬가지 같지만 절대로 그렇지 않다. 자신과 맞는 직업이 있는가 하면 자신과 맞는 땅이 있는 것이다. 그래서 사람들은 그것을 풍수라고 하는 것이다. 그 땅에서 나오는 기운이 자신을 도와주어야 잘 산다는 취지에서 오는 것이다. 그렇다. 아무리 건강하더라도, 아무리 물질이 풍부하다고 하더라도 그것을 간직하기 위해서는 그 자신과 어울리는 기운이 있어야 하는 것이다.

우리가 물로만 목욕을 한다고 하지만 바람으로도 목욕을 할 수 있는 것이다. 서울에 사는 것과 농촌에 사는 것과 바닷가에 사는 것과 다르듯 자신의 기운을 풀 수 있어야 어느 것이든지 풀려나가는 것이다.

그러므로 서울의 기운과 맞지도 않는데 무조건 서울을 택하는 것도 살아가는데 많은 무리가 따르는 것이다. 그래서 기도를 하는 사람들은 장소가 없이 다니다가 자신과 맞게 느껴지는 곳에서 기도하고 머무르는 것이다.

그러다가 어떠한 것을 터득하게 되면 그때서 어느 곳은 좋고 어느 곳은 자신과 다른 기운이라고 할 수 있는 것이다. 그러한 것을 하나하나 알아가는 것도 깨달음의 한 가지다. 사람을 만나는 것도 그렇게 생각하면 된다는 뜻이다.

지금까지 영성공부를 하면서도 아직도 내가 모르는 것이 많구나 하고 느낌을 받았을 때, 그때가 하늘의 부름이 없이는 안 되는구나 하고 느낀다. 물론 사람들은 물질이 풍부하면 무엇이든 안 되는 것이 없구나 하고 생각을 할지 몰라도 깨달음은 물질세계와는 관계가 없으며 해결을 할 수 없는 것이다.

그래서 물질을 많이 가진 사람이 이러한 것을 깨닫는다면 세상을 살아가는데 많은 도움이 될 것이며 사람이 어떻게 살아가야 한다는 것도 스스로 터득하게 되는 것이다.

지금도 자신과 맞지 않는 직업이나 결혼 그리고 살고 있는 집이 자신을 망치게 하고 있다는 것을 알아야 한다. 누구나 대학을 가는 것은 막을 수는 없지만 대학을 다니지 않아야 할 사람도 있는 것이다. 자신을 모르기에 손해를 보는 이가 세상에는 너무도 많다. 만약 깨우치고 산다면 그러한 실수는 없을 것이다.

이제 깨달음이 대강 무엇인지 알았을 것이다. 그렇다. 깨달음은 그렇게 멀리 있는 것도 아니고 유식한 것도 아니다. 우리는 어린아이를 보면서 많은 것을 깨우치고 있다. 그렇다. 다 아는 사실이나 그렇게 하기는 어려운 것이다.

그러므로 깨닫기를 원한다면 어린아이를 자세히 들여다보라. 또한 깨달음으로 가는 방법 중 좋은 것은 반성이다. 드디어 천도를 할 수 있는 기운이 들어 왔다. 감격이 크다. 하늘에서도 기뻐한다. 모든 신명들도 즐거워하기 시작했다.

천도제를 하기 위한 주문경과 프로그램

첫째,
재물을 성의껏 마련해서 천제를 시작한다.
천도를 하는 가족의 이름을 하늘에 송신한다.

둘째,
주문경을 2번 읽는다.

종구도무선자추 겨도지수무전자 이정도선도처라 사바초동구선사 할도무분비상도 라경추문서지산 하도비손본고서 지산하도부변서 이겨도무소부시 사발치고산호도 이선팔서하부전 기산소부보불주 공경수비차살바 사기추분설기가 호보비소지산처강요지부보버초 호부간다기파사 수보사수지치로 정수보선지걸도 보산고부비초라 유보견도발사비 손무변손구삼도 잉변수비사한타 잔산비얼기초부 교부방사치비사 볼터궁손전비파 강천하도부연고 라차소유부정사 열보부추이한사 하구연비수라허기천도라공부친 사주천변부열보 선조기부유하상 사도유반차기혼 창창구혼도용보 변오호강사지수 산하비하보피소 간하사주플보타 경신중선보팔여 수전보라타산주 하부요전사기전 유하처주선보라 양산추선강천구 도선바야기쿠보 하산무서산고비히추사전야기수 이비라천사구보 편시추촌고소차 어구조보바여열 부사가치요고봉 강호봉부시차라 열고사반토라발 서보비과치선양 초소두라마만보 부편공소치설고 파반상추기반사

셋째,

그 다음 절을 네 번 한다. 그리고 하늘에서 내리는 말을 해준다. 물론 영적인 말을 해석을 해서 한국말로 한다.

그때 일을 하는 제자는 일어서서 한다. 나머지는 앉아서 조용히 하고 듣는다. 술을 따르고 계속 절을 네 번 한다.

천도를 하기 위한 마음의 자세를 끝까지 경건한 마음을 갖는다. 이때 자신의 몸에 있는 탁한 기운이 나가고 있는 것을 스스로 느끼게 되며, 눈이 맑아지며, 세상이 바르고 새롭게 보이게 되는 것을 느끼게 된다.

넷째,

상황에 따라 하늘의 말을 통해 하늘의 기운을 읽어 내린다.

다섯째,

마지막으로 절을 하고 소감과 분의기를 파악하고 의식을 마치게 되는데, 물론 하늘에서 전달하는 소리를 전달해 준다.

이렇게 깨달음의 길은 저절로 천도를 해 줄 수 있는데 자신의 능력이 땅과 하늘의 소리로 바뀔 때만 이루어지는 것이다. 그러므로 제자들은 이렇게 천도를 할 수 있는 능력을 위해 노력을 하는 것이다. 충만한 기도가 응답을 줄 것이다.

사람이 주어진 일을 잘한다는 것은 살아가는데 가장 필요한 생각이다. 어차피 주어진 일을 못한다면 자기가 원하는 일을 못할 것이다. 하늘에서는 누구나 잘되기를 원한다. 마음이 통해야 잘되기를 원하듯이 하늘과 자신의 마음이 통한다면, 하늘에서 걱정을 해 주는 것은 생각을 할 필요가 없다.

그렇다. 누구나 하늘에서 걱정을 해 주는 사람이 되고 나면 자신이 잘되리라 생각은 접게 된다. 세상에 태어나서 사람은 이름을 남겨야 한다고 하지 않던가? 하늘에 자신의 이름을 남길 만큼 일을 열심히 한다면 얼마나 기쁘랴.

이제는 깨달음의 길이 이렇게 쉬운 것도 있구나 생각을 하게 된다. 자신의 생각을 조금만 바꾼다면 세상은 평화와 자연을 사랑하는 마음이 생길 것이다.

오늘도 어떠한 길을 자신도 모르게 가는 것이 깨달음의 길이다. 그저 하늘이 원하는 데로 간다면 쉬운데 고집을 부린다. 물론 자신도 모르게 그렇게 되는 것이다. 하늘은 인간에게 많은 것을 요구하지 않는다. 하늘에서 내린 것을 그대로 되기를 원할 뿐이다. 그러나 그게 어디 그렇게 쉬운가, 모르니까 인간인 것이다.

하늘을 닮아가기란 쉬운 것은 아니지만 하늘을 따라가는 것은 너무도 쉬운 것이다.

모든 사람들이 하늘의 이치를 알아 따라간다면 그 세상은 말할 것도 없이 물질로나 육체적으로 풍요롭고 변화할 것이다. 정상적인 생활을 하는 것이 우리가 가는 세상이다.

정상적인 세상을 만드는 것은 개인이 아니라 온 국민이 하는 것이다. 지금은 정상이 아니다. 정신도 육체도 물질도 우리 모두 깨달아 정상적인 나라를 만들어 가자. 하나하나 깨달아 가자.

언젠가 나도 높은 경지로 올라간다는 생각도 없이 무작정 하늘에서 시키는 대로 할 때가 가장 좋을 때다. 이 때를 지나고 나면 하늘에서는 내려주는 것이 점점 작아지며, 하늘에서 자신을 테스트하기 때문에 힘든 과정을 지나게 된다.

인간으로서는 참기 힘든 과정이나, 그렇게 어렵지 않고서는 깨달음으로 가는 길이 아닌 것이다. 그러므로 인간의 한계를 넘어야 영적세계로 가는 것이기에 하늘에서는 그렇게 힘들게 훈련을 시킨다.

다만 하늘의 소리를 잘 듣고 따라간다면 쉬운데 어떠한 것인지 모른다면 항상 뒤로 처지게 되는 것이며 깨달음으로 가는 길이 험하고 힘들다고 하는 것이다. 정작 깨닫는 사람은 어려움을 알지 못하고 가는 길이 깨달아 가는 길이다. 물론 여러 가지 환경의 차이로 늦는 것도 있고 빨리 가는 것도 있지만 깨달음은 특별한 것이 없다.

항상 기도 하고 하늘에 묻고 답하기가 깨달음의 지름길이다. 나는 깨달음의 길로 오면서 사람이 저절로 깨닫는 것은 하늘의 힘이 있어야 한다고 생각을 하게 됐다. 언제 깨달았는지도 모르는 것이 깨달음이다.

사람이 깨닫고 나면 모든 것이 편하게 되는 줄 알고 깨닫고자 하지만 깨닫고 나면 다른 차원의 깨달음이 기다리기에 항상 긴장을 하고 있어야만 한다는 진리를 알게 되었다.

내가 깨달음의 공부를 시작한 적도 없고 깨달으려고 한 적도 없이 여기까지 왔지만 깨달음의 수치는 어디까지인지는 나 자신도 모른다. 그 이유는 사람은 깨닫고 태어나기에 그곳을 찾아가는 것이며 자신과 가장 가까운 곳에 있다는 것을 알아야 한다. 다만 깨닫지 못할 때는 멀리 있다는 생각을 하게 된다.

그래서 이제는 어떻게 하면 누구나 깨닫는 공부가 될 수 있을까 하고 바르게 알게 해 주고 싶은 심정이다. 깨닫는 것은 그리 어려운 것이 아니다. 마음속으로 어렵다고 생각한 선입감으로 깨달을 수 있는 과정을 가지 못하는 것이다. 물론 수치가 있는 것은 사실이나 누구나 하루하루 깨닫고 가는 것이다.

우리가 생각하는 부처의 깨달음이 특이하거나 어렵게 깨달았다고 생각하는 것을 버려야 한다. 그냥 살아가면서도 저절로 사람은 깨닫는 것이다. 자신의 내면을 바로 알지 못하는데서 오는 여러 가지 고통이 있을 뿐이다.

성인들이 깨달아 가는 것을 보면 하늘의 기운과 자신의 기운을 하나로 할 수 있을 때 된다는 것을 깨달은 것뿐이다. 나는 깨달았다기보다는 깨달음의 길을 안내하고 있는 것이다.

그렇다. 깨달음의 길을 안내 하는 것이 내 사명이다. 지금까지 영성공부를 통해서 나는 우리나라 국민이 한 사람도 빠짐없이 깨닫기를 바라고 있다. 깨닫고 나면 서로 편하게 되며 사랑을 찾아갈 것이다. 잘사는 나라가 될 것이다.

허허 하며 웃는 일만 있는 한 해가 되었으면 하는 마음을 나도 모르게 가져 본다. 그런데 노력을 해도 안 되는 경우가 흔히 있다. 마음먹은 대로 안 된다는 진리를 우리는 미리 알고 있으면서도 혹시나 하는 마음에서 우리는 하루하루를 기대하며 산다.

다음엔 잘되겠지 하는 마음으로 살지만 그것은 생각뿐이다. 그러나 영성공부를 하고나면 잘되겠지 하는 마음이 없어진다. 하늘에서 해가 뜨는 것처럼 자신의 일들을 물 흐르듯이 쳐다볼 뿐이다.

그리고 이 한 가지가 틀려지는 것이다. 공부한 것과 공부를 하지 않은 것은 이렇게 많은 차이가 나는 것이다. 그것은 자신의 마음을 다스릴 수 있기 때문이다.

자신의 내면을 다스릴 수 있다는 것은 많은 것을 참을 줄 아는 것이다. 그때가 되면 모든 것이 편해진다. 그렇지 않다면 그것은 아직도 마음을 다스리지 못하는 것이다.

자신의 마음을 다스리는 한 해가 되어야 한다. 그래야 어떤 것이든 이겨 갈 수 있다. 자신의 마음을 다스리는 것이야말로 어려운 고비를 넘어갈 수 있는 무기가 되는 것이다.

조금만 양보하고 살아간다면 편할 것이다. 남을 이해하는 한 해를 만들자. 어느 정도 공부를 한 다음에 깨닫는 것은 여러 가지로 알 수 있지만 필히 자연과 주위에 모든 것이 자신을 위해 시험한다는 것을 알게 된다.

그러므로 자신을 깨닫게 해주기 위해, 어느 것이든 시험을 하게 하늘은 만드는 것이다. 어느 것이나 시험이라고 생각한다면 옳을 것이다. 부처가 제자들을 가르칠 때 제자들이 공부를 잘못해 탈락이 된 것처럼, 예수가 가리옷 유다에게 거짓 증언을 해서 백성과 예수를 깨우치게 한 것도 다 하늘의 뜻이다.

이렇게 하늘은 교묘한 방법으로 깨닫게 하며 인간에게 많은 교훈을 주려고 하고 있다. 나도 마찬가지로 여러 방면으로 시험을 통해서 많은 것을 깨달았다. 시험을 할 때는 막상 시험인지 아닌지도 모르게 하늘은 항상 시험을 하고 있다.

학교에서 학기를 마치면 시험을 통해 평가하는 것과 마찬가지로 시험을 보는 것이다. 다만 틀린 게 있다면 하늘의 시험은 시험문제가 어디서 어디까지인지 모르는 것이다.

그래서 깨달음이란 쉬운 것이 아니라는 것을 알 수 있다. 하지만 하늘의 뜻대로 정신을 차리고 순응한다면 하늘은 언젠가는 깨달음의 큰 뜻을 알게 한다. 인간이 살아가는데 잘못된 것을 보고 하늘은 그대로 두지 않는다. 언젠가는 깨우칠 수 있도록 하게 한다.

이번 아시아에서 일어난 해일도 인간의 내면을 바로 잡을 수 있게 혼을 내는 것이다. 자연을 훼손하며 땅을 파헤치고 물을 가볍게 생각하는 데서 많은 피해를 본 것이다.

이제는 하늘의 법도를 깨달아서 자연을 훼손하는 일이 없도록 스스로 알아 해치는 일이 없어야 할 것이다.

난 이렇게 알았다. 수준이 있는 사람보다 현실에 맞게 살아가는 것이 가장 바람직하다고. 그러나 영적공부를 하면 할수록 인간이 느끼지 못하는 신비한 일들이 많이 일어났다. 그러면 그럴수록 사회에 적응하기 힘이 들었다. 그러나 이것을 넘어야 깨달음으로 가는 길이라 생각을 항상 하곤 했다.

영적공부에는 수많은 단계가 있지만 어느 정도 하다 보면 자신의 머릿속에 없는 파일들을 만들 수 있는 능력이 생기며 남에게도 만들어 줄 수 있는 능력이 생기는 것이다. 다만 경험을 하지 않은 사람들은 어떤 말로 표현을 해도 모른다. 그래서 나는 여기서 막히기 시작했다.

내가 공부를 한 것을 글로 표현 못한다면 아무런 소용이 없다는 것을 깨닫고 글로 표현할 수 있는 능력을 달라고 하늘에 투정을 부린 적도 있다. 그러나 하늘은 투정을 부린다고 내려주는 것은 아니었다.

내가 공부한 것을 각 사람마다 수준에 맞춰서 어떠한 몸동작이나 행위 아니면 말, 글로 표현을 해야 한다는 것을 알았다. 그래서 이제는 내가 필요한 것이 있다면 가끔 빌게이츠 같은 사람의 아니면 링컨 대통령, 에디슨 그 외 많은 사람들의 기운을 받고 좀더 지식과 지혜를 이용하기로 했다.

물론, 쉬운 일은 아니다. 하늘의 도움이 100%가 되어야 할 수 있는 것이다. 이 수준까지 오는데 나는 30년이 걸렸지만 그것도 빠르게 온 것이 아닌가 생각을 한다. 참으로 희한한 방법이 아닌가 생각을 한다.

이렇게 영적인 공부가 새로운 세상이라는 것을 깨닫고 아직도 남은 어떠한 길을 가고 있다. 다만 현재까지 지상에 나타난 지식과 지혜의 터널을 지나 한 번도 우주에서 내리지 않았던 것을, 못한 것을 내리려고 노력을 하고 있다. 그 현상은 하늘에서 도움을 줄 때만 일어나는 일일 것이다.

나에게 그러한 기회가 있을지는 나도 모른다. 그것을 알아가는 공부기에 함부로 말할 수 없는 것이다. 참으로 믿기 어려운 일이지만 어떤 것을 생각하면 그것이 이루어지게 만들 수 있다는 것이 나에게는 신비한 일이라고 하지 않을 수 없다.

아마 누구나 이런 공부를 하면 그렇게 생각을 할 것이다. 지금 공부하는 제자가 이런 수준까지 빨리 왔으면 한다. 스승은 제자가 스승보다 앞서 가는 공부를 했으면 좋겠다는 생각을 한다. 영원한 스승은 없다고 본다. 결국 제자가 스승이 아니던가? 나는 먼저 이 길을 왔을 뿐이다.

또한 스승은 누구나 자기 자신이다. 스승은 따로 있는 것이 아니다. 길을 알려줄 때만 스승일 뿐 다음은 자신이 알아서 가는 길이다. 자신의 마음속에 다 있으니 그것을 끄집어내는 일은 자신만 할 수 있는 것이다. 다만 제자가 주춤하면 채찍질만 보여줄 뿐이다. 더 이상 무엇을 가르쳐 주어야 하나 생각하게 된다. 내가 무엇을 알꼬? 하고 말이다.

수행은 모든 것이 수행이다. 모든 것이….

제12장
영적으로 본 치료법

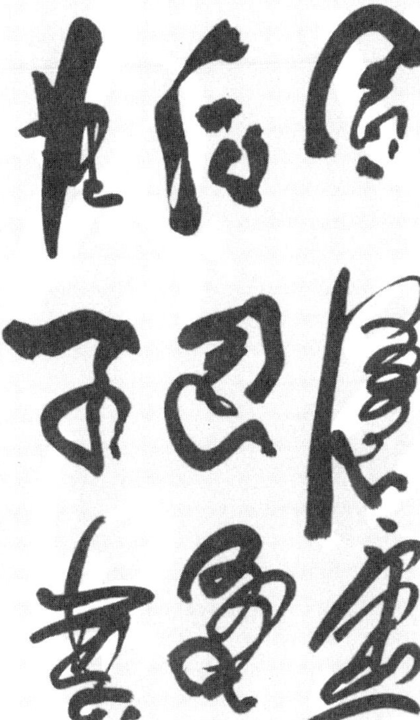

술 끊는 비결

필자의 경험을 바탕으로 우리들이 평소에 고민하는 여러 가지 병을 영적으로 고칠 수 있는 방법을 서술하는 바, 이렇게 한다면 여러분이 갖고 있는 병을 말끔히 고칠 수 있는 하나의 비결을 터득할 수 있다.

술은 우리들이 끊기가 그렇게 쉽지 않다. 그래서 술 때문에 집안이 기울어지는 경우가 많은데, 필자의 말대로 실천해 본다면 틀림없이 효과를 볼 수 있을 것이다.

술을 너무 많이 먹어 고민이 있다면 잠을 잘 때 머리맡에 가위를 놓고 잔다면 얼마 안 가 술을 끊을 수 있을 것이다.

살 빼는 비결

잘못 살을 빼면 몸이 더 안 좋을 수도 있다.

우리는 먹지 않고 살을 빼려고 하는 사람이 많은데 잘못된 것이다. 살을 잘못 빼다 보면 몸이 기형으로 바뀌는 경우가 올 것이다.

살을 빼려면 잠을 잘 때 고추를 머리맡에 두고 자면 효과를 볼 수 있다.

비염을 고치는 비결

우리나라 어린이들이 요즘 비염 때문에 고생을 많이 하고 있는데 특별히 고치고 나면 또 재발하는 경우를 많이 볼 수 있다.

이럴 때는 머리맡에 벌꿀을 놓고 잔 뒤에 그 벌꿀을 한 잔 물에 타서 먹으면 효과를 볼 수 있다.

중풍을 고칠 수 있는 비결

중풍은 여러 가지 원인으로부터 오는 병이다.

만약 2년이 지난 사람이 있다면 고치기 힘들다고 생각할 수 있다. 그러나 그렇지 않다. 필자가 경험한 바에 의하면 2년 이상 중풍이 낫지 않는 것은 분명히 조상 산소에서 잘못되어 그러는 경우가 많은 것을 보아 왔다.

그러므로 아직까지 2년 이상 중풍으로 고생하는 사람이 있다면 조상 산소를 갔다 오면 효과를 많이 볼 것이며, 항상 좋은 공기를 마셔야 하므로 낮은 산에서 운동을 해야 빨리 완쾌될 것이다.

아이를 가질 수 있는 비결

여자가 시집을 가면 그 집의 대를 이을 수 있도록 남자아이를 낳아야 된다고 본다. 그러나 병원에서도 아무 이상이 없는데도 불구하고 아기를 갖지 못하는 경우를 필자는 여러 번 보아 왔다.

그럴 경우에는 바닷가에 가서 기도를 한 후 항상 얼굴을 따뜻하게 찜질한다면 아기를 가질 수 있는 기화가 올 것이다.

꿈에 시달리지 않고 자는 비결

가끔 우리는 잠을 잘 때 꾸기 싫은 꿈을 꿀 것이다. 자고 일어나면 몸도 개운하지 않은 것을 느낄 것이다. 잠이 안와 고생하는 사람이 이런 방법을 써본다면, 우리가 일상생활을 하는데 많은 도움이 될 것이다.

잠을 자기 전에 오곡밥을 해가지고 한술 뜨고 난 뒤 머리맡에 두고 자면 꿈에 시달리지 않고 편히 잘 수 있을 것이다.

오줌을 싸지 않게 하는 비결

어린아이가 오줌을 싸면 소금을 받아오게 하는 예가 옛날부터 내려왔다. 그 이유는 잡신을 보내기 위한 일종의 한 방법이었다. 그래서 오줌을 싸는 어린아이가 있다면 절대로 때리지 말고 그 아이에게 장난감 강아지를 사다 주면 그 날부터 오줌은 싸지 않을 것이다.

도둑질 못하게 하는 비결

세 살 버릇 여든까지 간다는 말이 있다.

어릴 때 한 번 도둑질한 사람은 결국 성인이 되어도 그럴 경우가 많다. 이럴 때는 집에 향나무를 심어 두면 좋다.

마찬가지로 도둑을 맞지 않으려면 집에 향나무를 심어 놓으면 도둑이 들어오지 못할 것이다.

노름을 하지 않게 하는 비결

우리는 한 번 발을 잘못 들이면 전 재산을 팔아먹는 경우를 종종 보아왔다. 특히 노름은 절대적이다.

노름을 하는 사람 중에 지금도 노름을 하지 않으려고 해도 쉽지 않을 것이다. 노름을 하지 못하게 하기 위해서는 노름을 하는 사람의 속옷을 태우면 효과를 볼 것이다.

바람피우지 않게 하는 비결

지금 세상은 애인이 한둘은 있어야 한다고 보는 사람도 있다. 물론 대화만 나누는 사람이 필요할 적도 있을 것이다. 그러나 아직까지 우리나라 현실은 그렇지가 못하다. 물론 여러 가지 형태로 사람을 사귀고 있을 것이다.

바람을 피우는 사람이 있다면 방에 할미꽃을 항상 갖다 놓으면 바람을 피웠던 사람이 제자리로 올 수 있을 것이다.

10가지 내용을 읽어보면 쉬우면서도 그렇게 하기 힘들었을 것이다. 또 아직까지 방법을 잘 몰라서 실행하지 못한 사람도 있었을 것이다. 실천해 보면 조금이라도 효과를 볼 것이다.

제13장

천서 천문에 대한 기회로

이 글은 하늘에서 직접 받은 글입니다.
눈으로 바라만 봐도 기가 나오는 글입니다

Q.혜안(영안)을 여는 기회로

가만히 정지된 상태로 본다면 저절로 혜안(영안)이 열린다.

Q.도벽을 고치는 천문

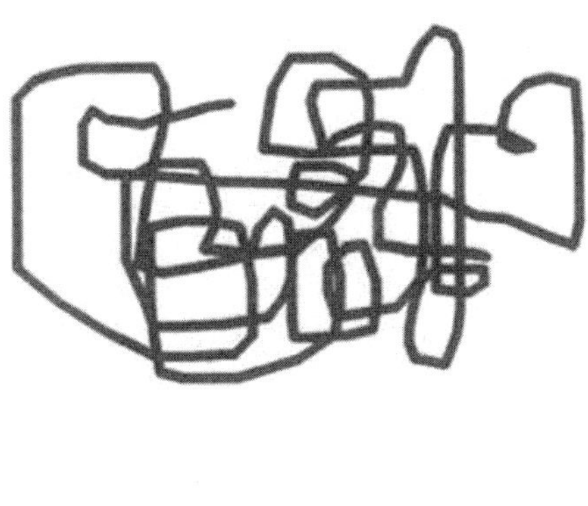

Q.불면증으로 시달리는 사람을 위한 천문

Q. 당뇨병, 고혈압, 저혈압, 백혈병을 위한 천문

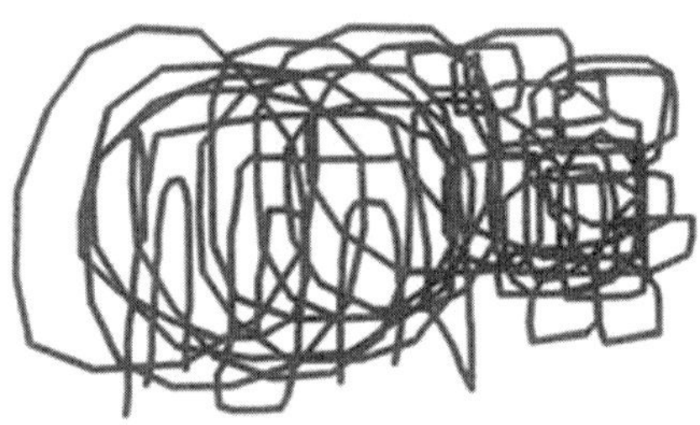

Q.각종 암, 중풍, 통풍, 견비통에 대한 천문

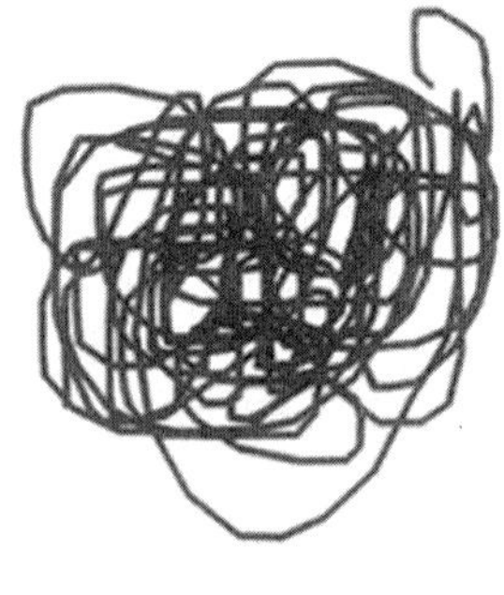

Q.정신분열증, 자폐증을 영적으로 본 천문

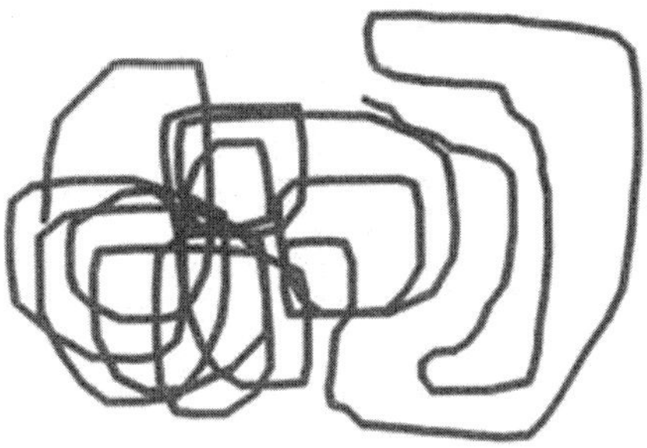

Q.난치병, 불치병을 앓게 되는 분들을 위한 천문

Q.심령적인 원인 때문에 병들게 되는 경우의 천문

Q.간장장애 천문

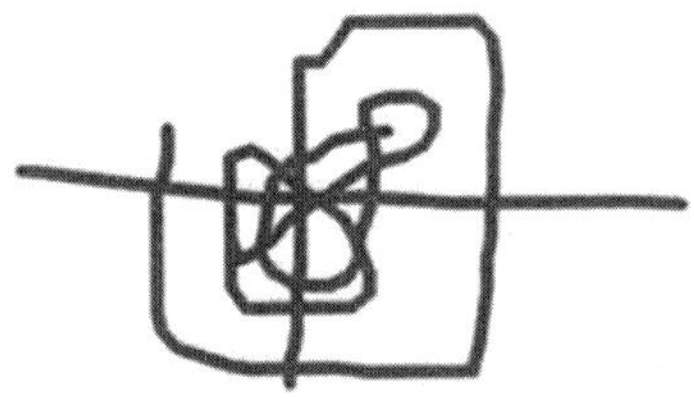

Q.위장병 천문

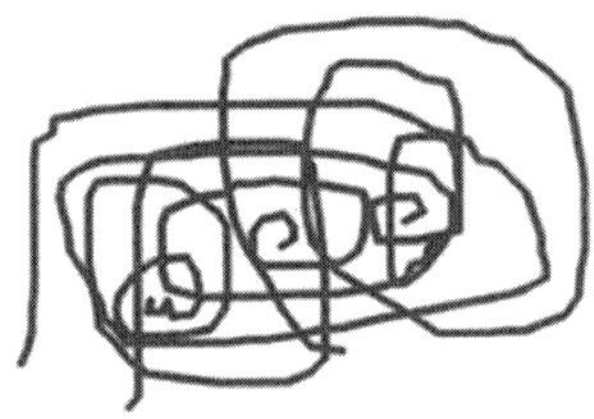

Q.신경통 천문

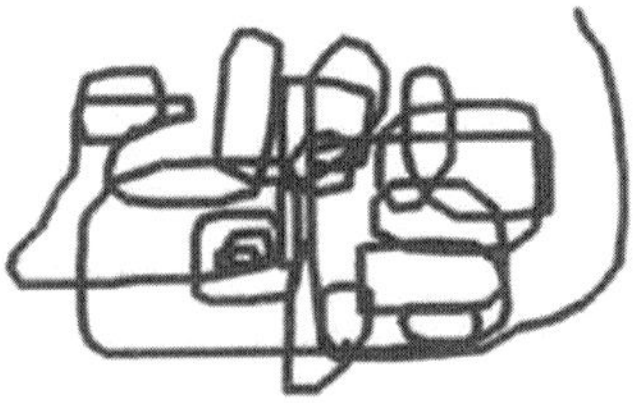

Q.소아마비에 관한 천문

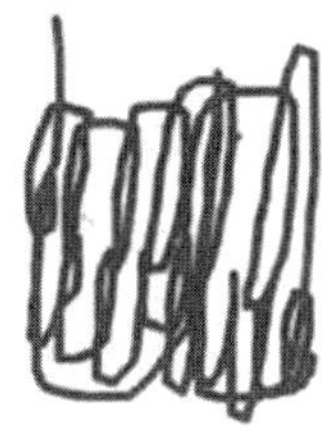

Q.요통을 위한 천문

Q. 콧병을 위한 천문

Q.눈병에 관한 천문

Q.귓병에 관한 천문

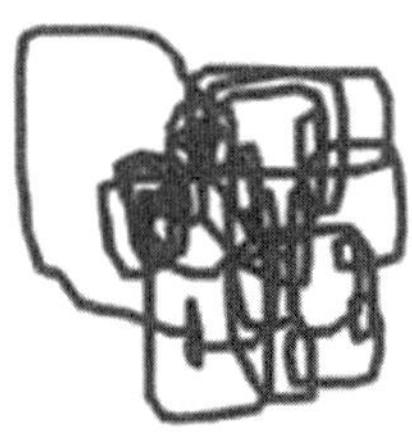

Q.우울증을 위한 천문

Q.결핵에 관한 천문

Q.기관지 천식에 대한 천문

Q.감기에 관한 천문

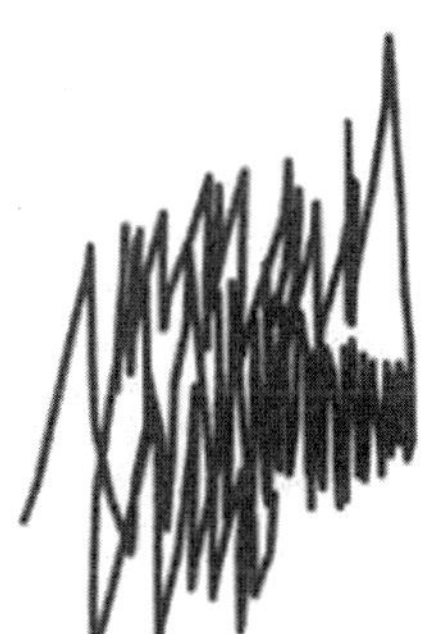

Q.아무런 이유 없이 임신 못하는 여자를 위한 천문

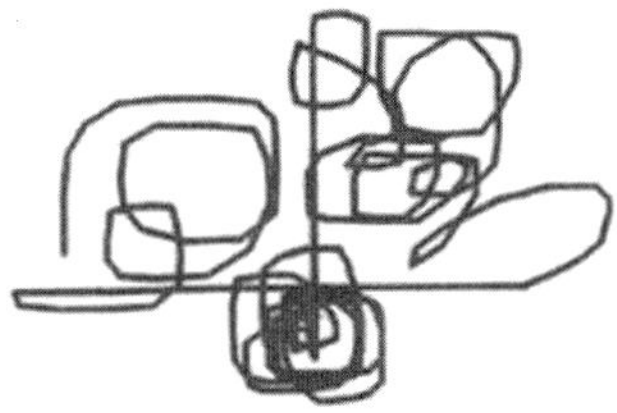

Q.습관성 유산은 무엇이 원인인가에 대한천문

Q.갑상선 기능항진을 위한 천문

Q.비만증을 위한 천문

후기

항상 사람은 미래를 중요시 하는데 지금 상태가 좋아야 변화를 줄 수 있다. 사람이 우주의 기운을 받는다면 별도 달도 흥분한다. 자신들의 기운을 가져간다고 인간은 어차피 가져오며 살아가지만 고마움을 잊어버리기에 별도 달도 질투한다.

이제, 2편을 마감하며 하늘에서 이러한 메시지가 도착했다.

앞으로 3편만 가다듬어 인간에게 전해주라고 그래서 나는 이제부터는 좀 더 노트북을 사랑하게 될 것 같다.

나는 쓰는 글이 서툴러 컴퓨터에 의지한다. 누구나 인간은 누구에게나 의지하며 살아간다. 그것이 우주의 원리이다. 깨달음은 따로 있는 것이 아니다. 태양을 보고 태양의 기운으로 살아간다는 진리를 터득하면 되는 것이다.

난 하늘이 좋다. 인간은 하늘이다. 이제 날개를 활짝 핀 모습으로 달려간다. 여러분들과 자연에게 모든 것이 고맙고 감사하다.

끝으로 현명하게 이 글을 책으로 엮으신 한솜미디어 김태봉님께 하늘의 별을 다 드리고 싶다.

저자 正道靈

도반 2 깨달음으로 가는 101가지 이야기

1쇄 펴냄 / 2005년 3월 25일
2쇄 펴냄 / 2005년 4월 30일
3쇄 펴냄 / 2006년 5월 10일

지은이 / 정도령
펴낸이 / 김태봉
편 집 / 황은진, 김주영, 정종해
영업팀 / 박상필, 김미란
등 록 / 제5-213호
펴낸곳 / 한솜미디어
주소 / (우143-200) 서울시 광진구 구의동 243-22
전화 / (02)454-0492, 팩시밀리 (02)454-0493
HomePage http://hansom.co.kr

값 12,000원
ISBN 89-90087-88-0 03250
*잘못 만들어진 책은 구입하신 서점에서 친절하게 바꿔 드립니다.